EL MANIFIESTO DE JOSÍAS

El ANTIGUO MISTERIO y la GUÍA para el fin de los tiempos

JONATHAN CAHN

CASA
CREACIÓN
Para vivir la Palabra

Para vivir la Palabra

MANTÉNGANSE ALERTA;
PERMANEZCAN FIRMES EN LA FE;
SEAN VALIENTES Y FUERTES.
—1 CORINTIOS 16:13 (NVI)

El manifiesto de Josías por Jonathan Cahn
Publicado por Casa Creación
Miami, Florida
www.casacreacion.com
©2023 Derechos reservados

ISBN: 978-1-960436-22-1
E-book ISBN: 978-1-960436-23-8

Desarrollo editorial: *Grupo Nivel Uno, Inc.*
Adaptación de diseño interior y portada: *Grupo Nivel Uno, Inc.*
Cover Design: *Justin Evans*

Publicado originalmente en inglés bajo el título:
The Josiah Manifesto
Publicado por FrontLine
Charisma Media
© 2023 by Jonathan Cahn
Todos los derechos reservados.

Visita la página del autor: jonathancahn.com y booksbyjonathancahn.com.

Nota de la editorial: Aunque el autor hizo todo lo posible por proveer teléfonos y páginas de internet correctos al momento de la publicación de este libro, ni la editorial ni el autor se responsabilizan por errores o cambios que puedan surgir luego de haberse publicado.

Impreso en Colombia

23 24 25 26 27 LBS 9 8 7 6 5 4 3 2 1

Contenido

PRIMERA PARTE: LOS INICIOS

Capítulo 1 La oscuridad actual 7

Capítulo 2 El valle. 11

SEGUNDA PARTE: LA ISLA DE LOS MISTERIOS

Capítulo 3 El Yovel 17

Capítulo 4 El extraño en la sala 20

Capítulo 5 El regreso del exilio 26

Capítulo 6 Una señal para un dictador 32

Capítulo 7 La caída de los reyes. 38

Capítulo 8 La dicotomía jubilar. 45

TERCERA PARTE: LOS VIENTOS DE HINOM

Capítulo 9 El dever gadol. 49

Capítulo 10 La espada del contagio. 52

Capítulo 11 La entrada de un espectro 57

Capítulo 12 Los que abren el útero 62

Capítulo 13 "El día en que todo cambió". 64

Capítulo 14 La Gehena estadounidense 70

Capítulo 15 La puerta oriental y la occidental. 73

Capítulo 16 Los vientos de Hinom 80

CUARTA PARTE: JEHÚ Y EL TEMPLO DE BAAL

Capítulo 17 El prototipo. 87

Capítulo 18 Un hombre llamado Jehú 89

Capítulo 19 La casa de los hijos caídos 94

Capítulo 20 Jehú y el templo de Baal. 97

Capítulo 21 La destrucción de los dioses 104

QUINTA PARTE: LA REDENCIÓN JUBILAR

Capítulo 22 Una concepción oscura 113

Capítulo 23 Un caso de anulación 115

Capítulo 24 El misterio del 23 de Siván 117

Capítulo 25 La recepción. 122

Capítulo 26 La filtración 125

Capítulo 27 La redención jubilar. 127

SEXTA PARTE: LOS DÍAS DESIGNADOS

Capítulo 28 Un misterio de días 131
Capítulo 29 El día del Cordero 132
Capítulo 30 Los días de fuego y de aliento 136
Capítulo 31 El tribunal celestial 142

SÉPTIMA PARTE: EL NIÑO DEL NILO

Capítulo 32 El niño entre los juncos 151
Capítulo 33 Los hijos de la sombra 153
Capítulo 34 El niño del Nilo 156

OCTAVA PARTE: EL DÍA DEL REGRESO

Capítulo 35 El regreso 161
Capítulo 36 La vasija del alfarero 167
Capítulo 37 El giro 173
Capítulo 38 5:04:33 177
Capítulo 39 El misterio de las trompetas 184

NOVENA PARTE: EL ALTAR ROTO

Capítulo 40 El 24 de junio de 2022 191
Capítulo 41 El día de las maldiciones rotas 195
Capítulo 42 La visión 198
Capítulo 43 El factor Finees 200
Capítulo 44 El crepúsculo jubilar 205
Capítulo 45 El altar roto 208
Capítulo 46 Josías 213

EL MANIFIESTO

Capítulo 47 I   La era de la apostasía 227
Capítulo 48 II   Contra la corriente 237
Capítulo 49 III   Separación y resistencia 249
Capítulo 50 IV   Los poderes 263
Capítulo 51 V   Agentes del cielo en la tierra 273
Capítulo 52 VI   El reino del Cordero 283
Capítulo 53 VII La finalización 295

Capítulo 54 El último misterio 307
Notas 323
Acerca del autor 331

Primera parte

LOS INICIOS

Capítulo 1

La oscuridad actual

LA OSCURIDAD HA sobrevenido al mundo.

Es la misma de antes, pero nueva en su manifestación. En cuanto escribo esto, esa oscuridad permea nuestros medios de comunicación, nuestro entretenimiento, nuestros mercados, nuestras escuelas, nuestras empresas, nuestras plazas públicas, nuestros gobiernos, nuestra cultura, nuestras vidas. Ella está obrando la transformación de nuestra sociedad, el derrumbe de los antiguos cimientos y la destrucción de las ancestrales normas morales, los valores, la percepción y la fe.

Estamos ante una oscuridad inclemente, que no solo busca establecerse y crecer, sino ejercer un dominio absoluto, someter todo lo que toque, subyugar el lenguaje, alterar la percepción y rediseñar la realidad a su imagen. Es una oscuridad que requiere que cada lengua confiese su nombre y cada rodilla se doble a honrarla. En cuanto a aquellos que desafíen o resistan su conquista, trata de asimilarlos y transformarlos o destruirlos, incluso derrumbar su disposición a resistirla. Es una oscuridad tiránica. No puede descansar hasta que extinga toda luz.

En otros libros he escrito acerca de esta oscuridad, sobre su avance, sus efectos, su juicio y los misterios que se ocultan detrás de ella y que predicen su futuro. A menudo me han preguntado: "¿Hay alguna esperanza?". "¿Qué podemos hacer al respecto?" y "¿Cómo, entonces, deberíamos vivir?".

Hay esperanza. Y hay un modelo que tiene las claves y proporciona una guía sobre cómo vivir y prevalecer bajo esta oscuridad actual y la venidera. Más que cualquier libro que haya escrito hasta ahora, EL MANIFIESTO DE JOSÍAS revelará en detalle y claridad esa respuesta, ese modelo y esa guía.

También ha de responder otras preguntas...

¿Es posible que los acontecimientos de estos tiempos modernos, incluso los más recientes, sean la manifestación de misterios que se remontan a dos mil quinientos años atrás?

¿Podrían estos misterios haber determinado el momento exacto de una calamidad reciente que alterara dramáticamente nuestras vidas?

¿Podrían revelar el modelo de un evento que superó el Capitolio de los Estados Unidos?

¿Podrían estar esos misterios detrás del ascenso y caída de un dictador sudamericano?

¿Podrían haber alterado la composición y las sentencias de la Corte Suprema de Justicia de Estados Unidos?

¿Podría un calendario, con tres mil años de días señalados, revelar el misterio del año más impactante en la memoria reciente?

¿Podrían un niño, un río y una princesa proporcionar la clave para un cambio crucial en el rumbo de Estados Unidos?

¿Podría un antiguo instrumento —que se usaba en tiempos bíblicos para indicar el ascenso de reyes, la caída de ciudades, el cambio de épocas y de eras—, y el poder de Dios haber iniciado un cambio histórico en lo que respecta a la civilización estadounidense?

¿Podría un conjunto de misterios del Medio Oriente —que se remontan a los tiempos de los faraones— haber convergido en Washington, D.C., para impactar a Estados Unidos en una sola hora, en un solo momento?

¿Se encamina Estados Unidos hacia el juicio y la calamidad? ¿O será el mundo?

¿Hay alguna esperanza?

¿Tendremos una oportunidad de redención en pleno juicio?

¿Es posible que exista una clave, un modelo, una revelación, una respuesta en cuanto a dónde estamos, a lo que nos depara el futuro y a cómo podremos mantenernos firmes, a la luz de todo lo que está por venir, y —además— prevalecer?

Para encontrar las respuestas, debemos emprender una marcha a través de los misterios proféticos. Esa marcha nos llevará a dos islas —una en el Caribe y otra en el Pacífico— y a dos reyes antiguos, uno que sigue siendo un misterio y, el otro, una revelación. Eso involucrará un enigma, una plaga, dos puertas, dos jueces de la Corte Suprema de Estados Unidos, una deidad de las tinieblas, un calendario de días sagrados, una noche de señales, un mal antiguo, un presagio profético, más de un profeta, una multitud de líderes, una palabra señalada, un niño y un río, una asamblea sacra, una visión, un altar, una redención y un instrumento antiguo a través del cual se manifestaba el poder de Dios.

En mis libros, por lo general, evito hacer mención de mí mismo. En ese sentido, El manifiesto de Josías es diferente. Apareceré en algunos de los misterios por abrir, porque no podía revelarlos sin dar testimonio de lo que vi y oí directamente.

El manifiesto de Josías llegará a ámbitos en los que nunca antes he entrado. Algunos de los misterios comenzarán donde otros terminaron, como en los de El presagio II, El paradigma, El oráculo y El regreso de los dioses. De esta manera sus revelaciones serán ampliadas o llevadas a sus conclusiones. Tendré que preparar el terreno para aquellos que nunca los han leído ni oído hablar de ellos y refrescar la mente a los que sí lo han hecho. El manifiesto de Josíaslos llevará a su siguiente etapa y revelará lo que durante mucho tiempo me he abstenido de revelar, así como lo que vino después. Y entonces habrá misterios que en el pasado se lanzaron y que ahora aterrizarán.

Nos embarcaremos en un viaje. Uno que abrirá un abanico de misterios, entretejidos unos con otros. A primera vista, es posible que no parezcan estar directamente vinculados entre sí. Y puede que no sea obvio hacia dónde se dirigen. Cada uno será una pieza del rompecabezas de un misterio aun mayor en el que todos encajarán.

En la mayoría de mis libros, el contexto general en el que aparecen los misterios se pudo discernir antes. Pero en este, un misterio y un contexto llevarán a otro y a otro. Pero, a medida que avance la revelación, cada pieza comenzará a encajar con las demás y, en última instancia, en un tiempo y lugar específicos. Esto, a su vez, abrirá la puerta a la revelación final. Revelación que, a su propia vez, proporcionará la respuesta, la clave, el modelo y el manifiesto.

Iniciemos ahora el viaje por un antiguo valle del que surgió la destrucción de una nación.

Capítulo 2

El valle

EL REY OBSERVÓ el valle. Desde los tiempos de su infancia, había oído hablar de las muchas infamias y horrores ocurridos ahí.

El más impío de los lugares

Se encontraba precisamente fuera de los muros de la ciudad santa, pero era el lugar más impío. Mientras contemplaba su extensión, podía ver los montones de piedra que salpicaban el paisaje. Podía oler los restos carbonizados y las cenizas humeantes que cubrían el suelo. Era un valle maldito.

Hasta ese momento, no habría tenido motivos para acercarse y sí todos para evitarlo. Era la antítesis de todo lo que creía y era. Su corazón era puro, consagrado a Dios, inmaculado. Pero el valle era el epítome de la impureza, la contaminación y la impiedad. Mientras contemplaba su extensión, su corazón solo podía llenarse de repulsión, si no de horror.

Su pueblo había sido advertido de ello desde el principio. Habían sido separados de las naciones vecinas para los propósitos de Dios. Pero habían hecho lo que se les había advertido que nunca hicieran. Se convirtieron en los pueblos que los rodeaban. Recurrieron a otros dioses, a los del valle. Y ahí, en el valle, estaban sus ídolos sobre aquellos montones de piedras. Allí se reunieron para participar en los ritos y ceremonias tenebrosas requeridos por sus nuevas deidades.

Sacrificios extraños

Fue a ese valle donde trajeron a sus hijos. Fue allí, junto a los altares de piedra, donde iniciaban a sus pequeños en ceremonias tenebrosas. Y allí sobre aquellos altares los alzaban como sacrificios. Asesinaron a sus hijos e hijas. Hicieron pasar a sus criaturas por el fuego. Masacraron a los más inocentes. Convirtieron los instintos más básicos y naturales de la vida, como el de la paternidad, en una demoníaca manía pagana de muerte. Los padres se convirtieron en verdugos de sus hijos y las madres en asesinas de sus hijas.

El rey había oído hablar de los males de ese valle desde la infancia. Sus propios antepasados habían participado de ellos. En ese valle, su abuelo había asesinado a su propio hijo. Si hubiera sacrificado a otro de sus hijos, el joven rey nunca habría nacido.

Sin embargo, él fue en contra de los caminos de su abuelo y de su padre, volviéndose a Dios desde su juventud y comprometiéndose a seguir los caminos del Señor con todo su corazón y sus fuerzas. Él sabía exactamente qué era el valle: era el testimonio más deslumbrante del alejamiento de Dios que protagonizó su nación, las profundidades más bajas a las que accedió y la encarnación suprema de su caída.

Las voces de los niños

Y él sabía que era más que eso. El valle albergaba no solo los males más tenebrosos del pasado de su nación sino también el destino de su futuro. Ninguna nación puede matar conscientemente a miles de sus más inocentes seres y, al final, escapar del juicio de Dios. Las voces de los niños asesinados en ese valle clamaban por juicio.

Él no se hacía ilusiones con lo que estaba en juego: nada menos que la destrucción de su nación. Y, sin embargo, a pesar de lo que sabía, podía esperar —contra toda esperanza— un resultado diferente. Si podía poner fin a la oscuridad de ese valle, entonces tal vez habría esperanza, quizás pudiera haber misericordia y era posible que hasta el juicio pudiera evitarse o subsanarse.

De vida y muerte

El valle había sido, para los niños de la nación, el árbitro entre la vida y la muerte. Ahora sería el árbitro para la vida o la muerte de la nación. El descenso del rey al valle sería fundamental en su misión de alejar a la nación de las tinieblas y hacer que volviera a Dios, una empresa de arrepentimiento emprendida con la esperanza de la redención.

¿Será posible que aquel mismo antiguo valle de oscuridad pueda contener la clave para el futuro de otra nación, como Estados Unidos?

¿Acaso podrían el rey y el acto que realizaría en ese valle revelar la clave para la redención de Estados Unidos y un modelo para el pueblo de Dios?

Para encontrar la respuesta, debemos pasar a la siguiente pieza del misterio: una antigua ordenanza de redención y restauración, con su manifestación en una isla del Caribe.

Segunda parte

LA ISLA DE LOS MISTERIOS

Capítulo 3

El Yovel

EL MISTERIO SE remonta a una antigua ordenanza dada a Israel en el Monte Sinaí, la ley que ordenaba la observancia de lo que se llamaría el *Yovel*.

El séptimo sábado

Cada séptimo día era un día santo, el *Shabat* o *Sabbat*. Y cada séptimo año también era santo y se llamaba *Shemitá* o *año sabático*. Pero el séptimo *Shemitá* marcó el comienzo del año más dramático, el Yovel: el jubileo.

> Siete veces contarás siete años sabáticos, de modo que los siete años sabáticos sumen cuarenta y nueve años. El día diez del mes séptimo, es decir, el día del Perdón, harás resonar la trompeta por todo el país. El año cincuenta será declarado santo, y se proclamará en el país la liberación de todos sus habitantes. Será para ustedes un jubileo y cada uno volverá a su heredad familiar y a su propio clan.[1]

El año del cuerno de carnero

La palabra *jubileo* proviene del término hebreo *Yovel*, que a su vez tiene que ver con "el toque del cuerno de carnero". Era el sonido del shofar, o cuerno de carnero, lo que indicaba el cumplimiento de los cuarenta y nueve años, y marcaba el comienzo del quincuagésimo, es decir, el año del Yovel o jubileo. El sonido del cuerno de carnero evocaba el poder de Dios. El jubileo era el año del poder y de las bendiciones de Dios.

El año del regreso y la reconciliación

El jubileo era el año del regreso.

... y cada uno volverá a su heredad familiar...[2]

Si uno había perdido su posesión, en el año del jubileo debía volver a ella.

... y cada uno volverá a su heredad familiar y a su propio clan.[3]

En el año del jubileo, si uno se separaba de su familia, debía regresar a ella. De modo que, el jubileo era dos cosas a la vez: el año del regreso y el de la reconciliación.

El Shabat de los Shabats

... ese año no sembrarán ni cosecharán lo que haya brotado por sí mismo, ni tampoco vendimiarán las viñas no cultivadas.[4]

El jubileo era el Shabat de los Shabats. Y así como el sábado implicaba descanso, en el año del jubileo nadie debía trabajar en los campos ni en las viñas. La tierra debía descansar, al igual que quienes la trabajaban. El jubileo era un año de cesación.

El año de la restauración

El jubileo también era el año de la restauración.

... la tierra quedará en posesión del comprador hasta el año del jubileo, cuando el que la vendió la recobrará y esta volverá a su heredad familiar.[5]

Si alguien se veía obligado a renunciar a parte de su posesión, su campo, su parcela de tierra o su herencia ancestral, en el año del jubileo la tierra sería liberada para volver a quien la había perdido, el propietario original. En el año del jubileo la tierra volvería al dueño y el dueño a la tierra.

El año de la liberación y la libertad

En el ícono estadounidense, la Campana de la Libertad, están grabadas las palabras: "Proclamad libertad en toda la tierra, a todos sus habitantes".[6] Esa frase proviene de Levítico 25, la ordenanza jubilar. El jubileo era el año de la libertad.

> Si alguno de tus compatriotas se empobrece y se ve obligado a venderse a ti … si no es rescatado por ninguno de esos medios, tanto él como sus hijos quedarán en libertad en el año del jubileo.[7]

Si alguien atravesaba tiempos difíciles al punto de venderse como servidumbre, entonces en el año del jubileo sería liberado. En ese año, los esclavos eran libertados, los prisioneros eran liberados y cualquiera que estuviera en alguna modalidad de esclavitud era libre. Era un tiempo de liberación y libertad.

Una anulación masiva

Cuando el shofar sonaba para inaugurar el jubileo, todo cambiaba. Lo perdido era restaurado. Lo que estaba separado era reconciliado. Los prisioneros eran puestos en libertad. Y el exiliado volvía a casa. Era una anulación masiva. Lo que se había hecho se deshacía. Todo era al revés. Todo estaba invertido. Todo volvía al punto de partida. Se reiniciaba. Todo volvía al principio, a su lugar y estado original.

¿Podría este año, tan singular, trascender los límites de la antigüedad y su contexto medio oriental? ¿Podría afectar al mundo moderno? ¿Podría haber ordenado y determinado algunos de los acontecimientos más cruciales de los últimos tiempos? ¿Podría haber alterado el curso de Estados Unidos y del mundo?

Para hallar la respuesta y la siguiente pieza del misterio, debemos viajar a una isla llena de palmeras, caña de azúcar, música de salsa y viejos autos estadounidenses: una hermosa isla tropical bajo el peso de una brutal maldición.

Capítulo 4

El extraño en la sala

Fue una reunión secreta. El hombre era un extraño para mí, pero había solicitado mi presencia.

Una reunión secreta

Me llevaron a una casa en el norte de Nueva Jersey en la que se alojaba el hombre durante su visita a Estados Unidos. Nos reunimos en la sala de estar. Era bajo, anciano, calvo y fornido. Su nombre era Samuel. Me habló a través de un traductor. Había venido a Estados Unidos con una misión: preguntarme si yo iría a su tierra natal. Era una isla en el Caribe, diferente a cualquier otra en la región o, en realidad, en el mundo.

Una isla maldita

La isla, dijo, estaba maldita. Aquellos de sus habitantes que creían y seguían a Dios vivían bajo una férrea mano de opresión y persecución, sin mencionar la pobreza extrema a la que estaban sometidos. Pero había esperanza. Se avecinaba un cambio y, de allí, su misión y la invitación.

La isla era Cuba, la única nación comunista del hemisferio occidental. En enero de 1959, Fidel Castro y su ejército de insurrectos entraron en la ciudad de La Habana para establecer un gobierno revolucionario que gobernara la isla. El comienzo de su reinado fue recibido por muchos con gran optimismo y esperanza. Pero eso se desvanecería rápidamente.

El aire de libertad pronto se disipó en una era de arrestos y encarcelamientos, adoctrinamiento de la ideología comunista, aplastamiento de toda disidencia y ejecución de aquellos que ahora eran vistos como enemigos del estado. Muchos intentaron huir de la isla. Muchos perdieron sus hogares y sus posesiones. Se lanzó una persecución contra los cristianos. Las iglesias estaban cerradas; los pastores fueron exiliados, encarcelados o enviados a campos de reeducación. Los cristianos fueron obligados a pasar a la clandestinidad. Bajo el reinado de Castro, Cuba se convirtió en una tierra de empobrecimiento, desesperanza, represión totalitaria y parálisis.

El cambio

Sin embargo, dijo el anciano, hubo un cambio. Después de décadas de opresión, Castro había aceptado permitir cierta libertad religiosa. Eso tomaría la forma de una celebración evangélica de un mes de duración. Durante ese tiempo, los cristianos tendrían libertad para adorar en una serie de eventos públicos masivos que se llevarían a cabo en toda la isla y se transmitirían por la televisión cubana. El último acto se celebraría en La Habana, en la Plaza de la Revolución.

Samuel fue uno de los encargados de organizar la actividad. "Vine en nombre de los cristianos de Cuba. Queremos que venga e inaugure el mes de celebración tocando el cuerno de carnero en el primer evento. Queremos que usted ministre en toda la isla". Oré por ello y le respondí afirmativamente.

"Se le dará acceso"

Una semana antes de partir a Cuba, un hombre se presentó en Beth Israel, la congregación que dirijo en el norte de Nueva Jersey. Pidió hablar conmigo después del servicio de adoración. Había venido de Cuba. Era un pastor. Había sido arrestado a causa de su fe y su ministerio, por lo que fue enviado a uno de los campos de prisioneros de Castro. Después de su liberación, se le abrió la puerta para venir a Estados Unidos. Esa mañana llegó a Beth Israel. Ese fue el culto en el que le pedí a la congregación que orara por mi próximo viaje a Cuba.

Después de darme consejos sobre qué hacer y qué no hacer durante el viaje, me dijo: "Se le dará acceso para ir a donde otros no han ido. Las puertas se abrirán ante usted. Y entrará en el palacio del rey".

Se acerca el jubileo

Cuando oré acerca de lo que debería hablar con el pueblo de Cuba, fui guiado al mensaje del jubileo. Por un lado, sería el más paradójico de los sermones proclamar —en una isla bajo el gobierno de un régimen totalitario— un mensaje de libertad, restauración, reconciliación y liberación; era como hablar de la reversión y la desintegración de la esclavitud. Y así, a aquellos que solo habían conocido la opresión, les proclamaría la libertad. A aquellos que habían perdido sus tierras y sus posesiones, les proclamaría la restauración. A aquellos que habían sido separados de sus seres queridos les proclamaría la reconciliación. Y a aquellos que vivieron cautivos de un brutal régimen tiránico, les proclamaría su liberación.

Compartir ese mensaje en semejante contexto era peligroso. Pero no tenía dudas de que el mensaje jubilar era el que debía trasmitirles. Toda la celebración comenzaría con el sonido del cuerno de carnero, el mismo instrumento con el que se iniciaba el jubileo. Así que me comuniqué con los líderes que me habían invitado a ministrar y les informé que me enfocaría en el jubileo. Pensé en la frase "¡El jubileo viene!". No pasó mucho tiempo antes de que muchos de los creyentes en Cuba se refirieran a la celebración como *El jubileo*. Y a medida que se acercaba el evento, tres palabras comenzaron a aparecer por todas partes de la isla en iglesias, casas, paredes y vallados, incluso en los taxis: *"¡El jubileo viene!"*.

Una señal de liberación

Llegamos una semana antes de la primera de varias reuniones masivas, la que inauguraría la celebración que duraría un mes. Pasé ese tiempo ministrando en la región de Oriente, hablando en las iglesias de los creyentes cubanos y en reuniones al aire libre. Me dijeron que en cada iglesia en la que hablé, habría informantes ubicados entre la gente para informar cualquier palabra que pudiera considerarse crítica o amenazante para el gobierno. Mientras hablaba del jubileo, de la libertad y de la revolución de Dios, mi intérprete parecía atónito y ocasionalmente vacilaba en traducir las palabras, temiendo que ambos termináramos en uno de los campos de prisioneros de Castro.

A dondequiera que iba, llevaba el shofar. Muchos de los creyentes cubanos lo veían como una señal de liberación y de autonomía, lo cual —por supuesto— era cierto. Muchos de ellos relataron historias, una y otra vez, acerca de las señales que se manifestaban en la isla cuando el shofar sonaba. Uno de esos sucesos ocurrió en un lugar improbable, afuera de una tienda de víveres.

Y los sordos oirán

Se nos había advertido que no debíamos atraer a la gente fuera de las instalaciones de las iglesias y menos reunir multitudes. Pero, de todos modos, eso fue lo que sucedió. Nuestros anfitriones nos habían llevado a una tienda de víveres para comprar algunos artículos necesarios. Así que dejé el shofar dentro de la camioneta. Cuando regresamos, encontramos la furgoneta rodeada por una gran multitud. Un hombre se asomó por las ventanillas del vehículo y vio el shofar. Pero informó a los demás de su descubrimiento. De modo que se amontonaron alrededor de la camioneta y me rogaron que la hiciera sonar. Así que lo hice.

En el momento en que hice sonar el shofar, surgió un fuerte chillido —y luego gritos agudos— entre la multitud. Un hombre delgado de mediana edad saltaba arriba y abajo. "¿Qué pasó?", preguntamos. "¡Ese hombre es sordo!", dijeron ellos. "¡Pero cuando usted tocó el shofar, él escuchó el sonido!". El poder, por supuesto, vino de Dios. Pero el shofar se presenta en las Escrituras como señal e instrumento de ese poder.

La inauguración

El jubileo iba a ser más que una celebración; iba a ser una travesía. Cruzaría la isla de este a oeste. El primer encuentro, el evento inaugural de la celebración, se realizaría en la ciudad de Moa, cerca del extremo oriental de Cuba. Desde que el comunismo se apoderó de la isla hasta entonces, nunca se había producido un acontecimiento semejante.

El día señalado, los cristianos comenzaron a converger en el lugar elegido para orar, adorar y proclamar la Palabra de Dios, al aire libre, abiertamente y en masa. Supervisando el evento estaban los soldados, las fuerzas de seguridad del gobierno y los funcionarios comunistas que observaban con no disimulado nerviosismo. Lo ocurrido en

Moa se le informaría a Castro y al gobierno central en La Habana. Si el gobierno captaba que algo había salido mal o que algo representaba una amenaza a su gestión, el mes de la libertad estaría en peligro de ser cancelado en la propia inauguración.

El cuerno de los israelitas

Era el momento crítico del acto inaugural. Un líder cristiano se acercó al micrófono para leer un pasaje previamente escogido de las Escrituras. Provino de los profetas de Israel. Hablaba de una tierra bajo maldición, una tierra que se había alejado de Dios y ahora estaba llena de oscuridad, plagas, quebrantamiento, pérdida, privaciones, miseria, pobreza, esterilidad y desesperanza. El pasaje hablaba de Israel, pero ahora fue recitado en referencia a Cuba. Los funcionarios del gobierno no mostraron ninguna reacción, tal vez no se dieron cuenta de lo que se estaba leyendo ni entendieron que aquellas antiguas palabras se aplicaban a su nación.

Luego el orador llegó al versículo que dice: "Toquen la trompeta…".[1] Así que puse el shofar en mi boca y me preparé para tocarlo. Entre tanto, uno de los funcionarios del gobierno se volvió hacia uno de los organizadores del evento y le preguntó: "¿No es ese el cuerno de los israelitas?". El hombre no tenía ni idea de lo que significaba.

La Escritura elegida convocó a una reunión sagrada de oración que se iniciaría con el sonido del shofar. En los tiempos bíblicos, los que hacían sonar el shofar para dar inicio a tales reuniones eran los sacerdotes, los hijos de Aarón. Los que me invitaron no tenían idea de que yo descendía de esa casa sacerdotal ni que yo era un hijo de Aarón. También eran los hijos de Aarón los que tocaban el shofar en el año del jubileo.

El jubileo

Me coloqué el shofar en la boca y soplé. El jubileo había comenzado. Ahora atravesaría la isla desde la costa oriental, a través de toda esa región, a lo largo de las principales ciudades de Holguín y Camagüey, a través de una multitud de pueblos y aldeas, y finalmente a La Habana.

En cada lugar por el que se movía, había celebraciones sin restricciones, adoración, oración, la Palabra de Dios y un aire de libertad.

En el antiguo Israel, el jubileo debía durar un año. El jubileo de Cuba solo iba a durar un mes, al menos oficialmente. Las libertades otorgadas dentro de ese mes se eliminarían al final de ese periodo. Pero el jubileo nunca se detuvo. Les había dado a los creyentes de Cuba una nueva esperanza, una nueva confianza y una nueva audacia. En medio de la represión, habría un avivamiento. Las cuatro paredes de las iglesias de la isla no podrían contener a la gente que quería entrar. Lo que había comenzado en esa celebración continuaría mucho después de su final oficial.

Así que marchamos con el jubileo a través de la isla, sin tener idea de que a cada paso se revelaba un misterio. El misterio se enfocaría en un hombre, mi traductor; y presentaría un mensaje a la isla. Y solo se revelaría en sus últimos pasos.

Capítulo 5

El regreso del exilio

DIOS HABLÓ AL antiguo Israel a través de actos proféticos.

Los hechos de los profetas

El profeta Ahías rasgó su manto como acto profético para simbolizar la próxima división de la nación. El profeta Jeremías llevó un yugo de madera para esclavos ante los gobernantes de su nación como un acto profético para simbolizar la cercana esclavitud de su nación a Babilonia. El profeta Ezequiel empacó sus pertenencias y partió a la vista de sus compatriotas como un acto profético que presagiaba su venidero exilio. En cada uno de esos casos, el profeta se convertía en un signo vivo y su acto en un mensaje profético para la nación.

Esos actos también podrían ejecutarse sin ningún conocimiento —por parte de quienes los realizan— de su significado profético. Al profeta Jeremías se le dijo que bajara a la casa del alfarero, donde Dios le hablaría. Entonces fue y observó cómo trabajaba el alfarero en su torno para crear una vasija de barro. Pero la vasija se estropeó en la mano del alfarero. No obstante, el alfarero transformó aquella arcilla estropeada en una nueva vasija. Ese fue un mensaje profético para una nación destrozada, caída y al borde de la destrucción. Y, sin embargo, fue generado por un hombre que no tenía ni idea de lo que estaba haciendo.

Un hombre llamado Félix

Antes de embarcarme hacia Cuba, tuve que buscar un traductor. Le pregunté al líder del ministerio en español en Beth Israel, un hombre llamado Félix, que traducía usualmente mis mensajes semanales, si podía hacerlo. Félix era un hombre piadoso, humilde y con mucho celo y pasión por los caminos de Dios. Ya había albergado en su corazón la idea de ir conmigo a Cuba. Así que inmediatamente dijo que sí.

Mientras atravesábamos la isla, hablé del jubileo y Félix también. Leí la antigua ordenanza de Levítico 25 que dice: "cada uno volverá a su heredad familiar y a su propio clan..."[1] Félix leyó lo mismo en su Biblia en español. Él pensó estar en la isla solo dos semanas. Pero quedó tan conmovido por lo que estaba viendo que llamó a su empleador para pedirle más tiempo. Su jefe le dio una semana más.

"Sabíamos que ustedes vendrían"

Un extraño fenómeno nos acompañó. Prácticamente en todos los lugares a los que íbamos, la gente se nos acercaba con una historia parecida. Decían que sabían que íbamos a visitarlos. Algunos de ellos habían tenido sueños al respecto. Vieron nuestros rostros. Otros nos dijeron que el Espíritu les había hablado al respecto. Aun otros nos dijeron que habían tenido visiones. Y algunos más nos informaron que simplemente lo sabían y que estaban esperando que apareciéramos.

A medida que avanzamos con la celebración hacia el occidente, llegamos a la provincia de Camagüey, tierra de vacas, cítricos, granjas y caña de azúcar. Llegamos allí al final de la tercera semana de viaje. Era el último día de Félix en la isla. Fue allí donde se revelaría un misterio que llevaba años gestándose.

El exilio

Cuando le pedí a Félix que viniera a Cuba no sabía nada de su pasado, solo que era de ascendencia española. Pero mientras recorríamos la isla, me contó su historia. Era de ascendencia cubana. De hecho, había nacido en la isla. Con la llegada de Castro y la revolución, la familia de Félix lo perdió todo: su casa, su tierra, sus posesiones. Cuando aún era un bebé, su familia huyó de su país a Estados Unidos.

Ya adulto, Félix dedicó su vida a Jesús. Fue transformado. Comenzó a ministrar el amor y la salvación de Dios a los pobres y a todos los que lo recibieran. Pero tenía un vacío. Siempre había soñado y ahora oraba por regresar, algún día, a Cuba, a la tierra que su familia había perdido. Aunque no me lo dijo en ese momento, cuando le pedí que fuera mi traductor en Cuba, supo que sus oraciones habían sido respondidas.

Fue ese día, al final de su viaje, que Félix me habló de su tierra natal: Camagüey. El final del viaje lo había devuelto a sus orígenes.

Ese día, Félix intentó ponerse en contacto con el pastor de una iglesia no muy lejos de la región en la que nació. Esperaba que pudieran convocar rápidamente una reunión en la que pudiéramos ministrar. Cuando le pregunté al hombre encargado de nuestra programación si podíamos cumplir con el pedido de Félix, me dijo que no sería posible. El lugar donde teníamos previsto ministrar esa noche había sido planeado y fijado desde hacía bastante tiempo. De forma que le transmití la noticia a Félix. Se sintió decepcionado, pero lo aceptó.

La granja

A última hora de la tarde partimos rumbo a la reunión prevista. Cuanto más nos acercábamos a nuestro destino, más rural se volvía el ambiente. Los edificios desaparecieron, después las casas y luego el camino, que ahora era una serpenteante senda de tierra a través de una especie de bosque. Hasta que vimos el escenario.

Era una granja en medio de la nada. "¿A quién le vamos a ministrar?", le preguntamos a nuestro conductor. "¿Y cómo nos encontrarán?", insistí. "Ellos vendrán", respondió. Y lo harían. Los traerían en camiones que transportaban grano al aire libre, al menos cincuenta en cada camión.

Los dueños de la finca nos recibieron y nos condujeron a una mesa al aire libre en la que nos habían preparado una comida. Mientras comíamos, sus pequeños niños corrían alegres alrededor de la mesa, junto con las gallinas y las cabras. Cuando se acercaba el momento de ministrar, busqué a Félix, pero había desaparecido.

Cada uno regresará

Por fin, lo vi a lo lejos, caminando hacia mí, junto con algunos de los peones de la granja. Algo no estaba del todo bien. Parecía conmocionado, aturdido, confuso.

—¿Qué pasó? —le pregunté.

—Este lugar —dijo— esta granja…

—¿Qué? —volví a preguntarle.

—¡Esta es nuestra tierra! —dijo—. ¡Esta es la tierra de mi familia! Me mostraron los alrededores. Me dijeron el nombre de su dueño. ¡Era mi abuelo! ¡Esta es la tierra que perdimos! ¡Esta es mi tierra, mi herencia!

En la antigua ley del jubileo, Dios ordenó que *cada uno regresara a su posesión*. Y, ahora, Félix había regresado a su posesión. Tres mil años antes, estaba escrito: "cada uno volverá a su heredad familiar y a su propio clan".[2] Félix había regresado a la tierra de su familia. Como estaba ordenado en el jubileo, había vuelto a lo que había perdido. Después de años de soñar y orar, Félix había regresado.

Una panoplia de peculiaridades

El misterio se había revelado con exacta precisión. Nos había llevado al sitio exacto en el día preciso. Y había sucedido solo porque la celebración nacional llegó a Camagüey el último día de Félix en la isla. Y fue solo su último día porque su empleador le permitió una semana más y nada más. Y nos llevaron a esa finca solo porque los encargados de nuestro horario conocían a las personas que trabajaban allí.

Félix, a su vez, había estado en ese viaje solo porque le pedí que fuera como mi traductor. Se lo pregunté solo porque resultó ser el líder del ministerio español. Y él era el líder del ministerio en español solo porque casualmente lo llevaron a una congregación llamada Beth Israel. Así es la mano de Dios. El misterio y su viaje tardaron años en gestarse, décadas en proceso. La vida de Félix fue en sí misma un viaje de restauración que solo pudo revelarse el día en que regresó a esa granja en medio de la nada, su posesión ancestral.

"Yo soy una señal"

Y luego estaba el viaje en sí. El camino fue también una señal y un mensaje. En Félix, el pueblo de Cuba estaba viendo a uno de los suyos, separado y exiliado durante mucho tiempo, regresar ahora a casa con su herencia.

Dondequiera que íbamos, hablé de la antigua ordenanza que mandaba que *cada uno regresara a su propia posesión*. Dondequiera que íbamos, Félix traducía esas palabras al español. Y cada vez que lo hacía, se acercaba un paso más a regresar a su posesión perdida hacía mucho tiempo. En todo lugar dije las palabras "Yo soy una señal para ustedes". Y en cada lugar Félix repetía esas palabras en español. Pero no solo las repetía. Cuando Dios instó a los profetas a que realizaran actos proféticos ante el pueblo, les dijo que se convertirían en señales para su nación. De modo que Félix se había convertido en una señal para su país. Cuando llegó la revolución, perdió lo que le pertenecía. La nación también lo perdió todo. La revolución lo había obligado a exiliarse. También provocó que Cuba se convirtiera en una nación en el exilio. La revolución había ensombrecido su vida. También había arrojado una sombra sobre la isla. Pero el mensaje que dio fue de esperanza. Hubo una respuesta. Había un camino, pero solo se podía encontrar en Dios. En Dios estaba el poder de la restauración, la libertad y la redención. En Dios estaba el poder del jubileo.

El sueño

Mucho antes de que yo viajara a la tierra natal de Félix, él había ido a la mía. Allí, en Israel, en Jerusalén, exactamente en el Muro de las Lamentaciones, inclinó la cabeza en oración y pidió a Dios que lo trajera de regreso a Cuba. Prometió que si Dios respondía su oración, construiría una iglesia en la tierra de su padre y allí predicaría la Palabra de Dios.

Ahora, mientras estaba en la tierra de su herencia, recordó su sueño y su oración. Luego, la gente de la granja lo condujo a través de la propiedad. Tenían algo que mostrarle. Allí, al otro lado de la finca estaba la iglesia. Ya la habían construido. Lo que había soñado y por lo que había orado durante toda su vida ya estaba allí, esperándolo.

A su propia posesión

Lo llevaron al interior. El local estaba lleno de hombres, mujeres y niños traídos de las aldeas cercanas. El pastor de la iglesia inició el servicio leyendo una Escritura que había preparado para esa noche sin tener idea de que aquel hijo de esa tierra regresaría. La Escritura era esta: "Cada uno volverá a su posesión".[3] Acababa de ser inducido a recitarla que noche. Y resultó que también era el mensaje que nosotros habíamos planeado exponerles.

Aquella noche, Félix ministró la Palabra de Dios en la iglesia con la que había soñado por mucho tiempo en la tierra de su herencia. La oración que había elevado a Dios en el Muro de las Lamentaciones había sido respondida por la mano de Dios. Su camino fue completo y su jubileo cumplido.

Lo que sucedió aquella noche en esa granja, en medio de la nada, fue la manifestación de un aspecto del jubileo: el aspecto de la bendición. Pero había otro. Y es este otro el que guarda el secreto para comprender los acontecimientos que han acaecido en Estados Unidos. Es eso lo que ahora abriremos y, al hacerlo, hallaremos la siguiente pieza del rompecabezas y la clave del misterio.

Esta parte del misterio también se enfocará en un lugar concreto y en un hombre determinado, pero cada uno de una naturaleza muy diferente a la que acabamos de ver. El lugar es La Habana y el hombre Fidel Castro.

Capítulo 6

Una señal para un dictador

Era la víspera de Año Nuevo. El dictador cubano Fulgencio Batista estaba organizando una celebración navideña en el Campamento Columbia, una base militar en La Habana. Debido a su postura anticomunista, Batista había disfrutado durante mucho tiempo del apoyo del gobierno estadounidense. Pero su reinado de siete años sobre la isla estuvo marcado por la corrupción, la represión y la indiferencia. Esa Nochevieja anunciaría no solo un nuevo año sino un nuevo régimen.

El adiós de Batista

En medio de la celebración, Batista informó a su gabinete y a sus funcionarios que abdicaría de su cargo de presidente y huiría de la isla. En las primeras horas de la mañana, Batista y su familia, junto con algunos de sus seguidores más cercanos, abordaron un avión con destino a República Dominicana. El día de Año Nuevo comenzó una nueva era.

Batista había huido ante un levantamiento encabezado por un revolucionario alto, barbudo, fumador de tabaco, vestido con uniforme militar y un ejército de guerrilleros harapientos. Habían comenzado su revuelta en la Sierra Maestra, en el extremo oriental de la isla. Después de sufrir una serie de pérdidas contra las fuerzas de Castro y sentir la desaparición de su apoyo entre el ejército cubano y el gobierno estadounidense, Batista tomó la decisión de abdicar. Ese día, la nación de Cuba quedó bajo el gobierno de Fidel Castro y su revolución. Era el 1 de enero de 1959.

El revolucionario

Castro llegó a La Habana siete días después. Había prometido un gobierno democrático, libertad de prensa, elecciones libres y justas, así como también la protección de los derechos individuales. Su entrada fue recibida con vítores, júbilo, celebración y gran expectativa. Muchos lo habían aclamado como una especie de salvador, el centro de una euforia casi religiosa. Pero la euforia y la esperanza de aquellos primeros días pronto se evaporarían.

No pasó mucho tiempo antes de que Castro y su gobierno revolucionario comenzaran a desmantelar las instituciones y la infraestructura de la democracia cubana. Los que ahora se consideraban enemigos de la revolución fueron arrestados, juzgados ante consejos revolucionarios y encarcelados. Muchos fueron ejecutados. Otros fueron asesinados sin ningún juicio. Otros fueron torturados. El nuevo gobierno se hizo famoso por sus numerosos pelotones de fusilamiento. La revolución había dado origen a un reinado de terror.

La isla convertida en campo de prisioneros

Muchos opositores fueron enviados a campos de trabajo forzado, campos de prisioneros y campos de "reeducación". La isla entera se había convertido en un campamento de reeducación. Los cubanos fueron adoctrinados desde la más tierna infancia bajo la ideología comunista. El adoctrinamiento imperaba por doquier, en los periódicos, la radio y la televisión, y en los carteles y vallas publicitarias que marcaban cada ciudad, pueblo y aldea cubana.

La libertad de expresión, de reunión y de pensamiento pronto se convirtió en un recuerdo desvanecido. Las opiniones disidentes podrían ser castigadas con prisión y ejecución. Castro, a fin de cuentas, declararía a Cuba un estado ateo. Aquellos que seguían los caminos de Dios, aquellos que incluso creían en Dios, eran ahora enemigos de la revolución. Los ministros fueron encarcelados o asesinados.

El gobierno no se contentó con implementar su revolución dentro de las fronteras de la isla. Cuba pronto se convirtió en un exportador de ideología marxista y guerra revolucionaria. Apoyó los levantamientos y milicias comunistas en todo el mundo. Incluso envió a sus propios soldados a tierras extranjeras con el objetivo de derrocar gobiernos.

Muchos veían a la nación revolucionaria como un peligro para el orden global. Estaba aislada de gran parte del mundo. Sin embargo, se convirtió en una isla fortaleza conocida por el totalitarismo, las privaciones y la represión. De hecho, muchos se consideraban prisioneros en su propia tierra. Otros arriesgaban sus vidas intentando salir.

Una revolución a la inversa

Partimos de Camagüey a La Habana, el lugar de la celebración final y el centro del gobierno de Castro. En medio de nuestro viaje, me di cuenta de que estábamos siguiendo los pasos de la revolución cubana. La revolución se había iniciado en el extremo oriental de la isla. La celebración se inició en el extremo oriental de la isla. La revolución se había centrado en la región de oriente. Nuestro tiempo en Cuba también se había centrado en la región de oriente. La revolución había avanzado hacia el oeste pasando por tierras de Holguín y luego por Camagüey. La celebración también se había desplazado hacia el oeste pasando por Holguín y luego Camagüey. La marcha revolucionaria había culminado en La Habana. La celebración y nuestro recorrido por la isla culminaría también en La Habana.

El jubileo pone en marcha un proceso de reversión y de deshacer lo hecho. Libera a los que están atados, hace regresar a los que están separados y restaura lo que se perdió. De modo que la celebración del jubileo fue en sí misma un revés, un deshacer lo hecho. Siguió el camino de la revolución pero a la inversa. La revolución había tratado de expulsar a Dios de las plazas públicas y, en última instancia, de la nación. Esa celebración lo estaba trayendo de regreso. La revolución había abolido la libertad. La celebración fue una manifestación de su restauración. La revolución había tratado de acabar con todas las manifestaciones sinceras de la fe, la adoración y la avidez por la Escritura. La celebración había abierto las puertas a la manifestación sin restricciones de las tres cosas. Y para aquellos cubanos que no pudieron presenciarlo en persona, también les llegó a través de transmisiones televisivas en las salas de sus casas.

La Habana

La Habana era una ciudad congelada en el tiempo, llena de edificios ruinosos de todos los colores, carteles publicitarios de Castro y el Che Guevara, y repleta de automóviles estadounidenses conservados desde la década de 1950. Fue allí, en la capital cubana, donde se sellaría la celebración del jubileo que duraría un mes. En esto hubo otro paralelo con la revolución. La revolución de Castro quedó sellada en los victoriosos mítines masivos celebrados en la Plaza de la Revolución. El jubileo concluiría en la misma ciudad, en la misma plaza.

Y habría otro paralelo más: a medida que nos acercábamos a nuestro destino final, recibimos la noticia de que Castro había decidido asistir al evento en la Plaza de la Revolución. Como una vez había llegado a esa plaza durante el triunfo de la revolución y muchas veces después para predicar su ideología revolucionaria, ahora iría allí no para hablar sino para observar en silencio. Se sentaría entre miles de cristianos en la Plaza de la Revolución en una reunión de fe, oración y adoración, y en la que se proclamaría el nombre de Jesús.

La Plaza de la Revolución

Castro había mostrado un gran interés en aquella celebración. Se había interesado mucho en nosotros, incluso en mí. En más de una ocasión me informaron desde fuentes de su gobierno que el Comandante me estaba vigilando. Castro, por supuesto, tenía muchos informantes. Pero también había estado viendo los hechos por la televisión cubana. En un momento de nuestro viaje, recordamos que había preguntado: "¿Qué está haciendo este judío con los cristianos?". Y en otra ocasión nos informaron que había preguntado: "¿Quién es este hombre barbudo que está causando todo ese alboroto?".

El día del evento final, la Plaza de la Revolución se llenó de miles y miles de creyentes. Entonces llegó Castro. En ese momento tenía más de setenta años y, excepto por su uniforme militar verde, parecía más un rabino anciano que un comandante revolucionario. Se dirigió a la primera fila, donde se sentó. Comenzó la celebración. El sonido de la adoración llenó la Plaza de la Revolución y el nombre de Jesús resonó por toda la ciudad.

Yo fui allí con mi shofar, pero no fui inducido a tocarlo. Sin embargo, me hicieron sostenerlo durante todo el evento como el símbolo bíblico de libertad, restauración, esperanza, emancipación y el poder de Dios. Debía ser levantado para que toda la Plaza de la Revolución y todos los que miraban por televisión en toda la isla vieran la señal del jubileo.

La trompeta grabada

Yo también tenía otra misión. Antes de partir hacia Cuba, sabía que debía llevarle un regalo a Castro. El pastor cubano que había venido a nuestro servicio de adoración la semana antes de que yo me fuera había aludido a ello en su palabra profética. Fue allí, en el evento final en la Plaza de la Revolución, donde se hicieron arreglos con el gabinete gubernamental de Castro para que se entregara ese obsequio.

Yo debía darle a Castro la señal del jubileo, el shofar. Estando en La Habana, me llevaron a que le inscribieran un texto bíblico. Encontramos una tienda especializada en grabados. El hombre que realmente hizo la inscripción no estaba en el trabajo ese día. Cuando les dijimos a los comerciantes: "Es para el presidente", corrieron a la casa del tipo. Poco después apareció sin aliento en la tienda. Le mostré el texto bíblico y comenzó a tallar cuidadosamente cada una de las letras en el shofar.

Castro nos informó que mi traductor y yo tendríamos acceso al palacio presidencial. Inicialmente tenía la intención de darle un regalo, pero antes del día señalado, me indujeron a agregar otro. Entramos al palacio presidencial y fuimos recibidos por una mujer de mediana edad, miembro del gabinete de Castro, enviada a recibir los regalos. Se los presentamos.

Tres regalos

El primer obsequio fue el shofar, heraldo del jubileo, una señal de libertad para todo el país, de restauración, de retorno, de reconciliación, libertad y redención, un mensaje para el gobernante cubano.

El segundo regalo era algo que Castro había prohibido: una Biblia en español. Años antes había prohibido su impresión y su distribución. Pero ahora recibió una para él.

El tercer obsequio era un mensaje que yo le había escrito en forma de carta. No puedo dar detalles de lo que dije en el mensaje, excepto que era una palabra profética, relacionada con el jubileo y con la libertad y el levantamiento de la maldición.

El palacio del rey

La miembro del gabinete recibió los obsequios. También afirmó lo que otros nos habían dicho: que el Comandante estaba muy al tanto de mi viaje a través de la isla, muy interesado y observando atentamente.

Poco después, Castro me enviaba un mensaje agradeciéndome los obsequios. También recibimos noticias de que su gabinete había examinado el shofar y estaba intrigado por él. Querían saber cómo usarlo.

Al salir del palacio presidencial ese día, recordé la profecía que me dio el pastor cubano la semana antes de mi partida hacia la isla: "Entrarás al palacio del rey". Y así había ocurrido en realidad.

El shofar que llevé y dejé en el palacio presidencial no fue solo un regalo sino una señal, una señal profética. Su significado y su misterio se manifestarían en los años venideros. Fue una señal del ascenso y la caída de Fidel Castro.

Capítulo 7

La caída de los reyes

EL SHOFAR APARECE en las Escrituras como un instrumento que marca el cambio de los tiempos, el comienzo y el fin de las épocas.

El marcador de los tiempos

En el antiguo Israel, el shofar marcaba los días santos, el comienzo de los meses, el imperio de los reyes y su fin. ¿Podría el shofar que sonó en toda Cuba y entregado a Fidel Castro haber cumplido su antiguo papel como marcador de tiempos, principio y fin de épocas? ¿Y podría el jubileo ser la clave para determinar el momento de esas épocas?

El mes de la libertad le había dado a Castro la oportunidad de aflojar las cadenas que habían encadenado a la isla, pero no lo hizo. Había permitido un momento de libertad. Había abierto la isla a una manifestación del jubileo. Pero al final se resistiría y le pondría fin. Y aunque para los creyentes cubanos el jubileo continuaría en forma de avivamiento, Castro no disminuiría la fiereza de su mano de hierro en la isla.

El quincuagésimo año

Hay misterios, sin embargo, más profundos que lo que se ve y se registra en la historia humana, misterios que se esconden detrás de ella y dirigen su curso. El jubileo trae ruina, anulación y reversión. ¿Es posible que tal misterio pueda manifestarse en la historia moderna y estar detrás del desarrollo y el momento de los acontecimientos en el mundo actual?

Según la antigua ordenanza, el jubileo es el año quincuagésimo. Es importante aclarar eso aquí. Es común pensar que el quincuagésimo año comienza cuando uno cumple cincuenta. Pero el quincuagésimo cumpleaños marca el final del quincuagésimo año. El quincuagésimo año comienza en el cuadragésimo noveno cumpleaños, cuando uno ha cumplido el cuadragésimo noveno año. Llega a su conclusión cuando uno cumple cincuenta años. Así, el año quincuagésimo y jubilar empieza al final del año cuadragésimo noveno de la cuenta regresiva y culmina un año después.

El séptimo siete

La transformación de Cuba en un régimen comunista, sus represiones, sus encarcelamientos y ejecuciones, la mano aplastante de su gobierno, todo se centró en el ascenso e imperio de Fidel Castro. Su reinado comenzó en 1959. La ordenanza jubilar dice:

Siete veces contarás siete años sabáticos, de modo que los siete años sabáticos sumen cuarenta y nueve años...[1]

Siete series de siete años o siete Sabbats de años fijan el cronograma para el jubileo. Entonces, ¿qué sucede si contamos siete series de siete años desde el comienzo del régimen de Castro? Los primeros siete son de 1959 a 1966. La segunda serie de sietes: de 1966 a 1973. La tercera: de 1973 a 1980. La cuarta: de 1980 a 1987. La quinta: de 1987 a 1994. La sexta: de 1994 a 2001. Y la séptima: de 2001 a 2008. La séptima serie de sietes es la clave.

... sumen cuarenta y nueve años...[2]

La séptima serie de sietes, la finalización de los cuarenta y nueve años, y por tanto el comienzo del quincuagésimo, es 2008. El quincuagésimo año, el jubileo del ascenso de Castro al poder, es el año 2008. ¿Podría haber sido significativo ese año en relación con su reinado?

A los ochenta y un años, acosado por problemas de salud, Castro envió una carta a Cuba y al mundo, publicándola en el sitio web oficial del periódico *Granma* del Partido Comunista. Era su carta de renuncia. Estaba dimitiendo como presidente de Cuba, poniendo fin a su dominio sobre la isla. Fue verdaderamente el fin de una era. ¿Cuándo terminó esa era? En 2008, *el año quincuagésimo, la séptima serie de siete años, el año del jubileo.*

La profecía en las paredes

Lo que comenzó cuando Castro escuchó la noticia de la abdicación de
Batista a principios de 1959 llegó a su conclusión en 2008, el año quincuagésimo. El mandato de Fidel Castro, que había dominado la isla e
impactado la historia moderna por más de dos generaciones, llegó a
su fin con el jubileo. Su antiguo poder para deshacer lo que se había
hecho... lo había deshecho.

Los carteles de mi toque del shofar junto con las frases escritas en
ellos "¡El jubileo viene!", "¡Llega el jubileo!" permanecieron en paredes,
vallas y vehículos mucho después de que salí de la isla. Las palabras
podrían tomarse como proféticas: un mensaje sobre lo que vendría en
el año del jubileo. Cuando llegara el jubileo, traería liberación, abandono, anulación y ruina. Era cuestión de contar. Las siete series de siete
marcarían el comienzo.

Cuenta regresiva para
el dictador

El misterio sería aún más profundo.

El día en que Batista puso en marcha su renuncia como presidente
de Cuba fue el 31 de diciembre de 1958. Fue entonces cuando invitó a
sus altos funcionarios a reunirse en la víspera de Año Nuevo para una
celebración en su casa de campo Columbia. Pero el propósito de la reunión era informarles el fin de su reinado.

Comenzando la cuenta regresiva desde el día exacto en que Batista puso en marcha su renuncia —siete series de siete años para llegar al quincuagésimo año y siete series de siete días para llegar al día
quincuagésimo— el día quincuagésimo del año quincuagésimo ¿a qué
nos llevaría? El quincuagésimo día del quincuagésimo año fue el 18 de
febrero de 2008, el día jubilar del año jubilar de la renuncia de Batista.
¿Sucedió algo significativo ese día?

*El 18 de febrero de 2008, Fidel Castro puso en marcha el fin de su rei-
nado como líder de Cuba.*

Castro preparó su renuncia en el año jubilar y en el día jubilar exacto del año y día en que Batista preparó su renuncia. El 31 de diciembre
de 1958 marcó el último día de la presidencia de Fulgencio Batista. La

cuenta regresiva jubilar desde el último día completo de Batista como presidente nos lleva al último día de la presidencia de Castro.

El quincuagésimo día del quincuagésimo año

El último día de 1958, Batista comenzó a planificar el fin. Su presidencia quedaría sellada con una carta de renuncia. A primera hora de la tarde del quincuagésimo día del quincuagésimo año desde el último día de la presidencia de Batista, en su último día como mandatario de Cuba, Fidel Castro terminó de escribir una carta que pondría fin a su dirigencia.

Temprano en la tarde de su último día como presidente, Batista ordenó a su ayudante militar que fuera a su residencia con dos artículos: un pasaporte y una lista. La lista tenía los nombres de aquellos que había elegido para huir de la isla con él. A las diez de la noche, en esa víspera de Año Nuevo, los altos funcionarios del gobierno de Batista se enteraron de su plan de abdicar. A medianoche Batista deseó a sus invitados feliz Año Nuevo y comenzó el traspaso de poder.

Batista había preparado su renuncia el 31 de diciembre y tenía previsto que esta entrara en vigor después de la medianoche del primer día del nuevo año. Fidel Castro había preparado su renuncia el 18 de febrero y planeaba asimismo que esta solo surtiera efecto después de medianoche. El 19 de febrero de 2008 entró en vigor la renuncia de Castro. Era el día quincuagésimo del año quincuagésimo del mismo día en que se hizo efectiva la renuncia de Batista.

La última carta

Poco después de la medianoche, Batista leyó en voz alta su carta de renuncia ante sus altos funcionarios y se la entregó para que la firmaran. Se la pasaron entre ellos y pusieron sus firmas. El fin del gobierno de Batista estaba ahora sellado.

El 18 de febrero de 2008, Castro entregó su carta de renuncia a los funcionarios del gobierno a cargo de *Granma*, el periódico oficial del Comité Central del Partido Comunista de Cuba. Pasada la medianoche quedó en sus manos publicarlo en su sitio oficial. El nombramiento marcaría oficialmente el fin del imperio de Castro.

La firma de la carta de renuncia de Batista por parte de los altos funcionarios de su gobierno marcó el final de su dominio y el comienzo del de Fidel Castro. Si contamos siete series de siete años y siete series de siete días a partir de ese año, ese día (y esa hora), llegamos al 19 de febrero de 2008, en las primeras horas del día. Así que fue luego, en aquellas primeras horas, que comenzó el día jubilar. De acuerdo con el antiguo misterio, fue exactamente entonces, en las primeras horas de ese día, cuando se anunció al mundo que el imperio de Fidel Castro había llegado a su fin.

Hora de abdicación

Después de renunciar a su poder, Batista se dirigió al avión que lo llevaría junto con su familia y sus altos funcionarios fuera del país y al exilio. Todo eso ocurrió alrededor de las tres de la madrugada. Después de que su avión despegó, se corrió la noticia en la isla —y en el mundo— de que había dimitido y huido. Al quincuagésimo día del quincuagésimo año desde el momento de su partida, el sitio oficial de noticias del Comité Central del Partido Comunista de Cuba dio a conocer el anuncio de renuncia de Castro a la isla y al mundo. Ocurrió alrededor de las tres de la madrugada. Esa mañana el mundo se despertó con la noticia de la renuncia de Castro, en la mañana jubilar, el quincuagésimo día del quincuagésimo año de la mañana en que se había despertado con la noticia de la renuncia de Batista.

Tiempos modernos y misterios antiguos

Es difícil para la mente moderna comprender la posibilidad de que detrás de los acontecimientos, los movimientos y el avance general de la historia mundial se encuentre una historia más profunda, una mano invisible y un misterio. La historia, la mano y el misterio son antiguos pero tan cruciales para el mundo moderno como lo fueron para el antiguo. El gobierno de Castro estuvo entre los más trascendentales de la historia moderna. Había constituido el primer régimen comunista en el hemisferio occidental. Había convertido a Cuba en un catalizador, un campo de entrenamiento y un arsenal de movimientos revolucionarios armados en todo el mundo. Y en un momento dado, con el apoyo de

Castro, llevó al mundo al borde de una guerra nuclear. Y aún mayor, más crucial y más poderoso era el antiguo misterio que lo envolvía.

El mismo misterio y la misma mano invisible que hicieron que un hijo cubano exiliado regresara sin saberlo a su posesión ancestral habían causado ahora que un dictador cubano reinante renunciara a su poder en el año fijado, en el día fijado. Cada uno de esos acontecimientos fue una manifestación del jubileo, uno en el espacio y el otro en el tiempo. Elimina cualquiera de los sucesos que condujeron a ellos, los giros y las peculiaridades, o mueve cualquiera de ellos fuera de su lugar, y nada de eso habría sucedido exactamente como ocurrió.

Los parámetros del misterio

A lo largo de sus días en el poder, Castro había ostentado diversos títulos y cargos. Pero fue mucho después de su llegada al poder que asumió la posición y el título de *presidente*. Si no lo hubiera hecho, no habría podido igualar la renuncia de Batista a la presidencia en el año quincuagésimo. Si no hubiera sobrevivido a muchos desafíos o si hubiera renunciado antes, como lo hacen la mayoría de los líderes, no habría sucedido en el año jubilar. Si hubiera decidido renunciar incluso una semana antes o una semana después, no habría ocurrido en el día jubilar del año jubilar. Y, sin embargo, no se trata tanto de que el misterio funcione dentro de los parámetros de la historia humana; es que la historia humana funciona dentro de los parámetros del misterio.

La inscripción

En el mundo antiguo, a los reyes se les daban señales que presagiaban el final de su reinado. En el mundo moderno, Castro recibió esa señal. Le llegó en forma de shofar, el signo del jubileo, la liberación iniciada por la séptima serie de siete de años. El aviso hablaba de una antigua cuenta regresiva que determinaría cuánto tiempo le quedaba hasta el final de su dominio.

Está escrito que Dios eleva reyes al poder y los quita de sus tronos. El imperio de Castro estuvo entre los más largos de cualquier líder en los tiempos modernos. Sobrevivió a una invasión patrocinada por Estados Unidos, a múltiples intentos de asesinato, a la Guerra Fría, a la

caída de su principal benefactor —la Unión Soviética—, el empobrecimiento extremo de su nación, a muchos presidentes estadounidenses y
a una multitud de otras crisis. Pero llegó a su fin con el jubileo. La antigua ordenanza contenida en el libro que Castro había prohibido, había
determinado cuánto duraría, incluso desde su primer día en el poder.

¿Podría el misterio del jubileo, y su manifestación en Cuba, proporcionar la primera pieza del rompecabezas de los calamitosos acontecimientos que azotaron a Estados Unidos?

Capítulo 8

La dicotomía jubilar

Estamos a punto de ver que el misterio que se manifestó en la isla de Cuba se mostraría más tarde en Estados Unidos y el mundo. La manifestación iba a ser de naturaleza muy diferente, pero la dinámica y los parámetros del tiempo serían los mismos. Para entender lo que le sucedería a Estados Unidos, debemos entender la dinámica del jubileo en relación con Cuba.

Las dos caras del misterio

El jubileo tiene dos caras. En el caso de Cuba, fue un fenómeno inequívocamente positivo. Trajo libertad y bendición. Por primera vez desde la revolución, tuvieron libertad para reunirse, hablar y adorar en masa y al aire libre. El jubileo abrió las puertas tanto tiempo cerradas y derribó los muros antes impenetrables.

En el caso del exiliado cubano Félix, el jubileo fue —igualmente— una bendición. Trajo el cumplimiento de un sueño de toda la vida y una oración ferviente. Devolvió una parte de lo que le habían quitado y trajo al exiliado a su posesión ancestral.

En cambio, para Fidel Castro el jubileo no fue positivo ni una bendición. Su promesa de libertad era un peligro para su dominio en la isla. Intentaría ponerle fin. Pero al final, el jubileo le quitaría el poder y lo destituiría de su cargo. Revertiría y desharía su ascensión. Pondría fin a su dominio.

Los embargados y los desposeídos

Así, por un lado, el jubileo trajo bendición. Por el otro, eliminó la bendición. Por un lado, empoderaba. Por el otro, le quitó el poder. Por un lado, restauró lo perdido. Por el otro, se llevó lo que se tenía. Abrió una puerta y cerró otra. Es la naturaleza dual del jubileo y sus manifestaciones lo que proporcionará la clave del próximo misterio y de su significado para Estados Unidos.

La dicotomía se remonta a tiempos antiguos y es intrínseca a la observancia misma. En el año del jubileo, si uno perdía su tierra, la recibiría de vuelta. El jubileo traía restauración. En cambio, para quien había ocupado su tierra, tenía una dinámica diferente. Para poder recuperar su tierra, quien la ocupaba tenía que renunciar a ella. La recuperación de uno significaba el despojo del otro. La recuperación y el despojo eran dos caras de una misma moneda o de un mismo fenómeno.

Dar y quitar

De modo que el jubileo era un arma de doble filo. A los que habían perdido su posesión, se las devolvía. Pero a los que habían quitado la posesión ajena, se las quitaba. Fidel Castro había tomado posesión de Cuba. De modo que, cuando llegó el jubileo, le quitó su poder y su posición.

El jubileo da pero también quita. Es portador de restauración y restitución, una forma de redención por un lado y una modalidad de juicio, incluso ambas cosas al mismo tiempo.

Ahora estamos a punto de ver cómo esta espada de doble filo del jubileo, en realidad, determinó una calamidad moderna de proporciones globales y épicas.

Tercera parte

LOS VIENTOS DE HINOM

Capítulo 9

El dever gadol

El profeta reflexionó sobre los horrores del valle. Sabía que lo ocurrido allí significaría el fin de su nación. Su nombre era Jeremías. Dios lo había llamado para que advirtiera a su pueblo del fin.

Cuando Israel expulsó a Dios de en medio de ellos, la casa no quedó vacía. Otros dioses, espíritus oscuros, entraron para tomar posesión del espacio que una vez estuvo lleno por la presencia de Dios. Para cada uno de los nuevos dioses había un altar. Y el valle se llenó de ellos.

Los fuegos de Baal y de Moloc

Entre esos dioses estaba Moloc, conocido como "ídolo abominable de los amonitas".[1] Moloc era especialmente conocido por el sacrificio de niños. Pero la práctica se generalizó con otros dioses. El más destacado de ellos era Baal, jefe del panteón cananeo y deidad principal de la apostasía de Israel. Ambos dioses estaban representados en el valle.

Lo que los israelitas habían hecho en Hinom no pasó inadvertido. La Palabra de Dios vino a Jeremías para hablarle al respecto:

> Y edificaron lugares altos a Baal, los cuales están en el valle del hijo de Hinom, para hacer pasar por el fuego sus hijos y sus hijas a Moloc.[2]

El sacrificio de niños o de los débiles e indefensos no solo era una aberración de la cultura pagana, sino algo común. La visión bíblica de que todos estamos hechos a imagen de Dios y que la vida humana es sagrada y de valor inconmensurable estaba ausente en el paganismo. Así fue que cuando Israel se alejó de Dios, comenzó a participar en ese acto tan tenebroso.

Una paternidad demoníaca

Es prácticamente incomprensible cómo las madres o los padres podrían sacrificar a sus propios hijos. En la antigüedad los perforaban, los dejaban sangrar, los aplastaban o los quemaban en el fuego. Al mismo tiempo, en el mundo del paganismo se podía matar a los niños sin rituales, como en las prácticas comunes del infanticidio y el aborto. Fue en gran medida la influencia del evangelio en el mundo pagano lo que, a fin de cuentas, puso coto al sacrificio de niños. Aunque muchos objetarían la comparación entre el aborto y los sacrificios de niños del mundo pagano, en su esencia moral no hay ninguna distinción significativa, son lo mismo.

El regreso a Hinom

El momento del regreso del aborto a la civilización occidental es significativo. No es casualidad que la primera nación en legalizar la práctica fuera la Unión Soviética, el primer estado oficialmente ateo del mundo. Solo cuando Rusia se alejó de Dios y de la fe cristiana recurrió a la antigua práctica pagana.

Cuando una nación o una civilización comienza a vaciarse de Dios, en última instancia no queda nada para proteger a sus más débiles e indefensos, sus hijos, de ser maltratados, víctimas de abuso o asesinados. Es más, esa nación vuelve a las costumbres del paganismo o del neopaganismo. Del mismo modo, no es casualidad que justo cuando la civilización occidental, liderada por Estados Unidos, estaba eliminando a Dios de su cultura a finales del siglo veinte, reabriera la puerta a la antigua práctica de matar niños en forma de aborto.

Una invocación al juicio

El profeta Jeremías sabía que los fuegos de Hinom personificaban la caída de su nación. El pecado fue masivo, cometido por toda la civilización. Eso hizo que lo que Dios le dijo que hiciera fuera aún más siniestro.

> Así dijo Jehová: Ve y compra una vasija de barro del alfarero, y lleva contigo de los ancianos del pueblo, y de los ancianos de los sacerdotes; y saldrás al valle del hijo de Hinom.[3]

El profeta debía tomar una vasija de barro, llevarla al valle de Hinom, donde los niños habían sido sacrificados, y romperla ante los ojos de los líderes de la nación. El vaso destrozado serviría como señal profética: una nación que mata a sus propios hijos cae en el juicio de Dios. La "sangre inocente"[4] invoca el juicio de Dios. La nación sería destruida.

> ... ya no lo llamarán más ... valle del hijo de Hinom, sino Valle de la Matanza."[5]

Así como el pueblo de Israel había traído la muerte a sus hijos, así la muerte volvería a ellos. Vendría a través de lo que parecían ser acontecimientos naturales y, sin embargo, sirvieron como vasos del juicio de Dios.

Una gran plaga

En vista del hecho de que la sangre de los niños invocaba juicio y calamidad nacional sobre el antiguo Israel, ¿podría la sangre de los niños, derramada en el acto del aborto, invocar juicio y calamidad sobre Estados Unidos y el mundo moderno? En otras palabras, así como hemos traído la muerte a nuestros hijos, ¿podría la muerte también venir a nosotros? Y si eso es así, ¿cómo vendría?

A Jeremías se le dio otra palabra profética sobre el juicio venidero. La gente de la ciudad que había derramado la sangre de sus hijos sería fulminada.

> ... *morirán por causa de una plaga terrible.*[6]

Morirían de lo que en hebreo se llamaba *dever gadol*, una gran pestilencia, una plaga de proporciones épicas, una enfermedad peligrosa y altamente contagiosa, un contagio masivo, una pandemia.

Y ahora debemos plantearnos la pregunta: ¿es posible que detrás de la llegada de una gran plaga al mundo y a Estados Unidos a principios del siglo veintiuno, un *dever gadol*, una pandemia colosal, fuera un misterio antiguo y bíblico?

Capítulo 10

La espada del contagio

EN SU SEGUNDO discurso inaugural, Abraham Lincoln pronunció algunas de sus palabras más profundas con respecto a la calamitosa guerra que había devastado la nación.

La sangre del esclavo

Estarían inscritos en las paredes de su monumento en Washington, D.C. Él dijo esto:

> Sin embargo, si es la voluntad de Dios que esta guerra continúe hasta que se hunda toda la riqueza acumulada durante los doscientos cincuenta años de trabajo ingrato que realizaron los esclavos, y hasta que cada gota de sangre extraída con el látigo sea pagada con otra gota extraída por la espada, al igual que se dijo hace tres mil años, debemos decir que "los juicios del Señor son todos justos en verdad".[1]

Lincoln unió la sangre extraída por siglos de esclavitud y la sangre extraída por cuatro años de guerra civil, gota a gota, por el látigo y la espada. Él vio la guerra como un juicio nacional por el pecado de la esclavitud. La sentencia no se centró en personas individuales. Entre los heridos y los muertos había justos e injustos. El pecado fue nacional, civilizacional. También lo fue la calamidad.

Jeremías, Lincoln y el COVID-19

Lo mismo ocurrió en el caso del antiguo Israel. Como había profetizado Jeremías, la muerte de los hijos de la nación —a través de los sacrificios de niños— traería muerte a la tierra. La muerte segunda vendría mediante calamidades, por los estragos de la guerra, el hambre y los de una "gran plaga". Detrás de esos acontecimientos se esconden multitud de causas. Aun así, en el caso del antiguo Israel, las calamidades fueron manifestaciones de juicio. De modo que detrás de la llegada de una "gran plaga" al mundo moderno habría una confluencia de innumerables causas. Y, sin embargo, todavía puede representar el resultado del juicio.

Por tanto, puesto que las Escrituras identifican el asesinato de niños como uno de los males más graves y uno que invoca especialmente el juicio nacional, y en vista del hecho de que uno de esos juicios se manifiesta como una plaga o enfermedad: debemos aplicar la pregunta de Lincoln a la plaga que azotó a Estados Unidos y al mundo en nuestros días. ¿Podría haber llegado en el contexto del juicio? Y como en el caso del antiguo Israel, ¿podría ese juicio estar vinculado a la sangre de sus hijos?

La generación Hinom

¿Podría la generación sobre la que cayó la plaga haber estado especialmente relacionada con la sangre de sus hijos? La respuesta es sí. La generación que vio la plaga del COVID-19 fue única. Fue esa generación la responsable del asesinato de más niños que cualquier otra en la historia de la humanidad. Fue esa generación la que, más que ninguna otra en la historia moderna, abrazó y practicó el aborto como un derecho sagrado. El antiguo Israel había derramado la sangre de más de mil millones de sus hijos. La generación viva en 2020 había derramado la sangre de más de mil millones de niños.

¿Podría el momento de la plaga relacionarse con la matanza de niños? La plaga llegó al mundo en 2020. En lo que respecta a Occidente y, en particular, a Estados Unidos, la generación que había sido pionera en la legislación que marcó el comienzo de la era del aborto estaba entonces llegando a su fin. Fue entonces, también, cuando prácticamente todos los adultos vivos llegaron a la edad adulta o pasaron la mayor parte de ella en una era en la que los bebés eran asesinados legalmente. O lo habían compartido, lo habían defendido, lo habían permitido o no habían hecho nada para oponerse a ello o deshacerlo. Por supuesto, hubo quienes sí se opusieron, pero eran una minoría. Fue esta generación la que tomó lo que no les pertenecía: la vida. Era la generación Hinom.

La tierra de los niños desaparecidos

¿Podrían los orígenes geográficos y el avance de la peste relacionarse con la sangre derramada de los niños? El país en el que se realizaron más abortos que cualquier otro fue el de la China comunista.[2] En cifras absolutas, ocupó el primer lugar en el mundo en matanza de niños. Así, la plaga que azotó al mundo en 2020 comenzó en China.

Al mismo tiempo, en lo que respecta al aborto, Estados Unidos ocupa una posición única y fundamental. En términos numéricos, había estado a la vanguardia de las naciones. En el momento de la plaga, el número de niños asesinados en suelo estadounidense había superado los sesenta millones.[3]

Sin embargo, más allá de eso, Estados Unidos era único en el sentido de que su ejemplo e influencia habían desempeñado un papel central al llevar a otras naciones a esta práctica espantosa. Y aun más allá de ello, su ejemplo fue particularmente atroz: el asesinato de niños no nacidos en las últimas etapas del embarazo y de su desarrollo. Y para colmo de males, Estados Unidos no solo había ayudado a difundir el aborto en el mundo con su ejemplo, sino que se había convertido en un agente activo en la búsqueda de presionar, atraer u obligar a otras naciones a unirse a esa práctica sangrienta.

Así que la plaga comenzó en China, la tierra en la que se mata a más niños no nacidos que en cualquier otro país, pero pronto centraría su furia en Estados Unidos, el principal defensor del mundo en asesinatos de no nacidos. La atención fue tan grande que en un momento dado, de todos los casos del virus registrados en el mundo, uno de cada tres se manifestaba en suelo estadounidense.[4] Y como veremos, así como el ángel de la muerte pasando por la tierra, la plaga —en su ataque— sería aún más precisa.

El jubileo oscuro

Como vimos en el caso de Cuba y Fidel Castro, el jubileo puede operar como una señal que revela una antigua dinámica bíblica que actúa en el curso de los acontecimientos humanos más allá del ámbito natural. ¿Es posible que, como en el caso de Cuba, la dinámica del jubileo estuviera presente en el caso de la peste que azotó a Estados Unidos y al mundo?

Llegó en el año 2020. ¿Qué sucede si uno cuenta hacia atrás desde el año de su llegada hasta la duración del jubileo? La cuenta regresiva del jubileo nos lleva al año 1970. ¿Sucedió algo en ese año que tenga importancia con respecto a nuestra pregunta? La respuesta es un sí muy rotundo.

El aborto a pedido del solicitante comenzó en suelo estadounidense no en 1973 sino tres años antes. El 1970 fue el año en que Estados Unidos comenzó a matar a sus niños no nacidos a pedido de la progenitora. De forma tal que, el 2020 fue el jubileo del aborto en Estados Unidos. Y con ello, el antiguo principio: la muerte sería respondida con muerte. El primer año marcó el comienzo de una forma de muerte; el jubileo de ese año marcaría el comienzo de otra.

Quita

Jeremías había advertido a su nación que la matanza de sus hijos sería respondida, años más tarde, por la matanza de sus ciudadanos. La muerte que habían provocado al fin regresaría sobre ellos. De modo que la muerte que Estados Unidos había provocado en 1970 volvería sobre la nación en 2020.

Ahora debemos considerar la otra cara del jubileo. El jubileo da y quita. Trae restauración pero también restitución, y la recuperación del propietario significa el despojo del ocupante. Si hubieras tomado lo que finalmente no te pertenecía, entonces en el año del jubileo, lo que habías tomado te sería quitado. El jubileo quita lo que el tomador ha arrebatado. En 1970, Estados Unidos se quitó la vida. Entonces, en el año del jubileo, 2020, le quitaron la vida a Estados Unidos y a la generación que se la había quitado.

El aliento

Como en el caso de las palabras de Lincoln acerca de la Guerra Civil, la calamidad no fue una cuestión de juicio individual. Golpeó tanto a los justos como a los injustos. El pecado pertenecía a una civilización. Igualmente la sentencia.

El aborto es específicamente el pecado del mayor contra el menor, el primero vive y el segundo muere. En 2020, jubileo del aborto, la dinámica se invirtió. La plaga perdonó abrumadoramente a los jóvenes y centró abrumadoramente su furia en los ancianos. Los jóvenes sobrevivieron abrumadoramente y los viejos perecieron.

El acto del aborto le quita el aliento al bebé. Sus pulmones nunca se vacían de líquido y nunca se llenan de aire. Al bebé no se le permite respirar. En 2020, el año del jubileo, una plaga azotó la tierra y afectó la capacidad de respirar de sus víctimas. Sus pulmones no podían llenarse de aire. La plaga les había privado de la capacidad de respirar. Una generación había dejado sin aliento a otras. Ahora fue su aliento lo que les fue arrebatado.

Estados Unidos, con su ejemplo e influencia, había extendido la muerte en forma de aborto a las naciones. Cincuenta años después de haber puesto en marcha esa muerte, esta volvió a esa nación.

Este es solo el comienzo del misterio. Lo presenté por primera vez en *El presagio II: "El regreso"*. Pero ahora vamos a profundizar más, a revelar lo que entonces no pudo ser revelado, mientras miramos la *entrada de un espectro*.

Capítulo 11

La entrada de un espectro

En *El presagio II*, en un capítulo llamado "La plaga", el hombre conocido como el Profeta abre el misterio subyacente a la calamidad que azotó a Estados Unidos y al mundo en 2020. Pero hay mucho más de lo que podría haber entonces, se revelaron misterios de asombrosa precisión. Ahora los vamos a abrir.

Los pasos de Moloc

Estados Unidos comenzó a practicar el aborto a solicitud de los interesados en 1970. En un contexto bíblico, el comienzo, el primer acto o suceso, el primer día o "primicia" tiene un significado particular. Por tanto, si tuviéramos que identificar la entrada del aborto solicitado en suelo estadounidense, el primer paso de esa entrada, ¿cuándo sería? En el año 1970 se legalizaría el aborto en cuatro estados. De esos cuatro, dos fueron los primeros en el tiempo y los principales. Uno se constituyó en el primer estado de la Unión Americana en legalizar la práctica. Pero el otro fue el primero en legalizar la práctica en el continente. También sería el más central —y crucial—, definitivamente, en la introducción y la difusión de esa maligna práctica en todo el país. Las razones de ello fueron varias.

Primero, la legislación por la cual se legalizó esa práctica fue la más amplia. En ese momento, se la llamó "la ley del aborto más liberal del mundo".[1] En segundo lugar, la ley no tenía restricciones con respecto a la residencia de la persona. Por lo tanto, cualquiera podría ir a ese estado y realizarse un aborto. Así, miles y miles de bebés fueron abortados en ese estado por parte de sus madres que residían en otros lugares, en cualquier parte del país. En tercer lugar, el estado pronto se convertiría en la capital del aborto en Estados Unidos. Cuarto, en virtud de las dos últimas razones, el estado pasaría a ser central en la difusión de la práctica y su aceptación en toda la sociedad estadounidense. Y, finalmente, su legalización del aborto influiría fuertemente en la

Corte Suprema de los Estados Unidos a la hora de legalizar la práctica en toda la nación.

La entrada oscura

El estado era Nueva York (entiéndase que Nueva York es el nombre del estado, pero también el de una ciudad de esa entidad que también se llama Nueva York). Fue, en definitiva, el estado estadounidense más crucial en cuanto a la entrada del aborto en la nación. Fue Nueva York la que introdujo el aborto en Estados Unidos continental. Fue Nueva York la que promulgó las leyes de aborto más extremas hasta ese momento. Fue en la tierra de Nueva York donde murieron más bebés que en cualquier otro estado de la nación. Fue Nueva York la que estuvo a la cabeza en la difusión de la práctica por todo el país. Y fue Nueva York la que sentó las bases para el fallo de *Roe contra Wade*, la decisión de la Corte Suprema que convirtió el aborto en ley federal tres años después. De hecho, eso se referiría a la ley de aborto de Nueva York.

¿Es posible entonces encontrar e identificar el primer acto, el primer acontecimiento de la llegada del aborto a Nueva York?

Constance Cook era una miembro republicana de la Asamblea del Estado de Nueva York. Fue elegida por primera vez a la Asamblea en 1963 y fungió hasta 1974. Fue Cook, junto con el asambleísta demócrata Franz Leichter, quienes fueron responsables de redactar el proyecto de ley que, tras su aprobación, finalmente transformaría a Nueva York, el aborto y Estados Unidos. El proyecto de ley legalizaría el aborto solicitado en Nueva York y dirigiría su difusión en todo el país.

Entonces, ¿cuándo empezó la ignominia legalmente autorizada? Se puso en marcha el día en que se presentó en la Legislatura del Estado de Nueva York. Fue introducida en la Legislatura el 20 de enero de 1970. *Ese 20 de enero de 1970* fue el día fundamental, la primicia de la entrada del aborto intencionado en la nación.

El paciente cero y la entrada occidental

Al comenzar el año 2020, el mundo observó con creciente alarma los informes de un nuevo virus originado en la provincia china de Wuhan.

El contagio pronto fue identificado como una nueva cepa del coronavirus con síntomas similares a los de la neumonía. En la segunda semana del nuevo año, China informó acerca de la primera muerte relacionada con el virus. Hasta entonces, todos los casos confirmados de infección se habían restringido a China. Pero eso cambiaría pronto.

Unos días después del informe de esa primera fatalidad, un hombre estadounidense de treinta y cinco años regresó a su casa —en Seattle— después de una visita a su familia en la provincia china de Wuhan. Empezó a sentirse enfermo. Al principio fue solo una tos. Pero pronto le siguieron síntomas cada vez más severos. Así que decidió hacerse una prueba.

Los resultados de las muestras de la prueba fueron llevados rápidamente en un vuelo nocturno a un laboratorio en Atlanta. Al día siguiente, se supo la información de los análisis médicos. El hombre estaba infectado con COVID-19. Esa fue la primera confirmación oficial de que el contagio había entrado en suelo estadounidense.

Lo colocaron en una camilla de aislamiento cubierta de plástico y lo transportaron a una sala de contención diseñada para enfermedades altamente contagiosas. Los profesionales de la salud asignados a su cuidado usaban cascos y mascarillas, mientras un robot revisaba sus signos vitales. Pero fue demasiado tarde. Ya había entrado en contacto con otras personas. El individuo se convertiría en uno de los conductos centrales para la propagación de la peste en Estados Unidos. La cepa específica del contagio que había traído a Seattle se encontraría más tarde en toda la nación. Se le conocería como el paciente cero, el heraldo oficial de la plaga en Estados Unidos de América.[2]

El día de los dos espectros

Abraham Lincoln esbozó la conexión entre la sangre derramada por el látigo de la esclavitud y la sangre derramada por la guerra. Jeremías habló de la conexión entre la sangre de los niños sacrificados en los altares de la nación y el juicio que vendría con espada y pestilencia. ¿Qué pasa con las dos clases de muerte que entraron en territorio estadounidense, una en 1970 y la otra cincuenta años después, en 2020?

¿Qué sucede si tomamos el comienzo del aborto —es decir, su primicia, su primer acto, el principal día de su entrada—, el 20 de enero de 1970, y contamos gradualmente hasta completar la duración del jubileo, cincuenta años? ¿A dónde nos lleva eso?

Nos lleva al *20 de enero de 2020.*

El 20 de enero de 2020 fue el día en que la plaga azotó oficialmente Estados Unidos. Fue el día del paciente cero, el momento en que se confirmó que el contagio había ingresado a la nación.

Fecha de entrada: 20 de enero de 1970/20 de enero de 2020

De manera que la plaga inició su entrada a esta nación en la fecha precisa en que el aborto solicitado comenzó la suya en este mismo territorio. Más allá de eso, las dos fechas estaban unidas por la duración exacta de cincuenta años del jubileo. O, en otras palabras, la muerte provocada por el aborto y la provocada por la plaga entraron a esta tierra exactamente el mismo día.

El jubileo trae reversión y restitución. Por tanto, al cumplirse el jubileo del día que marcó el inicio de la destrucción de niños —no nacidos aún— por parte de Estados Unidos, vendría una plaga a quitarles las vidas a la generación que había tomado las vidas de los pequeños. Una cosa era inversa a la otra, y los dos días serían unidos por el jubileo cincuenta años hasta el año, hasta el mes, hasta la semana y hasta el *día exacto.*

Ninguna mano humana podría haber unido esos dos acontecimientos. La plaga llegó, como suelen hacerlo, a través de las causas y efectos más pequeños y microscópicos. Pero el momento de esas acciones e interacciones microscópicas fue exacto.

La siembra

Cada uno de los dos eventos representaban el primer fruto: la primicia del aborto y la primicia de la plaga. Esos dos acontecimientos constituían, en verdad, una *siembra*. La siembra del 20 de enero de 1970 traería la muerte a innumerables niños. La siembra del 20 de enero de 2020 traería la muerte a incontables adultos. Cada uno de esos hechos representaban el comienzo del principio, el solo acto de presentación de una sola ley y un solo caso de contagio. Ninguno de los dos permanecería solo. Cada semilla de muerte fructificaría y se multiplicaría. Cada uno de esos dos días constituiría el comienzo de algo siniestro. La muerte engendraría muerte. Y la muerte segunda vendría exactamente en el día jubilar en que se cumplía la primera. En el año del regreso vendría el retorno de la muerte.

En el momento en que Estados Unidos estaba a punto de emprender un camino que conduciría a la matanza de millones de niños no nacidos, se pronunció una palabra. Los orígenes de esa palabra eran antiguos, se remontaban a tres mil años al nacimiento milagroso de una vieja nación.

Capítulo 12

Los que abren el útero

Estados Unidos se estableció siguiendo el modelo del antiguo Israel. Los que pusieron la primera de sus piedras fundacionales en la Bahía de Massachusetts hablaban de su llamado en términos de una mancomunidad santa, un Israel del Nuevo Mundo. Y en los días de la Revolución Americana, la salida de la nación del dominio inglés fue comparada con el éxodo de Israel del imperio de Faraón.

La ley del nacimiento

Una de las características que distinguía a Israel de las naciones colindantes era la prohibición de matar niños. Los vecinos cananeos eran especialmente conocidos por ofrecer a sus hijos como sacrificio a sus dioses. Los profetas de Israel advirtieron a su pueblo que nunca participara en tan horrorosas prácticas.

Después que Israel salió de Egipto, se le dio una ley exclusiva sobre el nacimiento, el útero y los hijos. Lo que se conocería como la "Ley del primogénito". En dicha ordenanza estaba implícito otro principio bíblico: el hijo era un regalo de Dios. Por lo tanto, uno no podía hacer con su hijo lo que quisiera ni lo que solían hacer los paganos con sus hijos.

Dedicarás [apartarás] a Jehová todo aquel que abriere matriz.[1]

El hijo salido del vientre era santo. Debía ser tratado como tal. El nacimiento era sagrado. La vida era un milagro. Por tanto los hijos, representados por los primogénitos, pertenecían a Dios.

Una palabra de Dios

Cada sábado en las sinagogas de todo el mundo, el pueblo judío recita un pasaje designado de las Escrituras. Ese pasaje se llama *parashá*. Cada uno de ellos es designado desde épocas anteriores para que se lea en un sábado, o día de reposo, determinado. De manera que, cada semana, en sábado, los rollos se abren prácticamente en todas las sinagogas y se lee, se canta y se proclama ese pasaje designado: el mismo texto en todo el mundo.

Justo antes de que Estados Unidos pusiera en marcha las leyes que legalizarían el aborto en Nueva York el 20 de enero, se había designado una Escritura para que se cantara en las sinagogas de Estados Unidos y del mundo. Ese texto fue la última Escritura que se cantaría antes de aquellos días cruciales en los que Estados Unidos se sumió en la matanza de niños. ¿De qué hablaba ese texto?

Hablaba de los niños de la nación. Hablaba del momento del nacimiento, del instante en que el feto abre el útero. Y declaró que el niño que abre ese útero es sagrado, apartado y pertenece a Dios, por lo que debe ser consagrado a él.

Los que nunca abrirían el útero

De modo que, precisamente en el momento en que Estados Unidos se dedicaba a legalizar el asesinato de sus niños no nacidos, para impedir que abrieran el útero, a fin de realizar el milagro de la vida, el don de Dios, y deshacerse de él, fue entonces cuando esa Escritura fue proclamada en todas sus ciudades y pueblos.

Se proclamaría especialmente en Nueva York, el centro de la población judía de Estados Unidos. Nueva York fue el lugar exacto en el que se pondría en marcha por primera vez el aborto.

Los niños que serían asesinados a causa de esa semana, a fin de cuentas, llegarían a decenas de millones. Ellos nunca *abrirían la matriz*. Serían eliminados antes de que pudieran hacer eso. Y, sin embargo, la Palabra de Dios y la palabra señalada para ese momento los declararon santos, sagrados y preciosos. Y así se proclamó en la tierra precisamente antes de que Estados Unidos se embarcara en ese tenebroso viaje y antes de que cualquiera de esas vidas —preciosas para Dios y pertenecientes a él— fueran asesinadas en el vientre de sus madres.

Ahora vamos a abrir el misterio de los dos días: los días en que todo cambió. Descubriremos que detrás de ellos había otro antiquísimo misterio.

Capítulo 13

"El día en que todo cambió"

¿Será posible que identifiquemos el momento exacto en que realmente comenzó el aborto intencionado en Estados Unidos? Y si es así, ¿traería eso una revelación?

La muerte hawaiana

El 20 de febrero de 1970, la Cámara de Representantes de Hawái aprobó su proyecto de ley sobre el aborto. Cuatro días después, el Senado hawaiano también dio su aprobación al mismo proyecto de ley. Luego fue enviado al gobernador. Este era católico y creía que el aborto era malo. Así que no sería sino hasta el mes de marzo que se daría el siguiente paso.

Por tanto, hasta mediados de marzo, la entrada del aborto en Estados Unidos fue irregular y gradual. Había cobrado impulso y, en el caso de Hawái, obtuvo los votos necesarios. Pero, en realidad, no se había promulgado.

Cincuenta años más tarde, los estadounidenses observarían con nerviosismo cómo aparecían señales de una plaga en su tierra. Su avance fue igualmente irregular pero se esparció. Respecto a la población total, su efecto fue minúsculo. Hasta principios de marzo, se calculaba que el número de estadounidenses infectados con la enfermedad era, como mucho, unos pocos cientos de una población de más de trescientos millones. La plaga se acercaba, pero no había estallado. Todavía no había caído sobre la nación.

El mes de impacto: marzo de 1970 / marzo de 2020

Con la entrada del aborto en Estados Unidos, el momento en que todo cambió llegó en marzo de 1970. Fue entonces cuando el gobernador hawaiano, aunque sin poner su nombre en el proyecto de ley, decidió dejarlo pasar. Y así comenzó el asesinato legal de niños en Estados Unidos en marzo de 1970.

Hemos visto la antigua conexión bíblica entre la matanza de niños y la entrada de la muerte, en este caso a través de una plaga. También vimos el misterio del jubileo manifestado en la pestilencia que llegó a la tierra cincuenta años después de que se iniciara la matanza de niños. De forma que, así como el aborto intencional se declaró legal en Estados Unidos en 1970, también surgió la peste a esta nación en el año 2020. Sin embargo, eso podría ser aún más exacto.

Si la *verdadera masacre de niños* en suelo estadounidense comenzó en el mes de marzo de 1970, entonces el misterio ordenaría que la muerte llegara a Estados Unidos cincuenta años después, *en marzo de 2020*. ¿Acaso fue así?

Así fue. La plaga cayó sobre la nación en *marzo de 2020*, el mes jubilar del derramamiento de la sangre de los niños.

A principio del mes de marzo, el número de estadounidenses infectados con el virus era de alrededor de 300. Al finalizar ese mes, la cifra se había disparado a alrededor de 175.000. Se requirió más de un mes para pasar de un caso a 300, no obstante, se necesitó menos de un mes para pasar de 300 a más de 175.000.[1] Así como marzo de 1970 marcó la llegada del derramamiento de sangre de los niños a suelo estadounidense, marzo de 2020 selló la entrada de la plaga pestilente en territorio norteamericano. Y, sin embargo, la correlación sería aún más exacta.

A mediados de marzo

La legalización del aborto se estableció, en forma más específica, *a mediados de marzo* de 1970. Por lo tanto, al considerar el misterio, esperaríamos que la muerte y la calamidad llegaran a Estados Unidos exactamente cincuenta años después: *a mediados de marzo* de 2020.

Y así fue. La plaga cayó no solo en el mes de marzo sino, concretamente, *a mediados* de ese mes.

En efecto, los acontecimientos de esa época fueron tan dramáticos que —para la mayoría de los estadounidenses— la fecha de *mediados de marzo* de 2020 quedaría grabada en forma indeleble en sus recuerdos por la llegada del virus y el cambio que produjo en sus vidas.

Fue *a mediados de marzo* cuando Estados Unidos se convirtió en una nación bajo cuarentena.

Fue *a mediados de marzo* que el presidente de la nación ordenó la prohibición de la entrada al país de ciudadanos no estadounidenses provenientes de veintiséis naciones europeas.

Fue *a mediados de marzo* de 2020 cuando la Organización Mundial de la Salud declaró *pandémica* a la peste, señalando que los casos de enfermedad más allá de China se habían *multiplicado por trece*.[2]

Fue *a mediados de marzo* cuando el presidente estadounidense emitió una proclamación que declaraba que Estados Unidos se hallaba en *estado de emergencia*.

Fue *a mediados de marzo* cuando, ante la vertiginosa rapidez de los pronunciamientos de su gobierno y los acontecimientos que los rodearon, gran parte de la nación entró en estado de pánico.

Y fue *a mediados de marzo* cuando los estadounidenses presenciaron el inicio de algo sin precedentes: por primera vez en su historia, Estados Unidos estaba siendo cerrado. Se cerraron tiendas; se cerraron escuelas; se cerraron negocios; se cerraron cines, teatros de Broadway, estadios deportivos e incluso iglesias. La nación entró en un estado de parálisis. La vida estaba paralizada. Las ciudades se convirtieron en pueblos fantasmas. La gente permanecía escondida detrás de las paredes de sus casas, temerosa de aventurarse a salir por temor a la plaga mortal que atravesaba la tierra.

Fecha del impacto: 11 de marzo de 1970 / 11 de marzo de 2020

No obstante todo eso, ¿podría el misterio ser aún más exacto?

A mediados de marzo de 1970, el gobernador hawaiano John Burns informó a su estado que desde entonces sería legal matar a niños no nacidos, es decir, fetos o nonatos:

> El proyecto de ley 61 de la Cámara de Representantes, relacionado con la centenaria ley de aborto de Hawái, es ahora la Ley 1 de 1970. Medida que se convirtió en ley sin mi firma.[3]

Con ese anuncio, el aborto intencionado llegó a suelo estadounidense. ¿Qué día fue eso? Fue el *11 de marzo de 1970*. Esa es la fecha exacta en que el aborto solicitado se legalizó en territorio norteamericano. ¿Qué vemos, entonces, si se toman los años del jubileo y se inicia una cuenta regresiva a partir de ese día?

Eso lleva a la fecha del 11 de marzo de 2020. De manera que, el día jubilar exacto del aborto intencionado en Estados Unidos es el 11 de marzo de 2020.

¿Acaso ocurrió algo significativo ese día? El siguiente es el título que se le dio a un artículo de la Radio Pública Nacional:

11 de marzo de 2020: El día que todo cambió.

"Aun cuando algunos cambios se produjeron de forma paulatina, hubo un día que marcó el inicio de la nueva normalidad. El 11 de marzo de 2020. Ese día en Estados Unidos, el futuro pandémico llegó de golpe".[4]

La identificación del *11 de marzo de 2020* como la fecha en que cayó la plaga, el día en que *todo cambió*, es prácticamente universal. Muchos artículos dijeron:

"El 11 de marzo de 2020 comenzó con una realidad y, prácticamente, culminó en otra completamente nueva".[5]

"El día que todo cambió: una cronología del 11 de marzo de 2020".

"El 11 de marzo de 2020, el público estadounidense —al fin— comenzó a entender una cruda realidad…"[6]

"… el 11 de marzo de 2020, el día en que el COVID lo devoró todo … muchas fuerzas de la historia, que llevaban años gestándose, convergieron el 11 de marzo y todas fueron absorbidas por algo que pocos creían posible apenas unas semanas antes".[7]

"El 11 de marzo de 2020 fue el día en que todo cambió".[8]

El 11 de marzo de 2020 fue el día en que el Dr. Anthony Fauci, director del Instituto Nacional de Alergias y Enfermedades Infecciosas fue convocado al Capitolio para testificar ante el Comité de Supervisión y Reforma de la Cámara de Representantes. Cuando los miembros del Congreso le preguntaron qué creía que sucedería, dijo: "Las cosas empeorarán".[9]

El 11 de marzo de 2020 fue el día en que la Organización Mundial de la Salud anunció que lo que había sucedido en el mundo, y ahora se apoderaba de Estados Unidos, era nada menos que una pandemia.

El 11 de marzo de 2020 fue el día en que el promedio industrial Dow Jones se desplomó más de 1.400 puntos.

El 11 de marzo de 2020 fue el día en que el mercado de valores cerró un veinte por ciento por debajo de su máximo de febrero para entrar en una tendencia de mercado a la baja.

El 11 de marzo de 2020 fue el día en que la tendencia alcista del mercado estadounidense, imperante por once años, llegó a su fin.[10]

El 11 de marzo de 2020 fue el día en que varias ciudades de EE. UU. comenzaron a prohibir las grandes reuniones públicas.

El 11 de marzo de 2020 fue el día en que universidades de alto perfil como Princeton y Notre Dame suspendieron sus clases.

El 11 de marzo de 2020 fue la noche, como decía un artículo, en la que "los deportes, tal como los conocíamos, terminaron".[11]

El 11 de marzo de 2020 fue el día que sería recordado como el inicio oficial del confinamiento en Estados Unidos.

El 11 de marzo de 2020 fue el día en que el presidente estadounidense salió al aire en horario de máxima audiencia para dirigirse a la nación con respecto a la plaga. Fue en ese discurso en que hizo el sorprendente anuncio de que Estados Unidos quedaría, de hecho, aislado de Europa.

El 11 de marzo de 2020 fue el día en que todo cambió, el día en que toda la fuerza y la realidad de la plaga comenzaron a caer sobre Estados Unidos.

"El día en que todo cambió"

De manera que, el día en que la plaga cayó sobre la nación fue el día de jubileo, cincuenta años, contando desde el *día exacto* en que el aborto llegó oficialmente a suelo estadounidense. La mayoría de los estadounidenses sabían que lo que estaban presenciando ese día era histórico y sin precedentes. Pero no tenían idea de que era parte de un viejo misterio tan antiguo como el profeta Jeremías y el valle de Hinom. Tampoco tenían idea de su conexión con el antiguo mal que Estados Unidos había abrazado en la misma fecha, exactamente cincuenta años antes. Pero era apropiado que al 11 de marzo de 2020 se le llamara "el día en que todo cambió", ya que coincidía con el día jubilar de otra fecha —exactamente cincuenta años antes—, *ese otro día en que todo cambió.*

En cuanto a su precisión en el tiempo, la plaga fue asombrosamente precisa. Pero ahora veremos que su precisión no se manifestó solo en el ámbito cronológico, sino también en el espacio, a medida que descubramos la *Gehena estadounidense.*

Capítulo 14

La Gehena estadounidense

No PODEMOS HABLAR de la llegada del aborto a Estados Unidos y la de la de la plaga sin mencionar el lugar al que arribaron. Comencé señalando ese sitio en el libro *El presagio II*. Ahora profundizaremos más.

El valle de la matanza

Cuando Jeremías profetizó a su pueblo sobre los niños que habían sacrificado, habló no solo del juicio venidero sino del lugar al que vendría ese juicio:

> Porque ellos me han abandonado. Han profanado este lugar, quemando … han llenado de sangre inocente este lugar. Han construido altares paganos en honor de Baal, para quemar a sus hijos en el fuego como holocaustos a Baal, cosa que yo jamás ordené ni mencioné ni jamás me pasó por la mente. Por eso, vendrán días en que este lugar ya no se llamará Tofet ni valle de Ben Hinón, sino valle de la Matanza'.[1]

En otras palabras, el juicio volvería al lugar donde se había cometido el mal. Así como habían masacrado a sus hijos en el valle de Hinom, ese lugar se convertiría en el escenario de su propia masacre. Más tarde, el sitio se llamaría Gehena, nombre que se convertiría en sinónimo de infierno. Si el valle de Hinom fue el terreno en el que Israel había masacrado a sus hijos, ¿cuál sería entonces el valle de Hinom de Estados Unidos, es decir, la Gehena estadounidense?

¿Cuál es el Hinom actual?

Tendría que ser el terreno central sobre el que se derramó la sangre de sus hijos. Y solo hay un lugar posible: Nueva York. Esta ciudad era la capital del aborto del país, el terreno en el que fueron asesinados más niños que en cualquier otro. Era y es el valle de Hinom del continente americano. El misterio ordenaría así que la plaga dirigiera su foco y su furia contra el suelo neoyorquino. Y eso es exactamente lo que pasó.

El período más crítico en la legalización del aborto en Nueva York fue desde marzo de 1970 hasta los primeros diez días de abril. Desde los primeros días de marzo hasta los últimos, el proyecto de ley sobre el aborto en Nueva York surgió en no menos de *ocho* de sus sesiones legislativas. Y luego, a principios de abril, todo llegó a un punto crucial.

Agregar cincuenta años a ese período decisivo nos lleva a marzo de 2020, fecha que sería —a su vez— definitiva con respecto a la entrada de la plaga a Nueva York. El virus llegó oficialmente a Nueva York el primer día de marzo. En marzo de 1970, el movimiento para legalizar el aborto en Nueva York cobró fuerza e impulso, por lo que la plaga también cobró impulso y fuerza en Nueva York cincuenta años después, en marzo de 2020.

La capital de la plaga

Marzo de 1970 también fue una fecha decisiva en la legalización del aborto en Estados Unidos. Por tanto, fue en marzo de 2020 cuando el foco de la plaga se centró en Estados Unidos. El 24 de marzo, uno de cada tres casos nuevos aparecía en la Unión Americana. Y el 26 de marzo, la nación cruzó un umbral crítico: superó a China y se convirtió en el epicentro mundial de la pandemia.

Así como Nueva York fue central en la llegada del aborto a la tierra, también lo fue cuando la plaga llegó a su comunidad. Cuando Estados Unidos se convirtió en el epicentro mundial, casi uno de cada dos casos se ubicó en una pequeña porción de la Unión Americana: Nueva York. Y una gran parte de esos casos, a su vez, se ubicaron en una sección aún más pequeña de esa ciudad.[2] Así de precisa como había sido la plaga en cuanto a sus días y el momento en que surgió, también lo fue con respecto al lugar y sus fundamentos. La muerte había regresado al tiempo del que procedía pero también al lugar.

Al igual que en el valle de Hinom, el antiquísimo lugar donde se derramó la sangre de los niños, se convirtió en el centro de otra mortandad. Nueva York se había convertido en el nuevo epicentro y capital mundial de la plaga, es decir, del virus. El antiguo misterio lo había ordenado.

Un hito tenebroso: 10 de abril de 1970 / 10 de abril de 2020

El aborto se legalizó por primera vez en Hawái. Menos de un mes después llegó al continente americano a través de Nueva York. Su legalización se consumó con la votación en el Senado del Estado de Nueva York el 10 de abril. Si sumamos cincuenta años del jubileo, eso nos lleva al 10 de abril de 2020.

Cincuenta años después, en la segunda semana de abril de 2020, la furia de la plaga que afectó a Nueva York alcanzó su punto máximo. Era la misma semana en que se cumplía el jubileo de la legalización del aborto en Nueva York. Al mismo tiempo, se superó otro hito oscuro: Nueva York ahora tenía más casos de virus que cualquier otra nación del mundo. Efectivamente, en comparación con China, tenía casi el doble. ¿Cuándo se alcanzó ese oscuro hito? Eso sucedió *el 10 de abril, el mismo día* en que —cincuenta años antes— ese estado emitió su voto final y decisivo para legalizar el aborto.[3] Los dos antiguos elementos —la sangre de los niños inocentes y la peste mortal— se unieron otra vez con exacta precisión.

———————————

En el transcurso de los días del furioso ataque de la plaga, el eje del núcleo del epicentro, la ciudad de Nueva York, estaba inusualmente tranquilo. Sus calles estaban vacías, no transitaban autos ni ninguna clase de vehículos; sus tiendas y sus plazas sin gente. Pero las salas mortuorias estaban llenas y rebosantes. Así como la muerte profetizada por Jeremías regresó al antiguo valle de Hinom, ahora regresó a Nueva York: la Gehena estadounidense.

La Escritura asigna mucho significado, e incluso misterio, a las puertas de una ciudad o de un reino. Pero, ¿qué tiene que ver eso con las puertas de Estados Unidos de América? A continuación vamos a revelar el papel fundamental que jugaron las puertas de esta nación en este misterio moderno, uno que incluso involucró la genética de la plaga.

Capítulo 15

La puerta oriental y la occidental

A JEREMÍAS SE le dijo que fuera al valle de Hinom, junto a la puerta de los Tiestos, para que expusiera su profecía acerca de lo que la nación había hecho a sus hijos. El valle estaba al lado de la *puerta*. La nación había cometido sus males más tenebrosos y espantosos allí, *en la puerta*.

La puerta oriental

Estados Unidos no es una ciudad amurallada, pero tiene puertas, entradas hacia y desde el resto del mundo. ¿Podrían las puertas de Estados Unidos, como las del antiguo Israel, estar vinculadas al más tenebroso de los pecados de la nación?

La puerta más grande y famosa de Estados Unidos es y siempre ha sido la de la ciudad de Nueva York, puerta por la que millones han entrado y salido. En el caso de Israel, sus hijos fueron asesinados en la puerta. Así también en el caso de Estados Unidos, fue en la puerta donde la nación había asesinado a sus niños.

En las Escrituras, la puerta también se relacionaba con la calamidad y el juicio. El juicio vendría cuando los enemigos de la nación atravesaran las puertas para traer destrucción. El juicio comenzó en la puerta. Y así también una modalidad bíblica de juicio —la plaga—, llegó especialmente a las puertas de Estados Unidos de América: Nueva York.

Muerte en la puerta

Una puerta, sin embargo, no es solo aquello a lo que uno llega, sino aquello por lo que uno *pasa*. Así que Nueva York no fue solo la puerta por la que llegó el aborto, sino también aquella *a través de la cual* se *extendió* al resto de la nación.

Cuando Nueva York legalizó el aborto en 1970, fue solo el comienzo. Debido a su amplia ley sobre esa materia, y a las multitudes que venían al estado para abortar, Nueva York se convirtió en la principal puerta de entrada a través de la cual el aborto llegó a esta nación.

La función del Estado como portal del aborto en la nación fue colosal. En 1970, el primer año de su legalización, de todos los abortos realizados en Estados Unidos, ¡*más del 45 %* se realizaron en Nueva York! En su segundo año, 1971, *más de la mitad* de todos los abortos en Estados Unidos, *el 55 %,* se realizaron en Nueva York. Y en el último año antes de *Roe contra Wade, más del 51 %* de todos los abortos en Estados Unidos se realizaron en Nueva York.[1] Así que de todos los abortos realizados en Estados Unidos desde la década de 1970 hasta *Roe contra Wade, la mayoría se realizaron en Nueva York*. Nueva York era la puerta mortal de la nación.

La puerta de la plaga

Esto nos lleva a la siguiente pregunta: si Nueva York sirvió como puerta central y portal a través del cual se propagó el aborto en Estados Unidos, ¿es posible que también haya servido como puerta central y canal de entrada *a través del cual se propagó la plaga* en esta nación?

Para descubrir la respuesta, debemos sumar a los antiguos misterios de la puerta, del juicio y del jubileo: los descubrimientos de la epidemiología moderna y la secuenciación genómica.

El misterio del jubileo apuntaría al año quincuagésimo, o 2020, como el año de la reversión y del retorno. El principio de retorno y de reversión indicaba que la puerta y el portal a través del cual una forma de muerte se extendió a la nación en la década de 1970 sería la misma puerta y el mismo portal a través del cual otra muerte, ahora en forma de plaga, se propagaría por la nación cincuenta años después. ¿Acaso lo hizo?

"La puerta principal" y sembradora de brotes

La respuesta proviene de los descubrimientos de la epidemiología moderna y la secuenciación genómica en relación con la propagación de la peste por Estados Unidos. Un artículo del *New York Times* lo revela:

La investigación indica que una ola de infecciones se extendió desde la ciudad de Nueva York por gran parte del país antes de que las autoridades comenzaran a establecer límites de distanciamiento social para detener el contagio. Eso contribuyó a alimentar los brotes en Luisiana, Texas, Arizona y lugares tan lejanos como la costa oeste.[2]

Así que no solo Nueva York, y específicamente la ciudad de Nueva York, fue el centro de la plaga; era la *puerta central por la que entraba*. El artículo continúa las conclusiones de un epidemiólogo de Yale:

Ahora tenemos suficientes datos para sentirnos bastante seguros de que Nueva York era la principal puerta de entrada al resto del país.[3]

Así que, la misma *principal puerta* mortal a través de la cual llegó el aborto a Estados Unidos se convertiría ahora en la puerta principal mortal a través de la cual llegaría la plaga a Estados Unidos.

Hemos visto el papel fundamental que jugó marzo de 1970 en la entrada del aborto tanto en Nueva York como en toda la nación. Eso hace que el próximo descubrimiento sobre la ciudad de Nueva York y los primeros días de marzo de 2020 sea aún más profundo:

A principios de marzo... la ciudad se convirtió en la principal fuente de nuevas infecciones en los Estados Unidos, según revela una nueva investigación, a medida que miles de personas infectadas viajaron desde la ciudad y esparcieron brotes por todo el país.[4]

El portal oriental:
1970 / 2020

Cuando analizamos el papel de Nueva York como puerta de entrada para el aborto en el país, los resultados fueron sorprendentes. El estado y la ciudad representaban más de la mitad de todos los casos de abortos realizados en Estados Unidos. Pero, ¿qué pasa con su papel como puerta de entrada a la pestilencia mortal?

La respuesta no es menos sorprendente. *De todos los casos de pandemia en Estados Unidos, más de la mitad* llegaron por la puerta de Nueva York. La ciudad, comentó uno de los científicos,

> actuó como la Gran Estación Central para ese virus, con la oportunidad de moverse desde allí en muchas direcciones, a muchos lugares.[5]

Según la investigación, el porcentaje de casos estadounidenses que se originaron en Nueva York fue de un colosal *60 a 65 %*.[6] Eso tenía un precedente. Cincuenta años antes, de todos los niños asesinados legalmente en Estados Unidos, el porcentaje de los asesinados en Nueva York era igualmente colosal. O, para decirlo de otra manera, a la mayoría de los estadounidenses que fueron afectados por la plaga, esta les llegó a través de las puertas de la ciudad de Nueva York.

El otro

Aunque el aborto solicitado llegó al continente americano a través de Nueva York, hubo otro estado en ese mismo continente, y solo uno, que siguió el ejemplo de Nueva York al legalizar el aborto ese año. Su legitimación se produciría mediante referéndum y mucho más tarde ese mismo año. Era el estado de Washington.

Así que, en 1970, el aborto llegó al continente americano a través de dos portales. Aunque, como ocurre con cualquier otro estado, el impacto del estado de Washington con respecto al aborto no se puede comparar con el de Nueva York, aun así desempeñó un papel fundamental como el único otro estado de la Unión Americana continental que legalizó la ordenanza. De modo que el asesinato legal de niños llegó al continente americano a través de dos puertas, una en la costa este y otra en la oeste: a través de una puerta oriental y otra occidental.

La puerta occidental

¿Qué sucede entonces si nos acercamos a la puerta occidental desde la óptica del antiguo misterio? De acuerdo con el jubileo habría un retorno: la puerta por la cual la muerte entró a la nación desde el oeste en forma de aborto sería, en el año del jubileo, la misma por la cual la muerte —en forma de plaga— entraría desde el oeste. Y eso es exactamente lo que sucedería.

En el año jubilar de la entrada del aborto a Estados Unidos por la puerta occidental, la muerte regresaría y entraría nuevamente por la misma puerta. En otras palabras, la plaga entraría a Estados Unidos a través del estado de Washington.

Dos puertas y dos años

Así como el aborto llegó al continente americano atravesando dos puertas, en el año jubilar, una plaga llegaría al continente americano a través de dos puertas. Los dos estados por los cuales la plaga entró a la nación en 2020, Nueva York y Washington, resultaron ser *exactamente los mismos* por los que el aborto entró al país cincuenta años antes, uno a través de la puerta oriental y, el otro, a través de la puerta occidental.

El portal occidental:
1970 / 2020

Las marcas genéticas dejadas tras la plaga testificaron del antiguo misterio, ya que apuntaban a las puertas de la nación. En el caso de la puerta oriental, como hemos visto, los hallazgos fueron abrumadores y representaron más de la mitad de los casos de COVID del país, del mismo modo que había representado más de la mitad de los abortos de la nación. Pero ¿qué pasa con la puerta occidental?

Los hallazgos relacionados con la puerta occidental también fueron asombrosos. Los indicadores genéticos revelaron que en estados como California, Oregón y Wyoming, *un tercio de todos los casos* presentaban rastros genéticos de haber ingresado al país a través del estado de Washington. Incluso en entidades como Illinois, en el Medio Oeste, se encontró que el 27 % de los casos habían llegado por la puerta occidental. Además, en estados tan lejanos como Georgia, en la costa este, se descubrió que el 30 % de los casos habían llegado por la puerta occidental.[7]

Paciente cero en la puerta

Había una conexión más.

La plaga hizo su entrada oficial a Estados Unidos el 20 de enero de 2020, cuando se confirmó que había ingresado a Estados Unidos a través del *paciente cero*.

Pero ¿*en qué parte* de Estados Unidos ocurrió eso? El paciente cero aterrizó en Seattle, estado de Washington. En otras palabras, entró al continente por la misma puerta occidental por la que el aborto se había extendido a la nación. A través del paciente cero, la plaga golpeó a la nación en su puerta occidental y allí desató su primer brote oficial antes de esparcirse por toda la Unión Americana.

Fue una convergencia entre el espacio y el tiempo en las dos mismas puertas. Porque el día que marcó la entrada de la plaga a Estados Unidos por la puerta occidental fue el 20 de enero, el mismo en que el aborto comenzó su entrada a Estados Unidos por la puerta oriental. Entonces, ese día en que llegó la plaga, las puertas oriental y occidental, por las que había entrado el pecado de la nación, se unieron. La plaga llegó a la puerta occidental de la nación en un jubileo, cincuenta años, el día exacto en que el aborto había llegado a la puerta oriental. Era el año y el día del regreso, así que fue allí y en ese momento cuando regresó.

Los testigos genéticos

Las dos puertas marcarían ahora el comienzo de una era en la que millones de estadounidenses serían atropellados o abatidos. La inmensa mayoría de ellos llevarían los indicadores virales de la plaga. Indicadores que apuntarían a una u otra de las dos puertas: la oriental o la occidental.

En otras palabras, aquellos afectados por la plaga llevarían en sus cuerpos las marcas que los unían a las mismas dos puertas a través de las cuales el pecado más tenebroso de la nación entró a la tierra, cincuenta años antes. Las secuencias genéticas darían testimonio de las dos puertas de la oscuridad.

El antiguo misterio se había cumplido. La calamidad había vuelto a la puerta, y la muerte, al lugar donde se derramó la sangre de los niños.

Ahora debemos plantearnos la pregunta tácita, la que fue formulada por las palabras de los antiguos profetas y, al menos, pronunciada por un presidente estadounidense. Ninguno de ellos tenía la capacidad de cuantificar las calamidades de su época ni de llegar a la respuesta, pero nosotros sí.

Capítulo 16

Los vientos de Hinom

ESTUVO AHÍ DESDE el principio, implícito en la profecía de Jeremías sobre el valle de Hinom y en el segundo discurso inaugural de Lincoln. Es una pregunta que en tiempos pasados debió parecer como ahora: casi inabordable. Ahora debemos plantearla.

La pregunta no formulada

Jeremías había predicho la correlación entre la sangre de los niños derramada en el valle de Hinom y la que se derramaría en Jerusalén por medio de la guerra. Lincoln había planteado la posibilidad de que la guerra pudiera continuar hasta que cada gota de sangre extraída por el látigo de la esclavitud fuera igualada por otra extraída por la espada guerrera.

En cada caso, el juicio estaba relacionado con el mal que lo invocaba. La sangre de los niños en el valle de Hinom sería respondida y comparada con la sangre de la nación que la derramó. La sangre de los esclavos estadounidenses sería respondida e igualada por la de los soldados estadounidenses. La muerte será respondida e igualada por la muerte.

Así que ahora la pregunta que debe hacerse es esta: ¿Es posible que la antigua correlación entre el pecado y el juicio —la matanza de niños y una plaga mortal— involucre no solo sus tiempos, sus días, sus fechas, sus acontecimientos, sus lugares, sus duraciones y sus orígenes, sino también su alcance, su magnitud, su amplitud y su inmensidad?

En otras palabras, ¿podría haber alguna conexión o correspondencia entre el número de niños asesinados por el aborto y el número de estadounidenses asesinados por la plaga?

La ventana de tres años

De ser así, ¿en qué períodos de tiempo podrían medirse y compararse ambas cosas? Eso está claro. Hay un periodo o ventana de tiempo claro en relación con la entrada y el establecimiento del aborto en Estados Unidos: el que comienza con el inicio del aborto en la nación y termina con su establecimiento en la decisión de la Corte Suprema que lo convirtió en ley nacional. Su entrada a Estados Unidos comenzó el 20 de enero de 1970 y su establecimiento se selló el 22 de enero de 1973 o, para los fines de las estadísticas disponibles, el período de tres años de 1970, 1971 y 1972, que finalizó el 31 de diciembre.

En cuanto a la peste, habría que comenzar con los mismos parámetros, con su entrada oficial a territorio estadounidense. En ese caso, el periodo comienza el 20 de enero de 2020. La segunda ventana de tiempo tendría que ser paralela al primer período. Por tanto, los parámetros del segundo período con respecto a la peste comenzarían a finales de enero de 2020 y llegarían hasta finales de enero de 2023 —o, si lo comparáramos con las estadísticas disponibles para el aborto—, el trienio de 2020, 2021 y 2022 que finaliza el 31 de diciembre.

Por supuesto, con todas esas cifras, siempre existirá el factor de subestimación, por un lado, o de exceso, por el otro. También dependemos de la disponibilidad de las estadísticas. Las estadísticas nacionales sobre el aborto, en el período de nuestra investigación, generalmente se registraban por año y no por mes. Por otro lado, ciertamente tenemos una idea y podemos llegar a una cifra general en cada caso.

Así que, ¿podría haber alguna conexión o correspondencia entre el número de niños asesinados en abortos entre 1970 y principios de 1973 y el número de estadounidenses asesinados por la plaga cincuenta años después, entre 2020 y principios de 2023?

El número de los niños

En cuanto a la cantidad de niños asesinados en los primeros tres años desde que se inició el aborto en Estados Unidos y hasta la contradictoria decisión *Roe contra Wade*, tenemos las estadísticas anuales sobre el aborto del Archivo Johnston. Estas son también las mismas estadísticas enumeradas por los CDC, los Centros para el Control y la Prevención de Enfermedades, sobre el aborto según lo informado desde 1969 a 1972.

Según estas estadísticas, el número de abortos en Estados Unidos durante el primer año de nuestro período, 1970, fue de 193.491.

La cifra correspondiente al segundo año, 1971, fue de 485.816.

Y el número del tercer año, 1972, fue 586.760.[1]

Sumando las cifras de cada año, el número total de abortos para el trienio asciende a *1.266.067.*

El número de la plaga

¿Qué pasa con el número de estadounidenses muertos por la peste en los tres períodos anuales correspondientes a 2020, 2021 y 2022?

Para ello contamos con las estadísticas de mortalidad del CDC. Estas incluyen no solo las estadísticas de muertes atribuidas únicamente al virus, sino también las otras muertes causadas por el COVID-19, como la neumonía y la influenza. Representa, por tanto, el número total de muertes causadas por el virus.

Tenemos el exceso total de muertes en Estados Unidos según lo registrado en las estadísticas de mortalidad de los CDC atribuibles al virus en el período que comienza a finales de enero y llega al 21 de enero de 2023. La cifra es 1.286.050.[2]

La convergencia estadística

De forma que, el número de estadounidenses que murieron a causa de la peste en ese período es 1.286.050. Y la cantidad de niños asesinados por aborto en el período correspondiente es de 1.266.067.

A la vista de los datos y de sus márgenes de error, ambas cifras son estadísticamente idénticas.

1.266.067 / 1.267.965

Sin embargo, es mucho más. Las cifras de muertes adicionales por COVID contienen veintiún días adicionales en enero que no están registrados en las estadísticas de abortos debido a la falta de registros mensuales. El número de muertes adicionales para esos veintiún días es de 18.085.[3] Si ajustamos, en consecuencia, restando el número del exceso total de muertes del período de tres años, resulta 1.267.965.

Así que, el número de niños estadounidenses asesinados en los primeros tres años de legalización del aborto es *1.266.067.*

El número de estadounidenses muertos por COVID en los primeros tres años de la plaga es 1.267.965.

1.266.067 y 1.267.965 (insisto, las cifras son estadísticamente idénticas) y aún más.

1.3 millones / 1.3 millones

El periódico británico *The Economist* realizó otro importante estudio sobre las tasas de mortalidad causadas por el COVID-19. Se considera uno de los estudios más completos y rigurosos hechos sobre el exceso de tasas de mortalidad provocado por el virus. Los resultados implican estimaciones pero proporcionan una cifra aproximada.

Para el período de tres años que comienza el 1 de enero de 2020 y finaliza el 23 de enero de 2023, *The Economist* estimó que los estadounidenses muertos por la peste directamente o por complicaciones derivadas asciende a aproximadamente 1.3 millones.[4] La cifra comparable de niños asesinados por aborto en el trienio paralelo se ubica en 1.26 millones. Pero, insisto, las estadísticas sobre abortos no incluyen los veintitrés días de enero que cubre el estudio del periódico *The Economist*. Si se suma una tasa diaria promedio de abortos de acuerdo con ese período y se multiplica por veintitrés para los días contabilizados en el estudio de *The Economist*, se obtiene el número de abortos para el período de tres años desde enero de 1970 al 22 de enero de 1973, a *1.3 millones.*

Porcentajes correlativos

¿Qué tan cercana es la correlación entre el número total de muertes causadas por la peste según los CDC (1.267.965) y su número de niños asesinados por aborto en el período correspondiente (1.266.067)?

¡La correlación porcentual es del 99.85 %!

¿Y en cuanto a las cifras aproximadas de *The Economist* sobre muertes por COVID en comparación con el número de niños asesinados por aborto?

¡La correlación del 100 %!

Conclusiones

Cuando Lincoln reflexionó sobre la correspondencia entre la sangre derramada por el látigo de la esclavitud y la sangre derramada por la Guerra Civil, no existían estadísticas sobre los azotes de la esclavitud.

Cuando Jeremías profetizó sobre la relación de los niños sacrificados en los altares y la matanza de sus compatriotas a espada, no había estadísticas sobre ninguna de las dos cosas. No sabemos qué tan estrecha era la relación.

Sin embargo, en este caso sí lo sabemos. La relación es asombrosamente precisa. Y todo lo demás relacionado y que hemos visto entre los dos sucesos (sus inicios, sus inversiones, los años, los meses, las fechas, los lugares) advertían de esta.

¿Qué hubiéramos esperado de una nación que había derramado tanta sangre inocente? Habríamos esperado los vientos de Hinom. Y por eso vinieron. Pero Estados Unidos no ha matado a 1.3 millones de niños. Al momento de escribir este artículo, ha matado a más de 60 millones de niños. Los vientos de sus matanzas aún no han soplado del todo. ¿Y podemos estar seguros de que nunca lo harán?

———————————

Ahora abriremos una corriente misteriosa muy diferente, una de reyes, sacerdotes, templos y dioses, y una reina particularmente infame. La repetición de este misterio es específica, precisa y exacta. Y guarda el secreto de uno de los líderes más memorables de los últimos tiempos.

Cuarta parte

JEHÚ Y EL TEMPLO DE BAAL

Capítulo 17

El prototipo

EL PROTOTIPO QUE estamos a punto de descubrir tiene más de dos mil quinientos años. Contiene eventos antiguos, movimientos antiguos y pueblos antiquísimos. Y, sin embargo, nos proporcionará una revelación precisa sobre los acontecimientos, movimientos y hasta personas del mundo moderno, incluso de nuestros días.

Los tupos

En 1 Corintios 10, el apóstol Pablo escribe sobre la caída y el juicio de los antiguos israelitas. Luego agrega,

> Estas cosas les acontecieron como ejemplo, y están escritas para amonestarnos a nosotros...[1]

Detrás del término *ejemplo* se encuentra el vocablo griego *tupos*, que también se puede traducir como patrón, modelo, plantilla, prototipo. En otras palabras, lo que le sucedió al antiguo Israel tal como está redactado en las Escrituras sucedió y quedó registrado como ejemplo, como prototipo para las generaciones futuras. Por lo tanto, sirve como modelo para dar instrucción, advertencia, percepción y revelación. Esos prototipos, aunque puedan ser proféticos, no son lo mismo que las profecías. No tienen que ver tanto con predecir un evento futuro específico como con revelar principios y patrones a los que los acontecimientos futuros pueden seguir o ajustarse. La esencia de tales cosas se deriva de la soberanía y la omnisciencia de Dios. El que conoce cada evento y cada momento de la historia humana, pasado, presente y futuro, es capaz de entretejer patrones, prototipos y paradigmas en esos acontecimientos, momentos y en esas historias.

La correspondencia entre el prototipo antiguo que estamos a punto de ver y la historia estadounidense moderna es detallada y precisa. Ya sea que se haya repetido o no, haya encontrado paralelos en tiempos pasados o lo vuelva a hacer en el futuro, lo ha hecho en nuestro tiempo y con intrincada especificidad.

Un hombre controversial

Traté sobre el prototipo por primera vez en el libro *El paradigma*. Ahora centraremos una sola pieza de ese modelo, un hombre controvertido, un enigma y su relación con cierto templo pagano. Desde que se publicó el libro, el misterio y el prototipo no han dejado de desarrollarse ni de progresar. Primero estableceremos el modelo con respecto al hombre controversial y luego su conexión con un templo pagano. Luego develaré lo que nunca revelé en *El Paradigma* ni en ningún libro, es decir, lo que se hizo realidad *después* de la publicación del libro.

Ello implicará uno de los acontecimientos más controvertidos de los tiempos modernos y el antiguo misterio que se esconde detrás de eso.

Capítulo 18

Un hombre llamado Jehú

¿PODRÍA HABER UNA figura antigua y un misterio detrás de uno de los líderes más controvertidos de nuestro tiempo?

Más allá de la política

El misterio contenido en el antiguo modelo no es político. Afecta a todos los ámbitos, incluido el de la política, pero no *pertenece* a ese ámbito. Está más allá de eso. Las piezas del modelo caerán donde sea independientemente de la política. Y aunque el modelo involucra a personas, líderes y figuras prominentes del escenario nacional estadounidense, en última instancia no tiene que ver con ellos. Son solo piezas de un panorama más amplio. Ninguno de ellos se mueve y actúa conscientes de su lugar en el modelo o del antiguo misterio que siguen. Esto se aplica especialmente a la pieza del paradigma modelo en el que centraremos nuestra atención: el hombre de la controversia. No se trata de él. No importa lo que uno piense de él o cuál sea su posición con respecto a él. El modelo, en ese sentido, es neutral. Su propósito es revelar.

El utensilio improbable

El reino del norte del antiguo Israel se estaba alejando de Dios. No solo fue una partida; ahora era una guerra. Aquellos que se sentaban en los tronos de la nación y los que estaban en la cima de su cultura hicieron campaña activamente contra los caminos de Dios. Y aquellos que se mantuvieron fieles a los caminos de Dios ahora se vieron marginados y vilipendiados. Si el rumbo de la nación continuaba inalterado, el fin sería juicio y destrucción.

Fue entonces cuando un hombre llamado Jehú comenzó una campaña para tomar el trono de la nación. Era una figura poco probable. No era miembro de la casta gobernante ni del ambiente político, y muchos lo considerarían no calificado para sentarse en el trono del rey.

Un hombre llamado Trump

En las dos primeras décadas del siglo veintiuno, el alejamiento de Dios y todo lo que se refiriera a él, que promovía Estados Unidos estaba acelerando y solidificando su control sobre las instituciones del gobierno y la cultura. Aquellos que buscaban defender los caminos de Dios, los que se aferraban a los valores y la fe sobre los que se había fundado la nación, ahora se encontraban marginados, vilipendiados y tratados cada vez más como enemigos de la cultura dominante.

Fue entonces cuando un hombre llamado Trump inició una campaña para tomar la Casa Blanca. No tenía idea, pero estaba siguiendo el modelo de un antiguo rey: Jehú. Seguiría sus pasos y repetiría sus actos. Jehú fue el prototipo y Trump, el antitipo.

Al igual que Jehú, Trump era un contendiente improbable. No era miembro del *establishment* político estadounidense. No era político. Y muchos lo consideraban incapaz de gobernar. Jehú fue una figura controvertida y polarizadora. Fue amado por algunos, odiado y temido por otros. También lo fue Trump.

El enigma

Aunque Jehú invocaba el nombre de Dios, la Biblia nunca habla de él como un hombre de Dios. En cuanto a dónde estaba su corazón, era un misterio, y sigue siéndolo hasta el día de hoy. Por sus caminos, actos y naturaleza, podría ser juzgado como un hombre impío. Incluso las Escrituras ponen en duda su relación con Dios:

> Sin embargo, Jehú no cumplió con todo el corazón la Ley del Señor, Dios de Israel, pues no se apartó de los pecados con que Jeroboán hizo pecar a los israelitas.[1]

No obstante, las Escrituras también son claras en cuanto a que Jehú fue usado por Dios. Independientemente de sus maneras e intenciones, fue un instrumento. Incluso aquellas formas y actos que podían considerarse imprudentes e impíos se utilizaron para provocar juicio y reforma. Jehú era un instrumento de los propósitos de Dios, aun cuando fuera uno de los más improbables y aunque fuera a pesar de sí mismo.

Al igual que Jehú, Trump invocaría el nombre de Dios, pero pocos hablarían de él como un hombre de Dios. Al igual que Jehú, Trump era un enigma. Y en cuanto a dónde estaba su corazón con respecto a Dios, eso seguía siendo un misterio. Muchos lo juzgaron como un hombre impío. Y, sin embargo, Trump fue usado por Dios. Había sido, al igual que Jehú, un instrumento involuntario. Al igual que en el caso de Jehú, sus faltas y sus maneras no invalidaron el hecho de que fue utilizado como instrumento para los propósitos de Dios. Tampoco, como en el caso de Jehú, el hecho de que fuera utilizado como instrumento para los propósitos de Dios anuló sus faltas y su actuación. Dios usa a quien quiera.

Un conductor loco

Jehú era un guerrero, un luchador. Trump era un luchador, un hombre que peleaba con casi todo el mundo y prosperaba gracias a ello. El relato bíblico del ascenso de Jehú al poder presenta un cuadro de desenfreno, impulsividad e imprevisibilidad. Trump era visto tanto por partidarios como por opositores como salvaje, impulsivo e impredecible.

El ascenso de Jehú al trono comenzó cuando montó en un carro y se embarcó en una carrera hacia la ciudad capital y la sede del poder gubernamental. Se decía que Jehú conducía su carro como un "loco".[2] La carrera de Trump hacia la Casa Blanca se describió en términos similares.

La alianza

En medio de su carrera hacia el trono, Jehú hizo una alianza con los conservadores religiosos del país. Así que, en medio de su carrera hacia la Casa Blanca, Trump hizo una alianza con los conservadores religiosos de la nación. Más específicamente, Jehú formó una alianza con un hombre en particular que representaba a los conservadores religiosos: Jonadab. Este era conocido por su piedad y su estilo de vida abstemia, no ingería alcohol. Jonadab aceptó la invitación de Jehú de unirse a él en su carro. Luego los dos montaron juntos en la carrera de Jehú hacia el trono.

Trump, igualmente, hizo una alianza con un hombre, Mike Pence. Este también representaría a los conservadores religiosos del país. Al igual que Jonadab, Pence era conocido por su piedad y su estilo de vida abstemia. Pence aceptó la invitación de Trump para unirse a él en la carrera hacia la Casa Blanca. Los dos terminarían la carrera juntos.

En el duodécimo año

Jehú sucedería al rey Joram. Joram había estado en el trono durante doce años cuando Jehú llegó al poder. Trump sucedería a Barack Obama. Obama había llegado al escenario nacional en la Convención Demócrata de 2004. Trump llegó al poder en las elecciones presidenciales de 2016. Así como Jehú llegó al poder al final de los doce años de Joram, Trump llegaría al poder al final de los doce años de Obama. en el escenario nacional.

La ex primera dama

La última figura importante que se interpuso en el camino del ascenso de Jehú fue la ex primera dama de la nación. Y entonces, para convertirse en rey, Jehú tendría que enfrentarse cara a cara con esa ex primera dama.

El mayor obstáculo para el ascenso de Trump a la presidencia fue la ex primera dama del país, Hillary Clinton. Para convertirse en presidente, Trump tendría que llegar a un enfrentamiento con la ex primera dama.

El hecho de que Jehú se encontrara cara a cara con la ex primera dama de la nación, implicaría la caída de esta última. Así que Jehú prevaleció y procedió a tomar la corona real.

Aunque prácticamente todas las encuestas mostraban que Clinton ganaba decisivamente contra Trump, el paradigma bíblico decía lo contrario: que cuando los dos se enfrentaran, la ex primera dama caería y Jehú prevalecería. Entonces, contra casi todos los pronósticos y todas las encuestas y en una de las mayores sorpresas en la historia presidencial estadounidense, la primera dama fue derrotada y Trump ganó la presidencia.

Veintidós y catorce años

¿Cuánto tiempo estuvo Hillary Clinton en el escenario nacional? Llegó a este ambiente con su marido y permaneció con él durante veintidós años. Después de la presidencia de su marido, se desempeñó como senadora y secretaria de Estado durante doce años. Se retiró de la vida pública durante dos años. Luego regresó para postularse para la presidencia por dos años más.

Así que su paso por el escenario nacional fue de veintidós años con su marido y catorce años sola. Su antiguo prototipo, la ex primera dama de Israel a quien Jehú derrotó, estuvo en el escenario nacional por veintidós años con su marido y catorce años sola.

¿Qué podría tener que ver un presidente moderno con el antiguo dios Baal y su templo? Todo...

Capítulo 19

La casa de los hijos caídos

DESPUÉS DE DERROTAR a la ex primera dama, Jehú dirigió su atención a la ciudad capital de Samaria. La ciudad estaba llena de corrupción, inmoralidad y apostasía. Jehú había llegado a la capital con un objetivo: *drenar el pantano*. Después de derrotar a la ex primera dama, Trump centró su atención en la capital, Washington, D.C. Tenía un plan: *drenar el pantano*.

Los hijos de Baal

Para Jehú, hubo un pantano y un obstáculo que se destacó por sobre todos los demás. Pero lo enfrentaría. Tenía que ver con Baal. Baal era el principal de los dioses extranjeros a los que Israel había recurrido cuando se apartó de Dios. Y la adoración a Baal estaba especialmente asociada con la ex primera dama de la nación.

En su posición de reina, había introducido en la tierra una forma especialmente virulenta de adoración a Baal. Usó los poderes del estado para obligar al pueblo a adorar a Baal, el dios principal de su tierra fenicia. Los que se negaran a hacerlo podrían ser condenados a muerte. Bajo su gobierno, el culto a Baal se convirtió en la religión oficial de Israel.

Los elementos del culto a Baal eran típicos de la religión pagana: ritos de la naturaleza, sensualidad, sacrificios e inmoralidad sexual. Sin embargo, fueron los sacrificios los que hicieron que la adoración de Israel a Baal fuera especialmente tenebrosa. Cuando Baal exigió el sacrificio de sus hijos, la tierra se llenó de su sangre.

Dioses y reyes

Paralelo a la adopción del sacrificio de niños, por parte del antiguo Israel, está la adopción moderna del aborto por parte de Estados Unidos. En el caso de Israel, la práctica del sacrificio de niños se inició solo cuando la nación se alejó de Dios. Así también, en el caso moderno, el aborto llegó a Estados Unidos solo después de que la nación comenzó a alejarse de Dios.

Cuando el rey israelita Acab y su esposa, Jezabel, promulgaron por la fuerza la adoración a Baal en todo Israel, Jehú era uno de sus comandantes. Por lo tanto, sirvió, defendió y apoyó el culto a Baal, junto con su sacrificio de niños. Pero Jehú se volvió contra la casa de Acab y contra el culto de Baal y, por tanto, contra el sacrificio de niños.

De la misma manera, Trump fue originalmente partidario del aborto. Había sido amigo de la ex primera dama y de su marido, Bill Clinton. Pero al igual que Jehú, Trump se volvería contra el aborto. Cuando comenzó su carrera hacia la Casa Blanca, lo hizo como un acérrimo oponente a esta práctica.

El enfrentamiento

En el curso del ascenso de Jehú al poder, la defensora más destacada del culto a Baal fue la ex primera dama de la nación. Durante el ascenso de Trump al poder, la defensora más destacada del aborto en el país fue la ex primera dama Hillary Clinton. Así como las dos figuras antiguas se enfrentaron en lo que sería su confrontación final, las dos figuras modernas se enfrentaron decisivamente, en su último debate, en el otoño de 2016. Fue en ese debate en el que Trump desafió directamente a Clinton, frente a la nación, en relación con la sangre de los niños estadounidenses. Ella apoyó la práctica. Pero al igual que Jehú, Trump se opuso y prometió hacer la guerra contra eso.

El templo de Baal

Cuando Jehú llegó a Samaria, la capital de la nación, se encontró con un enorme templo nacional dedicado a Baal. Si quería librar a la tierra del culto a Baal, tendría que derribar el gran templo. Fue ese templo en la ciudad capital el que se mantuvo como el centro de adoración a Baal y, por lo tanto, el eje del sistema que provocó el sacrificio de niños. Jehú dio la orden y el templo de Baal fue destruido:

> Además de tumbar la piedra sagrada, derribaron el templo de Baal y lo convirtieron en un muladar. Así ha quedado hasta el día de hoy. De esta forma Jehú erradicó de Israel el culto a Baal.[1]

La caída del templo de Baal personificó e inauguró el reinado de Jehú. Es una de las dinámicas centrales del paradigma: *cuando Jehú se levanta, el templo de Baal debe caer.*

Palmira

Cuando Trump comenzó su ascenso al poder con el lanzamiento de su campaña presidencial, en todo el mundo, en Palmira, Siria, se alzaba un templo de Baal. Era antiguo. Había estado allí desde los días del imperio romano, durante casi dos milenios. Pero según el paradigma, cuando Jehú resucite, el templo de Baal debe caer.

Trump anunció su candidatura en junio de 2015. Dos meses después, el antiguo templo de Baal que había resistido al mundo durante casi dos mil años *cayó al suelo.* El antiguo paradigma se había manifestado: cuando Jehú se levanta, el templo de Baal debe caer.

El presagio

Y, sin embargo, la caída del templo de Baal sería el presagio profético de un cambio venidero. El cambio alteraría la política y la cultura estadounidenses. Pero antes de que se produjera ese cambio, habría otra manifestación del antiguo modelo, de Jehú y el templo de Baal. Se repetiría ante la nación, ante el mundo.

Los que presenciaron su repetición no tendrían ni idea de ello. Los miembros del Congreso que pasaron incontables horas en comités investigándolo tampoco tendrían idea. Pero detrás del acontecimiento que sorprendió a Estados Unidos y al mundo había un antiguo misterio.

Escribí *El paradigma* en 2017. El acontecimiento que estamos a punto de tocar ocurrió más de tres años después de su lanzamiento; sin embargo, fue presagiado en el paradigma revelado en el libro.

Lo que estamos a punto de ver es el misterio que el mundo no pudo ver en su momento y que el Congreso de Estados Unidos no pudo encontrar en los años siguientes. Es un misterio que nunca, hasta este momento, he revelado en ningún libro.

Capítulo 20

Jehú y el templo de Baal

¿Es posible que detrás de uno de los acontecimientos políticos más discordantes de los tiempos modernos se encuentre un misterio bíblico? ¿Será posible que la respuesta a un evento que el gobierno estadounidense investigó con incontables esfuerzos, energía y tiempo no esté en el ámbito político o ideológico, sino en un modelo antiguo y un evento que ocurrió hace más de dos mil quinientos años?

La revancha

En el modelo bíblico, el ascenso de Jehú está vinculado a la caída del templo de Baal. El prototipo, como hemos visto, se manifestó en el surgimiento del actual Jehú y la caída del antiguo templo de Baal en Palmira, Siria. ¿Pero podría haber otra manifestación? Y si la guerra de Jehú y el templo de Baal marcó el comienzo del reinado de Jehú y el inicio del ascenso de Trump a la presidencia, ¿podría también haber marcado su final? ¿O podría terminar su presidencia con una repetición, una revancha, de la batalla revelada en el modelo?

El 6 de enero

Era la primera semana de enero de 2021, la semana que determinaría el futuro del Senado de los Estados Unidos y de la presidencia estadounidense. Todo giraría a mediados de esa semana, el miércoles, cuando se conocerían los resultados de la carrera por el Senado en Georgia y, por tanto, qué partido controlaría el Senado. También fue el día en que se sellarían oficialmente los votos de las elecciones presidenciales de 2020. El miércoles fue crucial, ya que daría a los demócratas el control del Congreso y la presidencia. Sellaría el fin de los días de Trump en el poder. Todo convergería el 6 de enero. Lo que ocurrió ese día no es tolerado por el modelo, pero sí es revelado y, en cierto sentido, predicho.

El templo nacional

El templo de Baal que se encontraba en la capital de la nación —Samaria— era, en efecto, el templo nacional del reino del norte de Israel. Por tanto, la primera pregunta que debemos hacernos es la siguiente: ¿Existe algún edificio en Washington, D.C. que pueda considerarse su templo nacional? Comúnmente se supone que Estados Unidos no tiene un templo nacional. Pero hay uno.

Se le ha llamado el *Templo de la República Estadounidense*, la *Casa del Pueblo*, el *Templo Secular de Estados Unidos* y *Templo de la Democracia* de la nación. Es el edificio del Capitolio de los Estados Unidos. El lugar del Capitolio como templo nacional de Estados Unidos aparece en sus mismas paredes, donde está escrito: "No hemos construido más templo que el Capitolio…"[1] Incluso el edificio se refiere a sí mismo como un templo. Fue modelado según los templos paganos del mundo antiguo, particularmente los de Grecia y Roma y, más específicamente, el Panteón Romano, templo de todos los dioses paganos.

La oración pagana

Sin embargo, no es esa arquitectura lo que hace que un edificio sea pagano, sino lo que sucede en su interior. En el antiguo templo de Baal, las oraciones y la adoración se elevaban a un dios pagano. En el edificio del Capitolio tradicionalmente se han elevado oraciones e invocaciones al Dios de la Biblia. Pero cuando comenzó la semana del 6 de enero de 2021, algo cambió.

Ocurrió el 3 de enero, en la primera sesión de trabajo del nuevo Congreso. El nuevo Congreso fue inaugurado con una oración ofrecida por el congresista demócrata Emanuel Cleaver. Yo escribí sobre él años antes en *El paradigma*. Era el hombre que, sin saberlo, había pronunciado un discurso profético en la Convención Demócrata que nominó a Hillary Clinton. Ahora, sin saberlo, ofrecería una oración profética.

El problema con la oración era el dios a quien Cleaver se dirigió. Selló su oración con el nombre Brahma.[2] Brahma está a una eternidad del Dios de la Biblia. Brahma es un dios hindú, uno de los tres dioses gobernantes, los otros son Vishnu y Shiva. Brahma tiene cuatro cabezas. Originalmente tenía cinco, pero el dios Shiva le cortó una de ellas cuando lo sorprendieron mintiendo. Brahma es un dios pagano. Y así, el 3 de enero de 2021, el 117º Congreso fue consagrado a un dios pagano y el templo nacional de Estados Unidos se convirtió en una casa de oración (a un dios pagano) como en un templo pagano.

La agenda

Más allá de la oración, el templo de Baal albergaba prácticas y planes que se oponían a los caminos de Dios. Promovió la inmoralidad sexual y el sacrificio de niños. En esa primera semana de 2021, no fue solo una oración pagana lo que inauguró el nuevo Congreso, sino una agenda antibíblica o pagana lo que lo hizo. El nuevo Congreso controlado por los demócratas llevaría al Capitolio una agenda que se oponía radicalmente a la moralidad y los valores bíblicos en lo que respecta a la sexualidad, la libertad religiosa, el género y la vida de los niños no nacidos. El nuevo Congreso llegó al Capitolio preparado para promulgar la agenda más proaborto en la historia de Estados Unidos.

Así que no fue solo la oración lo que convirtió el "templo" de Estados Unidos en uno pagano: fue la agenda. Esa primera semana de 2021 fue cuando esa agenda tomó el control total del Capitolio y del Templo de la República Estadounidense. Y todo sucedió cuando un Jehú todavía estaba en el poder y en la ciudad capital. Esos eran los ingredientes del modelo antiguo. Era una batalla esperando por suceder.

La asamblea de Jehú

El décimo capítulo del Libro de 2 Reyes registra que Jehú convocó una asamblea en la ciudad capital. Por eso, el presidente Trump convocó una asamblea en la ciudad capital, Washington, D.C., el 6 de enero. La reunión de Jehú, en última instancia, se dirigiría al templo nacional en la ciudad capital. La reunión de Trump del 6 de enero también estaría dirigida al templo nacional de Estados Unidos: el edificio del Capitolio.

El antiguo modelo se centraba en dos reuniones o dos grupos de personas agrupadas en esa ciudad: los sacerdotes y adoradores de Baal, que se reunirían dentro del templo, y los partidarios de Jehú, que estarían fuera del templo. Así que el 6 de enero, la reunión que se celebró dentro del Capitolio representó la victoria de una agenda antibíblica.

La reunión que tuvo lugar frente al edificio del Capitolio representó a los partidarios del actual Jehú, Trump.

Jonadab en la casa

Es de destacar que el modelo antiguo habla de Jehú y su socio, Jonadab, desempeñando un papel destacado en lo que sucedería en el templo de Baal. De modo que tanto Trump como Pence jugarían un papel destacado en lo ocurrido ese 6 de enero en el Capitolio, el templo nacional de Estados Unidos.

En el modelo antiguo, tanto Jehú como Jonadab van al templo de Baal. Trump tenía previsto bajar ese día al Capitolio, pero su equipo de seguridad se lo impidió. Pero Pence, el Jonadab moderno, entró efectivamente en el templo nacional ese día, de acuerdo con el paradigma. Es digno de mencionar que, aunque podemos suponer que Jonadab abandonó el edificio después de entrar en él, el relato no da ningún registro ni indicación de que lo hiciera. El 6 de enero, Pence entró en el edificio del Capitolio. Nunca se fue, pero permaneció allí toda la noche.

Los que están fuera del templo

En el modelo antiguo, Jehú ordenó a la multitud de sus seguidores que fueran al templo de Baal y se quedaran afuera de él. El 6 de enero, Trump, en efecto, ordenó a una multitud de sus partidarios que fueran al edificio del Capitolio y se quedaran afuera en señal de protesta.

Los partidarios de Jehú permanecieron afuera del templo nacional mientras se llevaban a cabo los procedimientos en el interior. Los partidarios de Trump permanecieron afuera del templo nacional mientras, en el interior, se llevaban a cabo los procedimientos. Los partidarios de Jehú no se quedaron fuera del templo de Baal. Y los partidarios de Trump no estarían fuera del Capitolio.

El asedio

En el relato bíblico de la guerra de Jehú contra el templo de Baal, a sus partidarios se les dio la orden: "Entren".[3] Después de eso, el pueblo de Jehú sitió el templo. Así que el 6 de enero los partidarios de Trump harían lo mismo. Creían que tenían la autoridad para entrar. Entonces entraron. Lo sitiaron.

En el modelo antiguo, los seguidores de Jehú entraron al templo de Baal e interrumpieron dramática y violentamente sus actividades. El 6 de enero, los seguidores de Trump entraron en el edificio del Capitolio y dramáticamente, aunque con menos violencia que en el caso anterior, interrumpieron su proceso. En el modelo antiguo, los seguidores de Jehú entran al templo para derramar sangre, lo cual hacen. El 6 de enero, aunque no era la mayoría, entre los que habían entrado al Capitolio estaban los que pedían sangre y los que se habían preparado para la violencia.

La profanación

Para evitar que el templo de Baal o el terreno en el que se encontraba volviera a ser utilizado como lugar de prácticas paganas, el pueblo de Jehú lo profanó y lo execró. Así que el 6 de enero, entre los que entraron al edificio del Capitolio estaban aquellos que buscaban profanarlo y execrarlo.

En vista de la actitud de Jehú y lo referente al templo de Baal, las reacciones de los miembros del Congreso tras el 6 de enero son especialmente significativas y consistentes. El líder entrante de la mayoría del Senado dijo:

"Este *templo* a la democracia fue *profanado*".[4]

Un senador que habló esa noche desde Capitol Hill dijo:

"Este lugar sagrado fue profanado ... Este templo a la democracia fue deshonrado".[5]

El presidente de la Cámara habló de quienes participaron en la

...profanación de este, nuestro templo..."[6]

Shmonim Ish: los ochenta hombres

A raíz del 6 de enero, el gobierno comenzó a tomar medidas enérgicas contra los que participaron en la irrupción del edificio del Capitolio. Al final de la semana, el Departamento de Policía de Washington, D.C., anunció el número de personas que arrestaron en relación con los disturbios en el Capitolio. El número llegó a los titulares:

80 arrestados por disturbios civiles en el Capitolio de EE. UU. y alrededor de D.C.

El Departamento de Policía Metropolitana arrestó a 80 personas en relación con los disturbios civiles en el Capitolio de los Estados Unidos y alrededor del Distrito de Columbia.[7]

Por tanto, el número de personas relacionadas con el asedio al Capitolio fue 80. El prototipo antiguo da el número de los hombres de Jehú que sitiaron el templo de Baal con dos palabras hebreas:

Shmonim Ish

¿Qué traduce "*Shmonim Ish*"? ¡Ochenta hombres!
Así está escrito en el modelo antiguo:

Jehú había apostado una guardia de ochenta soldados a la entrada...[8]

El mismo número exacto. Nadie podría haber orquestado esa conexión. Pero el modelo había estado allí durante más de dos mil quinientos años.

El secreto del Templo de Estados Unidos

Parece haber un secreto escondido en los muros del templo de Estados Unidos, el edificio del Capitolio. En los años previos a su planificación y construcción, un erudito inglés viajó por Oriente Medio. Allí inspeccionó ruinas antiquísimas, estructuras antiguas, templos arcaicos. Entonces escribió un libro detallando sus hallazgos, con descripciones y dibujos. El libro tuvo una gran influencia entre los eruditos y arquitectos de la época.

Uno de los edificios antiguos que examinó y sobre el que escribió fue el *Templo de Baal*. Se cree que su libro influyó en los que diseñaron el Capitolio de los Estados Unidos y que parte del templo de Baal, en realidad, está incrustado en el edificio del Capitolio.

Además, el templo particular de Baal que inspeccionó resultó ser el de Palmira, Siria. En otras palabras, *era el mismo templo antiguo* que caería a tierra dos meses después de que Trump comenzara su ascenso al poder.

Modelos y prototipos

Así como el antiguo Jehú contendió contra el gran templo nacional, el Jehú moderno luchó contra el gran templo nacional de Estados Unidos. El Jehú moderno no tenía idea del antiguo modelo, ni de su antiguo prototipo, ni del papel que debía desempeñar. Pero los ochenta participantes en el asedio del Capitolio el 6 de enero tampoco tenían idea de los ochenta que sitiaron el templo de Baal en nombre de Jehú. Eso no importaba. Los paralelos no eran naturales. El modelo se manifestó independientemente.

El reinado de Baal

El asedio contra el templo de Baal y su posterior caída marcaron el comienzo del reinado de Jehú. La caída del templo de Baal también marcó el comienzo del ascenso de Trump al poder. Pero en el caso de Trump, así como había enmarcado el comienzo de su reinado, también marcaría el final. No es casualidad que el antiguo modelo se repitiera el mismo día que selló el fin de su presidencia.

Fue, en cierto sentido, una revancha. Solo que esta vez el Jehú moderno y sus fuerzas no prevalecerían. Era una señal de que la agenda de Baal prevalecería en Estados Unidos y su influencia descansaría en los tronos del poder político y cultural.

———

Sin embargo, lo que ocurrió el 6 de enero de 2021 no fue el final de la historia, ni del modelo, ni de la batalla de Jehú y el templo de Baal. Habría otra manifestación. En muchos sentidos, este sería el más significativo. Se convertiría en la clave para unir los misterios de Jehú y los que los precedieron, así como los que vendrían después. Abramos ahora esta última manifestación de Jehú y el templo de Baal.

Capítulo 21

La destrucción de los dioses

LA CONEXIÓN DE Baal con el sacrificio de niños era tan infame como la del dios Moloc. Cuando finalmente cayó el juicio sobre el reino del norte de Israel, el obituario de la nación apareció en 2 Reyes 17. Entre las causas prominentes de su destrucción la principal fue que el pueblo

Se postraron ante todos los astros del cielo y adoraron a Baal; sacrificaron en el fuego a sus hijos e hijas.[1]

Eliminación del culto a Baal en Israel

Fue el culto a Baal y el acto del sacrificio de niños lo que causó la destrucción de la nación. Ese culto y su acto se centraron y estuvieron encarnados en el templo de Baal en la capital de la nación. Entonces, cuando Jehú atacó ese templo, arremetió contra una institución, una religión, un sacerdocio, un sistema y una práctica. Estaba librando una guerra contra el asesinato sistemático de los niños de la nación. Y así, como dice el relato, no solo destruyó un templo, sino que expulsó a un dios y su culto: "De esta forma Jehú *erradicó de Israel el culto a Baal*".[2]

En esto, Jehú fue único. Fue el único gobernante en la historia del reino del norte de Israel que buscó activamente expulsar a Baal de la tierra y poner fin a la práctica del sacrificio de niños. Incluso en el reino menos apóstata de Judá, el número de reyes que intentaron hacer lo mismo fue minúsculo.

La destrucción de Baal en Estados Unidos

Mientras caminaba siguiendo el modelo del antiguo rey, Donald Trump también libraría la guerra contra el asesinato sistemático de niños. Y así como Jehú fue único entre los reyes del reino del norte en su guerra contra Baal, Trump fue único entre los presidentes estadounidenses en la era posterior a *Roe contra Wade* en la efectividad de su guerra contra el asesinato de niños. Jehú *había eliminado a Baal de Israel*; Trump buscaría hacer lo mismo con respecto al aborto en Estados Unidos.

Su administración sería abrumadoramente coherente en sus intentos por proteger a los no nacidos. Trump se convertiría en el primer presidente estadounidense, en ejercicio, en dirigirse a la Marcha anual por la Vida en Washington, D.C. Su administración actuaría para proteger la libertad de aquellos cuya conciencia les prohibía financiar o ayudar en el asesinato de los nonatos. Y mientras Jehú cortó todo apoyo estatal al culto de Baal y al sacrificio de niños, Trump cortó todos los fondos estatales para abortos en todo el mundo y buscó retirar fondos del presupuesto federal a las organizaciones abortistas.

El derribo del templo

En su campaña de 2016, Trump prometió que —como presidente— nombraría jueces vitalicios, y eso conduciría a la anulación del aborto tal como lo conocía la nación. Y así, el paradigma de Jehú y el templo de Baal era mucho más que un edificio. En el caso de Trump, se trataba de derribar una institución, una sentencia y una práctica. Y el papel destacado que desempeñaría para derribarlo no fue un accidente sino un requisito previo del antiguo paradigma.

Baal llega a Nueva York

Un mes antes de su debate final con Hillary Clinton y menos de dos meses antes de las elecciones, sucedió algo extraño. Un objeto raro apareció en las calles de la ciudad de Nueva York. Era la representación de un objeto de Oriente Medio, procedente de Palmira, Siria, la ciudad del templo de Baal que había sido destruida poco después de que Trump iniciara su ascenso al poder.

Era un arco. Algunos lo llamaron el arco de Baal. Era el arco que, en la antigüedad, conducía a los adoradores de Baal al interior de su templo. Fue erigido en los terrenos del ayuntamiento. Se inauguró por orden de los funcionarios de la ciudad acompañado de una interpretación musical destinada a evocar la adoración de Baal y entre los aplausos de los reunidos que presenciaron el acto.

El templo de Baal cayó cuando el Jehú estadounidense iniciaba su ascenso. Pero ahora se erigió un objeto vinculado a ese templo en la tierra del actual Jehú. De hecho, estaba en la tierra de ambos contendientes presidenciales: Nueva York. Y estaba en la ciudad de Nueva York, donde se había derramado la sangre de más niños que en cualquier otro lugar del país. Incluso había un letrero escrito colocado junto al arco que lo identificaba con el templo de Baal.

Así que ahora, justo cuando el Jehú estadounidense estaba a punto de llegar al poder (un reinado que amenazaría la práctica sangrienta vinculada al culto a Baal), apareció en la tierra un objeto que llevaba el nombre del dios y estaba conectado a su templo.

Primer acto

Para que Trump cumpliera su promesa de nombrar los jueces de la Corte Suprema, tuvieron que concurrir varios factores, cada uno de los cuales estaba fuera de su control. Primero, tenía que ganar las elecciones. Contra todo pronóstico y las conclusiones de prácticamente todas las encuestas, lo hizo. En segundo lugar, las puertas tendrían que abrirse a la Corte Suprema, lo que significa que sus jueces tendrían que renunciar o morir durante el período de su presidencia. Cosa que sucedió.

Trump hizo su primera nominación a esa corte menos de dos semanas después de asumir la presidencia. Para sustituir al fallecido juez Antonin Scalia, nominó a Neil Gorsuch. Este fue confirmado el 7 de abril de 2017. Dado que Gorsuch era un juez conservador que reemplazaba a otro juez conservador, el nombramiento no alteró el equilibrio del tribunal, sino que lo preservó.

Segundo acto

El año siguiente, en junio, se abrió otra vacante en la Corte Suprema cuando el juez Anthony Kennedy anunció que renunciaría. Aunque Kennedy era considerado un moderado, cuando se trataba de cuestiones como el matrimonio homosexual y el aborto, votaba con el ala liberal de la corte. Trump eligió a Brett Kavanaugh para reemplazarlo. A diferencia de Kennedy, Kavanaugh era un conservador y decididamente provida. Si era confirmado, alteraría la balanza del tribunal, dándole una mayoría conservadora y provida.

Así que las audiencias de confirmación se convirtieron en un campo de batalla, un punto focal de las guerras culturales. Un aluvión de acusaciones, defensas y contraacusaciones se arremolinaron en torno a la nominación. Detrás de la polémica estaba el tema de la vida y el aborto.

Y entonces sucedió algo extraño.

Baal llega a Washington

Los medios de comunicación estaban ciegos al respecto. Y la mayoría de la gente nunca se dio cuenta de lo que sucedió. Pero en los días de las audiencias de Kavanaugh y la furia que las rodearon, apareció otro objeto en Washington, D.C. Apareció en el National Lawn, frente al edificio del Capitolio, lugar en el que se desarrollaban las audiencias. Era un objeto extraño... de Palmira. El arco de Baal ahora se encontraba en la capital de la nación y representaba el templo de Baal.

De modo que, mientras la batalla por el aborto y la vida se libraba en el Capitolio, el objeto que representaba el templo de Baal, el antiguo dios del sacrificio de niños, apareció frente al edificio. Los elementos del antiguo paradigma se manifestaron nuevamente: Jehú, encarnado por Trump; la guerra de Jehú contra el culto a Baal y el asesinato sistemático de niños, tal como lo encarna su nominación a la Corte Suprema; y el templo de Baal y el sacrificio de niños encarnados por el aborto y ese arco. El arco era una puerta a través de la cual los adoradores entraban al templo de Baal. Por eso se erigió por primera vez en la ciudad de Nueva York, la puerta a través de la cual el sacrificio de niños se había extendido a Estados Unidos. También se erigió en Washington, D.C., la capital de la nación y la puerta de entrada a través de la cual el sacrificio de niños se extendió a la nación a través de *Roe contra Wade*.

Tercer acto

Después de una tormenta de controversia, contención y acusaciones, Kavanaugh fue confirmado por el Senado de los Estados Unidos el 6 de octubre de 2018, por un margen de dos votos, y solo porque el Senado tenía el control de los republicanos. El tribunal era ahora sólidamente provida. Y las implicaciones fueron enormes.

Aun así, se necesitaría un juez más y un voto más para que se cumpliera el paradigma. Esto también sucedería sin la intención ni el control de nadie. Sucedería al final de la presidencia de Trump, tan cerca del final que era dudoso que sucediera. Llegaría a un punto crucial solo ocho días antes de las elecciones presidenciales que marcarían el final de la presidencia de Trump. Pero saldría adelante. Y le daría a la corte una mayoría provida aun más fuerte y decisiva. Fue ese tercer juez de la Corte Suprema quien proporcionaría el voto decisivo en una sentencia que alteraría el rumbo de la nación.

La ruptura del pilar

El nombramiento de los tres jueces por parte de Trump resultaría ser uno de los actos más trascendentales de su presidencia. El primer nombramiento se puso en marcha menos de dos semanas después del inicio de su presidencia y el último se completaría casi al final de su gestión.

Cuando Jehú derribó el templo de Baal, estaba haciendo más que destruir un edificio; estaba derribando una institución. El aborto era la forma de adoración a Baal en Estados Unidos. Se basó en un fallo crucial de la Corte Suprema: el de *Roe contra Wade*. *Roe contra Wade* era una versión moderna del templo de Baal. Fue el instrumento, la estructura, lo que permitió el sacrificio de los niños. De modo que el Jehú actual buscaría derribar el actual templo de Baal.

Los anuladores

Si Trump no hubiera llegado al poder justo cuando lo hizo, todo eso nunca habría sucedido. Tenía que ser elevado a la presidencia y exactamente en el momento en que lo fue. Los cuatro años de Trump en el poder fueron suficientes para poner en movimiento a los tres jueces de la Corte Suprema y asegurar los tres votos necesarios para derribar el moderno templo de Baal.

Trump presentaría su última y más decisiva nominación al final de su presidencia en 2020. Y así, el derribo del templo de Baal por parte de Jehú, la destrucción del aborto, se pondría en marcha *en el año*

quincuagésimo de la entrada de esa maligna práctica a estas tierras: el
año del jubileo.

El jubileo anula, deshace lo hecho. Jehú anuló el templo de Baal.
Ahora los dos anuladores se unirían: el Jehú moderno y el antiguo jubileo. Nadie podría haberlo planeado. Y nadie podría haberlo orquestado. Pero todo convergería en el momento exacto y señalado.

———————————————

Y, aun así, eso no habría sucedido si no hubiera habido otra corriente de acontecimientos y misterios, y otra convergencia de las piezas del rompecabezas. Ello también se relacionaría con el jubileo, pero de diferente naturaleza. Vendría del otro reino del jubileo. Y aunque su movimiento pasó casi inadvertido, cuando cumpliera su misión cambiaría el curso de la historia estadounidense.

Quinta parte

LA REDENCIÓN JUBILAR

Capítulo 22

Una concepción oscura

Cuando el aborto comenzó su entrada en la sociedad y en las leyes estadounidenses, no se produjo de una vez, sino paso a paso, ley por ley y estado por estado. Pero habría otra entrada, diferente a las demás. No se iniciaría por una legislatura estatal o un funcionario del gobierno. Comenzaría cuando una joven con problemas visitó la oficina de un abogado de Texas, Henry McCluskey.

Lo que se concibió en esa oficina tardaría años en concretarse. Pero cuando llegara, su impacto en la cultura estadounidense sería sísmico. Cambiaría la vida de millones de personas, nacidas y no nacidas.

La materialización de Jane Roe

Norma Leah McCorvey tenía veintiún años cuando descubrió que estaba embarazada. Era su tercer hijo. Tenía problemas con la bebida y consumía drogas ilegales. Ella quería abortar al bebé. McCluskey la remitió a dos abogados que buscaban a una mujer blanca embarazada para utilizarla en una demanda que querían iniciar por el aborto. Al reunirse con ellos, a McCorvey le dijeron que su hijo por nacer era "solo un trozo de tejido".[1] Ella aceptó convertirse en su demandante, creyendo que eso le permitiría seguir bebiendo y consumiendo drogas sin tener que preocuparse de su hijo por nacer.

El jubileo de Roe contra Wade

La demanda se presentó contra el fiscal de distrito del condado de Dallas, Henry Wade, en representación del estado de Texas. McCorvey recibió un nuevo nombre a los efectos de la demanda, *Jane Roe*. Entonces el procedimiento legal se conocería como *Roe contra Wade*. Aunque el caso se haría famoso por el fallo de la Corte Suprema de 1973 que lleva el mismo nombre, no comenzó en 1973. Empezó en el mismo año decisivo en que el aborto inició su entrada en Estados Unidos. *Roe contra Wade* se presentó en 1970.

Por lo tanto, el año 2020 no fue solo el jubileo del año en que se puso en marcha el aborto solicitado en Estados Unidos, sino también el del año en que se puso en marcha *Roe contra Wade*. En otras palabras, *cincuenta años después de que comenzara Roe contra Wade, en el jubileo de su concepción, la plaga llegó a Estados Unidos.*

Mes de la concepción: enero de 1970 / enero de 2020

Roe contra Wade comenzó con esa reunión en la oficina de McCluskey. ¿Cuándo sucedió? Ocurrió en enero de 1970. Cincuenta años después de esa reunión nos lleva a enero de 2020, el jubileo de *Roe contra Wade*. *Enero de 2020* fue el mes en que comenzó la plaga en Estados Unidos. Fue el jubileo del mes en el que *Roe contra Wade* también empezó en Estados Unidos.

Los informes más precisos sitúan esa reunión inicial entre McCorvey y McCluskey a finales de enero de 1970. Eso situaría su jubileo a finales de enero de 2020. Y así, la plaga entró en Estados Unidos a *finales de enero de 2020.*

Mes de la realización: marzo de 1970 / marzo de 2020

La reunión de McCorvey y McCluskey fue el momento crucial en la concepción de la demanda que alteraría la historia estadounidense. Dos meses después, llegaría al puerto esperado cuando se presentó el caso conocido como *Roe contra Wade* contra el estado de Texas.

Se presentó en *marzo de 1970*. Cincuenta años después de esa presentación nos lleva a *marzo de 2020*. Así también la plaga llegó a tierra en Estados Unidos, cayendo con toda su fuerza e impacto, en *marzo de 2020*, cuando Estados Unidos entró en estado de emergencia, aislamiento y parálisis. Todo sucedió en el jubileo de la concepción y realización del pleito que se haría famoso como *Roe contra Wade*.

Hemos visto nuevamente el principio de la restitución, vida por vida. Pero ¿qué pasa con la otra obra del jubileo, la de la restauración y la redención? Eso también se manifestaría. Vendría como la peste, con precisión y en el momento señalado.

Capítulo 23

Un caso de anulación

HEMOS VISTO QUE el jubileo es un fenómeno de dos caras. Al que ha tomado u ocupado la tierra ancestral de otro, se la quita. Pero al que la ha perdido, se la devuelve. Cada uno de los dos bandos implica un retorno y un deshacer de lo que se hizo. Pero uno se manifiesta en forma de restitución, justicia o juicio, y el otro, en modo de restauración y redención.

El otro lado

Hemos visto el primer lado en forma de plaga y en el hecho de quitarle la vida a la generación que a su vez se la quitó a sus hijos. Pero ¿qué pasa con el otro aspecto, el de la restauración y la redención? ¿Cómo es eso de una ruina que no trae muerte sino vida? El jubileo de 2020 vio la muerte moverse por todo el país. ¿Podría haber habido otro movimiento, no de muerte sino de vida?

Dobbs contra Jackson

Roe contra Wade comenzó como una demanda presentada contra el estado de Texas. Si el jubileo es un retorno y una reversión de lo que se hizo, esperaríamos ver un regreso a una demanda presentada contra un estado. Y eso es exactamente lo que ocurrió.

En marzo de 2018, la legislatura de Mississippi aprobó una ley que prohibía el aborto después de la decimoquinta semana de embarazo. Una clínica de abortos de Mississippi presentó inmediatamente una demanda contra la ley. Esta, que se conocería como *Dobbs contra Jackson*, terminaría en el Tribunal de Distrito de Estados Unidos para el Distrito Sur de Mississippi. El tribunal falló en contra del Estado y a favor de la clínica abortista.

Las presentaciones

Roe contra Wade también terminó en un tribunal de distrito de Estados Unidos. Asimismo, el tribunal falló en contra del Estado y a favor del aborto. El estado de Texas apelaría la decisión, enviando *Roe contra Wade* a la Corte Suprema de Justicia. Cuando el Tribunal de Distrito falló en contra de Mississippi y a favor de la clínica de abortos, el estado también presentó una apelación. Y al igual que en *Roe contra Wade*, el caso llegaría a la más alta corte. E igual que en el caso *Roe contra Wade*, el fallo sería fundamental e histórico.

Los días de apelación: junio de 1970 / junio de 2020

Ahora todo volvía a ser como había estado cincuenta años antes. *Roe contra Wade* fue enviado para su apelación a la Corte Suprema en 1970. El caso que provocaría su revocación, *Dobbs contra Jackson*, fue enviado a la Corte Suprema para su apelación en 2020, cincuenta años después.

El hecho que provocó que se apelara *Roe contra Wade* fue el fallo de la Corte de Apelaciones del Quinto Circuito de Estados Unidos. Con la publicación de su veredicto, ambas partes comenzaron a trabajar en el recurso de apelación que se envió a la magistratura superior. Ese veredicto y el inicio de la apelación sucedieron en junio de 1970. El envío de *Dobbs contra Jackson* para su apelación ocurrió en junio de 2020, cincuenta años, un jubileo, desde el mes en que se presentó la apelación de *Roe contra Wade*.

¿Podría una antigua reina, un antiguo villano, un antiguo decreto maligno y otro decreto del bien estar detrás de dos de los casos más emblemáticos de la Corte Suprema de Justicia en la historia? La respuesta está en el misterio del 23 de Siván.

Capítulo 24

El misterio del 23 de Siván

EL LIBRO DE Ester relata la forma en que los judíos de Persia se salvaron de la aniquilación. Eso comenzó con el ascenso del brutal funcionario persa Amán.

La ordenanza del mal

Amán ideó un plan para exterminar a los judíos del imperio persa el día trece del mes de Adar. Una vez obtenida la aprobación del rey, el plan quedó sellado.

Sin embargo, antes del día señalado, Ester —la reina judía de Persia— junto con Mardoqueo, su primo, expusieron los planes de Amán ante el rey y provocaron su caída. Pero el decreto maligno, y su plan de aniquilación, todavía estaba en vigor; por lo que debía llevarse a cabo en el día señalado.

Así que Ester apeló al rey, diciendo:

> Si place al rey, y si he hallado gracia delante de él, y si le parece acertado al rey, y yo soy agradable a sus ojos, que se dé orden escrita para revocar las cartas que autorizan la trama de Amán hijo de Hamedata agagueo, que escribió para destruir a los judíos que están en todas las provincias del rey.[1]

La ordenanza de anulación

La respuesta del rey fue permitir que se redactara un segundo decreto:

> Redacten ahora, en mi nombre, otro decreto en favor de los judíos, como mejor les parezca, y séllenlo con mi anillo real.[2]

Entonces se redactó un nuevo decreto. Su propósito era anular el poder del primero. La nueva ordenanza autorizó a los judíos de Persia para que se reunieran en el día señalado y se protegieran con cualquier fuerza que fuera necesaria. Fue un decreto de vida en respuesta a otro de muerte. Los escribas del rey lo pusieron por escrito y luego lo enviaron a todas las provincias del imperio. El relato especifica el día en que se escribió el decreto para su envío:

> Entonces fueron llamados los escribanos del rey en el mes tercero, que es Siván, a los veintitrés días de ese mes; y se escribió conforme a todo lo que mandó Mardoqueo...[3]

El 23 de Siván

De modo que fue sellado para que se enviara a todo el imperio el día veintitrés del mes hebreo de Siván, el 23 de Siván. De esa forma, el 23 de Siván se conmemoró en el calendario judío como el día para orar por la anulación de los decretos malignos. Un escritor judío señala:

> Los libros sagrados nos enseñan que este día es uno muy poderoso para que las oraciones anulen los decretos y cualquier cosa mala, diabólica y horrible contra nosotros.[4]

El pueblo judío eleva una oración en hebreo para que se recite el 23 de Siván, pidiendo la anulación de todos los decretos malignos:

> Oh Señor, mi Roca y mi Redentor. ¡A ti te pido misericordia!... Concédenos a todos tu misericordia, para transformar todo mal en bien; que anules todos los duros decretos que nos atañan, que destruyas el mal que intente generar cualquier sentencia en contra de nosotros...[5]

Contra el decreto del mal

El fallo de la Corte Suprema en el caso *Roe contra Wade* fue, en su efecto, *un decreto de muerte y destrucción*. Como en el decreto de Amán contra los judíos de Persia, abrió la puerta para "exterminar, matar y aniquilar"[6] a los inocentes de una nación entera. Así que el efecto de *Roe contra Wade* fue destruir millones de vidas inocentes, por lo que esto multiplicó muchas, muchas veces, el número de judíos que vivieron en Persia. Fue una disposición sumamente malvada.

El decreto de Amán fue anulado por el de Mardoqueo. Se desbarataría de la misma manera y de la misma forma, mediante otro emitido para deshacer el anterior, una ordenanza real para anular otro decreto real.

En el caso *Roe contra Wade*, se repitió el mismo patrón. El malvado decreto, en este caso, fue un fallo de la Corte Suprema. Así que tuvo que ser anulado y deshacerse por los mismos medios y del mismo modo: mediante un fallo de la Corte Suprema, el de *Dobbs contra Jackson*.

¿Cuándo surgió el caso que anularía el de *Roe contra Wade*? ¿Cuándo fue enviado a la más alta magistratura? Salió el 15 de junio de 2020. Pero esa era la fecha del calendario gregoriano occidental.

En el calendario bíblico, fue enviado a la Corte Suprema en una fecha diferente: *el día veintitrés de Siván: ¡23 de Siván!*

El día de la revocación

En otras palabras, el caso que revocaría el malvado decreto de *Roe contra Wade* se envió a la Corte Suprema el antiquísimo día en que se sometió el decreto de vida para anular el de muerte. El documento que anularía el famoso caso *Roe contra Wade* salió el mismo día en que se sometió el documento que anulaba el decreto de muerte de Amán.

Fue enviado a la máxima corte el mismo día en que se elevaron oraciones en todo el mundo judío para anular, revocar y destruir los decretos del mal. Por supuesto, los que hicieron esas oraciones no tenían idea de que se estaba enviando el documento, y los que enviaron el documento tampoco tenían idea de que se estaban pronunciando esas oraciones.

El decreto de Amán y el de Mardoqueo

El decreto de Mardoqueo estuvo unido al de Amán no solo en su propósito e impacto sino también en el patrón de su ejecución. A continuación se muestra el registro de cómo se emitieron cada una de las dos ordenanzas: primero, la de muerte emitida por Amán y, segundo, el decreto de vida pronunciado por Mardoqueo:

El día trece del mes primero se convocó a los secretarios del rey.[7]

De inmediato fueron convocados los secretarios del rey. Era el día veintitrés del mes tercero, el mes de siván.[8]

... y fue escrito conforme a todo lo que mandó Amán ...[9]

... y se escribió conforme a todo lo que mandó Mardoqueo ...[10]

... a los sátrapas del rey, a los gobernadores que estaban sobre cada provincia ... y a cada pueblo en su lengua.[11]

... a los sátrapas del rey, a los capitanes que estaban sobre cada provincia y a los príncipes de cada pueblo, a cada provincia según su escritura, y a cada pueblo según su lengua ...[12]

... en nombre del rey Asuero fue escrito, y sellado con el anillo del rey.[13]

... Y escribió en nombre del rey Asuero, y lo selló con el anillo del rey ...[14]

... Los mensajeros partieron de inmediato por orden del rey ...[15]

... por medio de mensajeros del rey, que montaban veloces corceles de las caballerizas reales.[16]

El decreto de Roe y el de Dobbs

De manera que el precepto de Mardoqueo seguiría el mismo patrón, los mismos pasos e igual camino que el decreto que debía anular. En otras palabras, la redención se llevaría a cabo tal como lo hizo el mal; la ordenanza de la vida tomaría la forma de ordenanza de muerte.

Así también el caso que fue enviado a la Corte Suprema el 23 de Siván de 2020 seguiría el mismo patrón, iguales pasos y el mismo camino de *Roe contra Wade*, el caso que iba a anular. En su audiencia inicial, en su sentencia ante un tribunal federal, en su apelación ante la máxima corte y en su calendario, *Dobbs contra Jackson* sería paralelo a los pasos, el camino y el momento de *Roe contra Wade*. Y al hacerlo, también era paralelo al decreto del 23 de Siván de Mardoqueo que, a su vez, era paralelo al de Amán. Era un misterio dentro de otro misterio dentro de aun otro misterio.

Dobbs contra Jackson se envió a la Corte Suprema el 23 de Siván, día del decreto que anula el de muerte y destrucción.

Fue enviado en el año 2020, quincuagésimo año de la legalización del aborto, el jubileo, el año de la anulación.

Y fue enviado a la máxima corte el año en que el presidente que siguió los pasos de Jehú completaría su tercera nominación a la corte para anular el decreto malvado.

––––––––––––––––––

Así fue enviado. Pero, ¿qué pasó cuando llegó?

Capítulo 25

La recepción

Los DOS CASOS llegaron a la Corte Suprema. Pero su llegada, por supuesto, no garantizaba una audiencia. De los aproximadamente siete mil casos sometidos a la corte cada año, solo alrededor del dos por ciento son aceptados y escuchados.

El año de la recepción: 1971 / 2021

En 1970 no había ninguna garantía de que el tribunal escuchara la ponencia de *Roe contra Wade* o que, cincuenta años después, escuchara la de *Dobbs contra Jackson*. Pero en 1971, la Corte Suprema anunció que se ocuparía del caso *Roe contra Wade*. Cincuenta años después nos lleva al 2021. En ese año, el tribunal anunció que se ocuparía del caso *Dobbs contra Jackson*. Así que, en el año del jubileo en que el tribunal se ocupó del caso *Roe contra Wade*, el tribunal también se ocupó de *Dobbs contra Jackson*.

El mes de la recepción: mayo de 1971 / mayo de 2021

El tribunal anunció que trataría el caso *Roe contra Wade* en el mes de *mayo*. El tribunal anunció que abordaría el caso *Dobbs contra Jackson* —cincuenta años después— en el mes de *mayo* (el mismo tribunal, el mismo acto, el mismo asunto) y *cincuenta años después —un jubileo— en el mismo mes.*

De vida y muerte

El día de la audiencia de *Roe*, el abogado de la demandante argumentó que abortar el embarazo era un derecho personal. Cuando se le preguntó si eso significaba que un niño podía ser abortado hasta el momento del nacimiento, el abogado respondió que sí. El estado de Texas argumentó que una vez que un niño es concebido, uno no tiene derecho a poner fin a su vida.[1] El día de la audiencia de *Dobbs*, los argumentos se centraron en utilizar la cuestión de la "viabilidad" para determinar si un niño podría ser abortado. En otros términos, el niño podría ser abortado si en ese momento no podía sobrevivir fuera del útero. La clínica de abortos abogó por que se utilizara esa medida de viabilidad para determinar si se podía realizar un aborto. Mississippi argumentó que la medida era incorrecta.[2]

El estado de Mississippi no buscaba la revocación de *Roe contra Wade*, sino el derecho de los estados a mantener restricciones al aborto más allá de su viabilidad. Pero el resultado de *Dobbs contra Jackson* resultaría ser mucho más trascendental y significativo de lo que el estado había imaginado. De modo que *Dobbs contra Jackson* serviría como instrumento, una herramienta jubilar, a través de la cual haría efectiva la recepción del caso.

El año de la audiencia: 1971 / 2021

Roe contra Wade fue recibido en la Corte Suprema en 1971. Cincuenta años después nos lleva a su año jubilar: 2021. La audiencia de *Dobbs contra Jackson*, que traería la revocación de *Roe contra Wade*, tuvo lugar en el 2021, el *año jubilar* de la primera audiencia de Roe.

El mes de la audiencia: diciembre de 1971 / diciembre de 2021

¿En qué mes de 1971 recibió Roe contra Wade su primera audiencia en la Corte Suprema? Eso sucedió en *diciembre*. El avance del jubileo nos lleva a *diciembre de 2021*. ¿Cuándo recibió su audiencia *Dobbs contra Jackson*? Ocurrió en *diciembre de 2021*. El caso jubilar se conoció en el año quincuagésimo del caso que debía anular, en su mes jubilar y dentro de los doce días siguientes a su punto culminante de cincuenta años.

El decimotercer día del duodécimo mes

Debemos anotar una coincidencia más. Hemos visto cómo el caso *Dobbs contra Jackson* fue enviado a la Corte Suprema el 23 de Siván, el mismo día en que se envió el decreto de Mardoqueo al imperio persa para anular el que decretó Amán.

El propósito de cada uno era deshacer un decreto de muerte. El decreto de Mardoqueo anuló al de Amán. Y este estaba vinculado al *día trece del mes duodécimo*.

Dobbs contra Jackson anuló el caso *Roe contra Wade*. *Roe contra Wade* tuvo su audiencia ante la Corte Suprema el 13 de diciembre, el *decimotercer día del duodécimo mes*.

Así que, tanto la emisión antigua como la moderna —que salió el 23 de Siván— lo hicieron para anular un decreto de muerte vinculado *al decimotercer día del duodécimo mes*.

¿Podría haber ocurrido un error, una falla, una violación del protocolo, una ruptura del orden de acuerdo a una pauta preestablecida? ¿Podría haberse cometido un error en el momento adecuado?

Capítulo 26

La filtración

El siguiente acontecimiento importante en el caso *Dobbs contra Jackson* no ocurrió según ningún procedimiento, plan ni protocolo.

El borrador filtrado

Eso iba en contra de todos los protocolos relativos a las deliberaciones de la Corte Suprema. Era práctica del tribunal proteger de manera muy estricta la confidencialidad de todas las comunicaciones y opiniones internas relativas a cualquier caso bajo consideración. Pero lo que ocurrió en el caso *Dobbs contra Jackson* rompió esas convencionalidades.

En la primavera de 2022, la organización de noticias "Político" publicó un documento obtenido a través de una filtración de la Corte Suprema. Al parecer uno de los empleados del juzgado decidió dar a conocer un comunicado interno a la prensa. Era un borrador escrito por el juez Samuel Alito en el caso *Dobbs contra Jackson*. El borrador no necesariamente representó una decisión final, pero sorprendió a gran parte de la nación y del mundo, ya que indicaba que el resonado caso *Roe contra Wade* podría o sería revocado.

Las olas de choque y la violencia

El documento filtrado provocó conmoción en los medios y la cultura. A las pocas horas de su publicación, estallaron protestas y manifestaciones en Washington y por todo el país. Manifestantes proaborto se rebelaron frente al edificio de la Corte Suprema, junto con manifestantes provida. Una presión sin precedentes cayó sobre el máximo tribunal. Los portavoces proaborto amenazaron con un "verano de ira" si *Roe* era derrocado.[1]

El Departamento de Seguridad Nacional comenzó a prepararse para ataques violentos contra funcionarios gubernamentales, ministros y organizaciones involucradas con el aborto. Poco después de la filtración, se lanzó una ola de ataques contra centros de embarazos en crisis e iglesias provida. Se reunían multitudes frente a las casas de los magistrados de la Corte Suprema que pudieran estar a favor de la revocación de *Roe*. Un hombre fue arrestado cerca de la casa del juez Kavanaugh por intento de asesinato. En respuesta a las protestas, el Congreso aprobó una ley para aumentar la protección de los magistrados y sus familias.

La otra filtración

Muchos describieron la filtración como una que no tenía precedentes. Pero sí hubo una y fue muy dramática. Y se trataba de un caso tan monumental como el de *Dobbs contra Jackson*. Fue el propio caso *Roe contra Wade*.

La filtración del caso *Dobbs* provino de un documento escrito por el juez Alito y circuló entre sus colegas. La filtración de *Roe* provino de un documento escrito por el juez Douglas, la que circuló entre sus colegas.

La filtración en el caso de *Dobbs* apareció en un artículo de "Político". La filtración de *Roe* apareció en un artículo del *Washington Post*. El artículo de "Político" se enfocó en las deliberaciones internas del tribunal. El artículo del *Washington Post* se centró en las deliberaciones internas del tribunal.

Un suceso fue nuevamente el paralelo del otro. Ahora debemos abordar la cuestión del momento oportuno.

El año de la filtración: 1972 / 2022

¿Cuándo ocurrió cada una de las dos filtraciones?

La filtración de *Roe contra Wade* tuvo lugar en 1972. Sumar los cincuenta años del jubileo nos lleva al año 2022.

La filtración de *Dobbs contra Jackson* sucedió en 2022.

Por tanto, las filtraciones, en cada caso, siguieron el momento y la dinámica del jubileo.

¿Podrían los parámetros dados en el Libro de Levítico haber determinado un acontecimiento moderno que alteró la historia estadounidense?

Capítulo 27

La redención jubilar

La sentencia de la Corte Suprema en el caso *Roe contra Wade* se dictó el 22 de enero de 1973. Con esa decisión, el aborto intencionado se convirtió en ley. En el momento de su jubileo, más de sesenta millones de niños habían sido asesinados.

Los parámetros de Levítico

De modo que, ¿cuándo se cumplió, exactamente, el jubileo de *Roe contra Wade*? La respuesta se encuentra en la ordenanza jubilar de Levítico 25:

> Siete veces contarás siete años sabáticos, de modo que los siete años sabáticos sumen cuarenta y nueve años … El año cincuenta será declarado santo.[1]

Siete veces *siete años* (o años sabáticos) desde el 22 de enero de 1973, *nos lleva al 22 de enero de 2022. El año jubilar de* Roe contra Wade *comienza* así *el 22 de enero de 2022 y concluye un año después.* Todos sus días, excepto veintidós, sucederían en 2022.

El jubileo de Roe contra Wade

Hemos visto el constante desarrollo de convergencias entre el caso que legalizó el aborto y el que lo deshizo. Ahora llegamos al acontecimiento final, del que depende todo lo demás.

El año jubilar de *Roe contra Wade comenzó el 22 de enero de 2022 y terminó el 22 de enero de 2023.* Para que el misterio sea completo, el acontecimiento final del jubileo, el regreso y la destrucción, tendría que suceder en el marco de los parámetros de aquellos días. Por tanto, ¿cuándo se anuló *Roe contra Wade*?

La Corte Suprema de Justicia de Estados Unidos dictó sentencia en el caso *Dobbs contra Jackson* en junio de 2022.

Eso lo coloca entre los dos parámetros del 22 de enero de 2022 y el 22 de enero de 2023.

De forma que la anulación y revocación del caso *Roe contra Wade* ocurrió en el jubilar de *Roe contra Wade*. Todo había sucedido de acuerdo al antiguo misterio y en el marco de los parámetros de tiempo ordenados en el Libro de Levítico. El año del jubileo está designado para traer destrucción y reversión. De modo que en el año jubilar de *Roe contra Wade*, la ordenanza de muerte fue revocada. Y la reversión de la muerte trajo vida.

Después de más de sesenta millones de muertes, ahora se salvarían las vidas de inocentes y la nación tendría una nueva oportunidad para salvarlas. El jubileo había traído así una forma de redención.

Un solo voto

Y todo sucedió por un solo voto. Aun cuando la prohibición del aborto en Mississippi fue confirmada por una votación ligeramente más decisiva, la revocación de *Roe contra Wade* se produjo gracias al voto de un solo juez de la Corte Suprema. Cada cambio que se derivaría de esa decisión, incluso el del rumbo de una nación, dependía de ese voto solitario. Y, sin embargo, cuando *Dobbs contra Jackson* se envió a esa magistratura, ese único voto ni siquiera existía. Solo llegaría a existir gracias a una serie de giros y peculiaridades, acontecimientos que —insisto— estaban fuera del control de cualquiera.

La votación que anuló *Roe contra Wade* se concretaría solo a través de otra corriente de misterios: a través de un calendario antiguo y un misterio de días señalados.

Sexta parte

LOS DÍAS DESIGNADOS

Capítulo 28

Un misterio de días

¿ES POSIBLE QUE el año más crítico, 2020, el año de la plaga y el confinamiento, del desorden y el caos, y de tantos otros acontecimientos dramáticos, en realidad haya sido determinado por un calendario de tres mil años de antigüedad, incluidos los días sagrados del antiguo Israel?

Los tiempos señalados

Si eso fue así, no sería la primera vez que los acontecimientos históricos significativos fueran marcados por ellos. La propia Biblia nos da los primeros precedentes. La crucifixión del Mesías, como en el sacrificio de un cordero, ocurrió en la Pascua, el día del cordero sacrificado. Así también la venida del Espíritu sobre los primeros creyentes en Jerusalén, el día conocido como Pentecostés, que sucedió en el santo día hebreo señalado *Shavuot*. Incluso acontecimientos posbíblicos trascendentes en la historia judía, como la liberación de Jerusalén del dominio turco por parte del general Allenby en diciembre de 1917, que cayó en vísperas de Janucá, la antigua fiesta judía que celebra la liberación de Jerusalén.

Días santos y de juicio

Por tanto, ¿podría uno de los años más dramáticos, trascendentales y siniestros de la historia moderna —como el 2020— haber estado marcado por los antiguos días santos de la Biblia? Y puesto que el año llevaba las señales del juicio bíblico, ¿podrían esos días santos también haberse manifestado con los símbolos del juicio?

Ahora abriremos el misterio de los días santos, una revelación que proporcionará la siguiente pieza del rompecabezas y la clave del misterio más amplio. Debemos comenzar con la primera de todas las celebraciones dadas a Israel y la que abre el calendario sagrado: la Pascua.

Capítulo 29

El día del Cordero

Antes de cualquiera de las otras festividades y tiempos señalados del antiguo Israel, se celebraba la Pascua. Esta era la primera de todas las fiestas señaladas históricamente y en el sagrado calendario anual.

La Pascua de 2020

El primero y segundo días de la Pascua —o Pésaj— son los más importantes de la festividad. Son los dos días en los que tradicionalmente se celebra el *seder*, la conmemoración y celebración del éxodo. En 2020, los primeros dos días de Pésaj cayeron el 9 y 10 de abril. Justo cuando todo el peso de la plaga había caído sobre el mundo. Sucedió cuando miles de millones en todo el mundo vieron sus vidas alteradas de una manera que nunca se imaginaron. En un instante, todo cambió. El mundo se había detenido casi por completo cuando un extraño e invisible espectro de muerte se movía por todo el orbe.

La fiesta de la peste

Uno de los aspectos únicos del Pésaj es que se centra en *la llegada de una plaga*. Por tanto, en abril de 2020, la antigua festividad que habla de la llegada de una plaga *coincidió con el arribo de una verdadera plaga*. La Pascua cuenta la historia de una pestilencia que atravesó la tierra de Egipto, dejando un rastro de muerte a su paso. Entonces, en los días del Pésaj de 2020, personas de todo el mundo observaron con miedo y ansiedad cómo pasaba una plaga por sus tierras, dejando un rastro de muerte a su paso.

El vínculo entre la Pascua y la plaga es tan fuerte que el nombre de la festividad se deriva de esa misma conexión:

> La sangre servirá para señalar las casas donde ustedes se encuentren, pues *al verla pasaré de largo*. Así, cuando hiera

yo de muerte a los egipcios, *no los tocará a ustedes* ninguna plaga destructora.[1]

Ninguna otra festividad bíblica o de ningún tipo guarda tal conexión. En 2020 todo se juntó.

El pueblo de la Pascua

La plaga que cayó en la Pascua fue única porque no fue indiscriminada en su ataque. Así también sucedió con la plaga que paralizó al mundo durante los días de Pascua, no fue indiscriminada. Centró el peso de su furia en Estados Unidos.

Aparte de Israel, el país en el que se celebró más ampliamente la Pascua en 2020 fue Estados Unidos. A excepción de Israel, Estados Unidos tenía más judíos que cualquier otra nación del mundo. Y dentro de Estados Unidos, la población judía estaba especialmente centrada en una pequeña área: Nueva York y, específicamente, su área metropolitana. Y esa era la misma zona en la que la plaga enfocó su furia. Y fue durante la Pascua, la fiesta de la plaga, cuando el impacto del virus en Nueva York alcanzaría su punto máximo. Por tanto, mientras los judíos de toda el área metropolitana de Nueva York conmemoraban el festival de la plaga, una pestilencia real arrasaba a su alrededor.

La fiesta del confinamiento

La Pascua, sin embargo, no solo implicó una plaga sino una medida de prevención tomada a la luz de ella. En la primera Pascua, al pueblo de Israel se le dijo que entraran a sus casas y permanecieran allí hasta que la plaga pasara por la tierra. En otras palabras, la Pascua también implicó un *encierro*, un confinamiento impuesto a la nación a causa de una plaga. La Pascua fue *el primer cierre nacional registrado en la historia mundial*.

En 2020, la Pascua llegó a un mundo en el que a la gente se le había ordenado entrar en sus hogares y permanecer allí hasta que fuera seguro salir. Cuando la Pascua llegó a Estados Unidos, el confinamiento estaba en su punto máximo. Durante la fiesta de la plaga, aproximadamente el 95 % de los estadounidenses estaban encerrados, muchos de ellos confinados en sus hogares.

Después de 3000 años

Así que, mientras el pueblo judío observaba la antigua fiesta y recitaba el viejo relato de cómo sus líderes ordenaron a la gente de la tierra que permanecieran dentro de sus hogares hasta que la plaga pasara de ellos, hicieron al mismo tiempo lo que sus líderes les dijeron: que permanecieran dentro de sus casas hasta que la plaga pasara de largo.

Y en la tierra de Israel, esa misma Pascua, en vista de la plaga que estaba pasando por la tierra, el gobierno había ordenado al pueblo que permanecieran dentro de sus casas desde la víspera de Pascua hasta la mañana de Pascua. Era la primera vez que algo así sucedía en más de tres mil años, desde el día de la primera Pascua, cuando Moisés le dio a su nación la misma orden.

El mundo de la Pascua

Y aunque Estados Unidos se había convertido en el centro de la plaga, esta —por supuesto— había afectado al mundo entero. Durante los días de la Pascua, el encierro mundial estaba en su punto máximo, con una mitad sin precedentes de toda la población humana refugiada detrás de los muros de sus hogares.

Las Escrituras hablan del evangelio, el mensaje del Mesías, en términos de la Pascua. La fe del Nuevo Testamento comenzó en la Pascua con la crucifixión. Aquel que se reveló como el Mesías, Yeshúa, Jesús, es mencionado como el Cordero pascual, la única esperanza y respuesta al juicio. Siempre fue una fe de Pascua. En la última parte del siglo veinte, gran parte del Occidente cristiano, incluidos Estados Unidos y Europa, comenzó notablemente a alejarse de la fe cristiana. A principios del siglo veintiuno se hablaba cada vez más del fin de un *Estados Unidos cristiano* y del desacoplamiento de Occidente, la civilización del cristianismo.

Por lo tanto, es digno de notar que mientras Estados Unidos y otras naciones se habían apartado de su *fe en la Pascua y el Cordero Pascual*, en 2020 la Pascua regresó y se manifestó con fuerza. La misma civilización que había partido de la Pascua volvió a ella, a una plaga, un juicio y al mandato de permanecer dentro de la casa hasta que la plaga hubiera pasado. Lo único que faltaba era el Cordero. Una civilización que se había alejado del Cordero ahora se encontraba necesitándolo.

———————————————

La Pascua es el primero de los tiempos señalados y de los días santos. Ese conduce a otro. Y sería este otro antiguo día sagrado el que tendría la clave para el siguiente acontecimiento calamitoso de ese año tan dramático. Y este también llevaría la dinámica del juicio.

Capítulo 30

Los días de fuego y de aliento

LA PASCUA, LA primera gran fiesta de Israel, marca el comienzo de la segunda. En plena primera festividad, comienza la cuenta regresiva de la segunda.

La fiesta de los siete: el Shavuot

La cuenta regresiva es similar a la del jubileo excepto que, en vez de años, consta de días.

> Y contaréis desde el día que sigue al día de reposo, desde el día en que ofrecisteis la gavilla de la ofrenda mecida; siete semanas cumplidas serán. Hasta el día siguiente del séptimo día de reposo contaréis cincuenta días; entonces ofreceréis el nuevo grano a Jehová.[1]

La segunda de las grandes fiestas y reuniones señaladas de Israel recibe su nombre de esta cuenta regresiva: *La Fiesta de las Semanas o Sietes*, o —en hebreo— *Shavuot*.

El *Shavuot* estaba vinculado a la gran cosecha de verano, un período de varios meses en el que los israelitas salían a la tierra y cosechaban tanto sus campos como sus viñedos. La cosecha de verano llegaría a su fin solo con el arribo de los días santos de otoño.

Al calcular los días de la cuenta regresiva desde la primera Pascua, los rabinos concluyeron que Moisés subió al monte Sinaí para recibir la ley el día de *Shavuot*. De modo que la festividad se convirtió también en una conmemoración de la entrega de la ley en el Sinaí.

Pentecostés

Cuando se tradujo la Biblia del hebreo al griego, la fiesta de principios del verano recibió un nuevo nombre: *Fiesta del quincuagésimo día* o, en griego, *Pentecostés*. Es por este nombre que la mayoría de la gente lo reconoce.

El Libro de los Hechos registra que el Espíritu de Dios cayó sobre los primeros creyentes el día de Pentecostés. Así, la fiesta hebrea de principios del verano adquirió un nuevo significado. Llegó a ser conocido como el día en que el Espíritu de Dios vino sobre los discípulos con el fin de darles poder para ir a las naciones y proclamar el evangelio hasta los confines de la tierra.

La fiesta de la ley

Si la primera fiesta señalada se manifestó en forma de juicio, ¿podría hacerlo también la segunda? La Pascua —también llamada Pésaj— conduce a *Shavuot*. Así que la primera sacudida de Estados Unidos dio lugar a una segunda. En la primavera de 2020, mientras la nación todavía se estaba recuperando de la llegada de una plaga, se desató un segundo temblor. Muchos creían que el impacto perturbador de la peste en el orden social de Estados Unidos allanó el camino para lo que estaba por venir.

Mientras que *Shavuot*, o Pentecostés, marcaba la entrega de la ley, ahora señalaría la eliminación de esa ley. Todo comenzó cuando se consideró que los encargados de defender y hacer cumplir la ley la habían violado. Como resultado del trato brutal que recibió a manos de agentes del orden, un hombre afroamericano, George Floyd, murió en las calles de Minneapolis.

Su muerte desató una ola de ira y protestas, anarquía, violencia y destrucción. Comenzó en Minneapolis pero se extendió a otras ciudades de la Unión Americana. Hubo multitud de llamados para retirarles las finanzas a las autoridades policiales o eliminar por completo a los agentes del orden. Y en algunos lugares, su presencia fue, en efecto, eliminada, a medida que secciones de las ciudades se convirtieron en zonas de guerra.

La ley y la ausencia de ley

Las protestas, la violencia, las manifestaciones, los disturbios y la destrucción estallaron en más de 140 ciudades estadounidenses. Antes de que terminara el verano, el número de manifestaciones o disturbios superaría las diez mil. La cantidad de daños causados por los disturbios se disparó a miles de millones de dólares. Al menos diecinueve personas perderían la vida. Más de catorce mil serían arrestadas. El número de los que participaron se estimó entre quince y veintiséis millones. Más de la mitad de todos los estados americanos tuvieron que llamar a la Guardia Nacional. Incluso la capital del país parecía estar bajo asedio. Se creía que era el movimiento de protestas, desorden y disturbios más grande o más extendido en la historia de Estados Unidos.

Y todo eso ocurrió en una nación que ya estaba gravemente traumatizada por una plaga mortal que aún atravesaba sus fronteras. Y fue más que los disturbios. La misma temporada que generó los levantamientos dio origen a una explosión de delitos violentos en todo el país. De modo que, en el momento de la segunda fiesta —la celebración de la ley— se manifestó la ausencia de ley.

La fiesta del aliento

Sin embargo, había más en el día señalado. Bajo su nombre griego, Pentecostés, la segunda fiesta llegó a estar más ampliamente asociada con el Espíritu. Se conocería como el "Día del Espíritu". El Evangelio de Juan registra a Yeshúa, Jesús, prediciendo ese acontecimiento:

> Acto seguido, sopló sobre ellos y les dijo: Reciban el Espíritu Santo.[2]

El Espíritu estaba vinculado a la respiración. La conexión fue intencionada. La palabra para espíritu en el Antiguo Testamento es la expresión hebrea *ruach*, que también significa *aliento*. La palabra para espíritu en el Nuevo Testamento es el griego *pneuma* que, así mismo, también quiere decir *aliento*. Por tanto, el "Día del Espíritu" es el "Día del aliento". El don del Espíritu es el don del aliento. Y el soplo de Dios trae vida.

La eliminación del aliento

Así que, si la temporada de *Shavuot*, Pentecostés, estuviera conectada con la entrega del aliento, ¿qué pasaría si viniera en forma de juicio?

Lo que eso implicaría es dejar sin aliento. Lo que desató la explosión de aquellos días fue la muerte de George Floyd en las calles de Minneapolis. Las últimas palabras que pronunció antes de morir fueron: "No puedo respirar". Así que en la temporada del *ruach*, el *pneuma* y el aliento, este fue eliminado.

Y todo lo que luego sobrevino a la nación, la explosión de violencia, protestas, caos y destrucción, comenzó con dejarnos sin aliento. La temporada que una vez dio origen a un movimiento de vida y a un pueblo lleno del aliento de Dios ahora dio origen a un movimiento de muerte y a multitudes que cantaban las palabras: "No puedo respirar" en ciudades por todo el país. Y todo eso estaba sucediendo en una tierra que ya estaba bajo la sombra de una plaga que dejaba sin aliento a la gente.

Así como la Pascua de ese año habló a una civilización que se había alejado del Cordero, así el Pentecostés que siguió le habló a alguien que se había quedado vacío del Espíritu, del aliento de Dios.

La fiesta del fuego

Sin embargo, había más en el antiguo día santo, había un elemento que se convertiría en su signo:

> Cuando llegó el día de Pentecostés, estaban todos juntos en el mismo lugar... y se les aparecieron lenguas repartidas, *como de fuego*, asentándose sobre cada uno de ellos. Y fueron todos llenos del Espíritu Santo...[3]

Ese mismo elemento aparece en las palabras de Juan el Bautista cuando habló del bautismo del Espíritu Santo:

> Él los bautizará con el *Espíritu Santo y con fuego.*[4]

Ese elemento aparece incluso en la entrega de la ley en el Monte Sinaí, celebrada en *Shavuot*, Pentecostés:

> El monte estaba cubierto de humo, porque el Señor había descendido sobre él en medio de fuego.[5]

El fuego es el símbolo principal utilizado para representar el Pentecostés narrado en el Libro de los Hechos. Se le conoce como el día del fuego santo, el fuego del Espíritu de Dios y el fuego que literalmente apareció sobre los discípulos cuando vino el Espíritu.

Una llama diferente

El fuego de Pentecostés fue una bendición. Pero para una nación bajo juicio, Pentecostés llegó ahora con un fuego diferente, uno que no era de bendición sino de juicio. Los incendios ardían ahora en las calles de Estados Unidos, en sus tiendas, sus negocios, sus hogares e incluso en sus comisarías. Los incendios ahora iluminaban sus ciudades y sus cielos nocturnos. El fuego había caído en el momento señalado pero no para bien, sino para destrucción.

El 28 de mayo de 2020

En el año 2020, ¿cuándo cayó la fiesta conocida como Pentecostés y *Shavuot*? Tanto en el calendario judío como en el cristiano, correspondía a los últimos días del mes de mayo. ¿Cuándo azotaron a Estados Unidos los estremecimientos que incendiarían las ciudades? Aparecieron en *los últimos días de mayo*.

En los días previos a Pentecostés, se encendió el fuego. George Floyd fue asesinado y comenzaron las primeras protestas en Minneapolis.

El 28 de mayo, sin embargo, alcanzó su punto crucial. Fue ese día cuando estallaron grandes protestas no solo en Minnesota sino en las principales ciudades de otros estados. Y esa noche todo explotó. Fue entonces cuando los alborotadores tomaron la comisaría de policía del tercer distrito de Minneapolis y le prendieron fuego. Y fue entonces cuando la nación y gran parte del mundo se dieron cuenta y se convencieron de que algo importante estaba comenzando.

Y fue esa misma tarde de fuego, la noche del jueves 28 de mayo, que comenzó una antigua festividad: la fiesta de *Shavuot*, Pentecostés. Se inició justo antes del atardecer, cuando el pueblo judío comenzó a encender las velas de la festividad, sombra de los fuegos que se encenderían esa misma noche.

Shavuot se observaría en el mundo judío hasta el fin de semana, cuando marcaría el comienzo del domingo de Pentecostés. Ese domingo, mientras los cristianos celebraban el día del fuego santo, un fuego muy diferente se extendió por toda la nación.

La cosecha de verano

Shavuot también era la festividad que consagraba la cosecha de verano. Así que en el año 2022 se desataría una cosecha bochornosa de furia y violencia. Entre las señales que se dan en la Biblia de una nación bajo juicio se encuentran la anarquía, la violencia, la división y la destrucción, sin mencionar la pestilencia y las plagas. Todo eso se estaba manifestando ahora en la totalidad de Estados Unidos y al mismo tiempo.

En la temporada de Pésaj, la fiesta de la plaga y el confinamiento, vino una pestilencia y el consecuente aislamiento. Luego, en el tiempo de *Shavuot*, Pentecostés —la fiesta de la ley, el aliento y el fuego— vino la eliminación de la ley, la eliminación del aliento y el envío de un fuego diferente.

Sin embargo, el calendario antiguo no terminaba ahí. Ahora pasaría a un ámbito completamente distinto. El siguiente día santo de la antigüedad fue muy diferente de los que lo precedieron. Y su manifestación se centraría en una ciudad específica y un edificio en particular. ¿Qué traería eso?

Capítulo 31

El tribunal celestial

AHORA LLEGAMOS AL momento más sagrado y asombroso del antiguo calendario bíblico, conocido como los "días de reflexión o de reverencia".

El Yom Teruah

En los tiempos bíblicos, a medida que se acercaba el final de la cosecha de verano, la atención volvía a la Ciudad Santa de Jerusalén. Esos eran los días de *teshuvá*, una palabra hebrea que significa tanto retorno como arrepentimiento. Era el tiempo ordenado desde la antigüedad para volver a Dios, corregirse, rectificar, arrepentirse, perdonar y ser perdonado.

Los días de arrepentimiento y retorno nacional se anunciaron en el primero de los "Grandes Días Santos". Ello había sido ordenado por un antiguo decreto tan misterioso como breve:

> Habla a los hijos de Israel y diles: "En el mes séptimo, al primero del mes, tendréis un reposo sabático, una conmemoración al son de trompetas y una santa convocación".[1]

Se llamaría Yom Teruah, o el "día del toque de la trompeta", lo que sería conocido como la Fiesta de las Trompetas. Posteriormente también se llamaría Rosh Ha Shannah, el Año Nuevo judío. Pero no era el Año Nuevo: era la apertura del séptimo mes, el último mes del calendario sagrado. El sonido de la trompeta o shofar fue en este caso una alarma espiritual, un recordatorio de que se acercaba el juicio y que cada uno debía estar preparado para presentarse ante Dios. Fue una llamada de atención para hacer lo correcto, arrepentirse y regresar.

El día del juez

La Fiesta de las trompetas también se conocía como Yom Ha Din, el día del juicio. La sentencia a la que se alude no era tanto la de calamidad o desastre sino la dictada por un juez o magistrado ante el cual uno ha sido citado a comparecer. La oración hebrea conocida como *U'Netanneh Tokef* y recitada en la Fiesta de las Trompetas describe el juicio:

> Solo tú eres el que juzga, prueba, conoce y da testimonio; el que escribe y sella, el que cuenta y calcula; el que recuerda todo lo que fue olvidado. Abrirás el Libro de las Crónicas ... Se hará sonar el gran shofar y se oirá un sonido apacible y tenue. Los ángeles se apresurarán, un temblor y un terror se apoderarán de ellos, y dirán: "He aquí, es el día del juicio".[2]

La imagen dada en esa descripción es la de Dios como juez de todos. De acuerdo a la oración, Dios no es solo el juez sino el testigo que da testimonio, el abogado que prueba el caso y el oficial que anota todo lo importante. Él es todo en todos.

Por lo tanto, la sentencia dictada en la Fiesta de las trompetas y los días de reflexión es la de un veredicto emitida por un juez que preside después de que se ha dado una audiencia al acusado. El contexto es judicial. La escena es la de un tribunal. Y este es precisamente el contexto y las imágenes a través de las cuales el mundo judío ve las Grandes Fiestas: las de un juez, un tribunal y un juicio. Así que cuando el verano llega a su fin, los judíos se enfocan en un tribunal.

El tribunal celestial

Las observancias, enseñanzas y oraciones de las grandes festividades no se refieren, por supuesto, a cualquier tribunal, sino al que está por encima de todos los demás. Se le conoce como el *tribunal celestial*. Versículos como los que se encuentran en el Salmo 82 y que describen a Dios presidiendo un tribunal celestial y juzgando la tierra se citan como su fundamento bíblico:

Dios toma su posición en la asamblea divina; entre los seres divinos dicta sentencia.[3]

El texto central del judaísmo rabínico, el Talmud, describe las deliberaciones del tribunal celestial. En la Fiesta de las trompetas, dice, se abren los libros del tribunal celestial. Y para aquellos que han perdonado a quienes pecaron contra ellos...

... el tribunal celestial a su vez renuncia al castigo.[4]

De modo que los días de reflexión o reverencia se enfocan en la corte o tribunal celestial y los veredictos que se emitirán a partir de sus deliberaciones.

El más supremo de todos los tribunales

El año se acercaba ya a finales de septiembre. Era el tiempo de la Fiesta de las trompetas y los días de reflexión, cuando una nación debe recurrir al ámbito judicial, al asunto del juicio y a un tribunal. ¿Seguiría manifestándose el misterio?

Así como el calendario sagrado se tornó hacia el ámbito de lo judicial, en ese mismo momento, los ojos de Estados Unidos se volvieron hacia el ámbito de su justicia.

El calendario sagrado se dirige al *más alto* de los tribunales. Solo hay una institución que podría constituirse como la más alta, por supuesto, con respecto a Estados Unidos: la Corte Suprema. En efecto, el tribunal del que se habla en la liturgia de la Fiesta de las trompetas es conocido como el *supremo* de todos los tribunales.

Y así, cuando el calendario sagrado se dirigió al Tribunal Supremo, en ese mismo momento, los ojos de Estados Unidos se dirigieron al a magistratura.

Por tanto, mientras la Fiesta de las trompetas insta a todos a mirar a aquel que juzga, prueba, conoce y da testimonio, el Juez Altísimo, los ojos de Estados Unidos se volvieron hacia un juez, el más alto de los magistrados del poder judicial de la nación, uno de los nueve que forman parte de la Corte Suprema.

Los que pasan de la tierra

Se creía que los juicios dictados por el tribunal celestial en los días de reflexión incluían aquellos que determinaban quién viviría o moriría. La oración pronunciada en Rosh Ha Shannah habla del veredicto del tribunal sobre

> … cuántos pasarán de la tierra y cuántos serán creados; quién vivirá y quién morirá; quién morirá a su tiempo predestinado y quién antes de su tiempo…[5]

Y así, cuando el calendario sagrado pasó a los días en los que se creía que el tribunal celestial dictaba su veredicto sobre quién *pasaría de la tierra*, se emitió una sentencia. Y entonces alguien partió de la tierra. Una persona que había formado parte de los tribunales más altos del país, la jueza Ruth Bader Ginsburg, que falleció.

El atardecer

En el año en que los temas de cada uno de los antiguos días santos se manifestaron en realidades y acontecimientos físicos concretos, también se exteriorizaron en la Fiesta de las trompetas: el regreso al tribunal, la más alta de las cortes tribunalicias, el juez, el dictado del veredicto y su partida de la tierra. Todo sucedió en el momento señalado por el calendario sagrado.

En el año 2020, la Fiesta de las trompetas comenzó al atardecer del viernes 18 de septiembre. ¿Cuándo partió de la tierra la jueza Ginsburg? El viernes 18 de septiembre, el día de la Fiesta de las trompetas.

Ese viernes por la noche, mientras la liturgia del mundo judío hablaba del juicio a alguien que desaparecería de la faz de la tierra, el Tribunal Supremo de la nación dio a conocer al mundo la noticia de que una de sus jueces había partido.

Como ocurre con todos los días santos hebreos, la Fiesta de las trompetas comenzaba al atardecer del viernes por la noche. El 18 de septiembre de 2020, en Washington, D.C., el sol se puso a las 7:11 p. m. El anuncio de la Corte Suprema sobre el fallecimiento de la jueza Ginsburg se hizo precisamente después del atardecer.

Los jueces y las sentencias

Que la jueza Ginsburg falleciera en el día que se habla de ser convocado a comparecer ante el tribunal celestial podría verse como una señal de que todos deben presentarse ante Dios y que incluso el más alto de los jueces ha de ser juzgado en el tribunal del Altísimo. Y que todos los juicios y veredictos del hombre serán juzgados por el juicio y el veredicto de Dios.

Eso nos lleva a otro aspecto del misterio. Todas las correlaciones y manifestaciones de los antiguos días santos condujeron a este. Y todos ellos ocurrieron en el año jubilar del aborto. El jubileo trae consigo una reversión. La generación que trajo la muerte ahora vio venir la muerte sobre ella. Y ahora, en Yom Ha Din, el día del juicio, la muerte le llegó a uno de ellos que se sentaba como juez en la Corte Suprema.

Fue ese Tribunal Supremo el que desempeñó el papel más central y crucial en la legalización y el establecimiento del aborto en todo el país. En esto, estaba usurpando el papel del tribunal celestial, dictando veredictos sobre quién viviría y quién moriría. Su sentencia juzgó a millones de los más inocentes, provocando que murieran antes de tiempo.

El derrocamiento

El jubileo es el tiempo del regreso. Así que ahora todo volvería a la Corte Suprema. Aquí en Yom Ha Din, esta corte fue la acusada, Estados Unidos fue el acusado y ambos eran culpables. Aquí, en el Día del juicio, el tribunal celestial comenzaría a dictar sentencia sobre el juicio del hombre, sobre la sentencia de la Corte Suprema, y la revocaría. Y todo comenzaría al anochecer de Yom Ha Din, el momento que se pone en marcha el regreso y el arrepentimiento. La misma muerte de la jueza Ginsburg en ese momento, pondría en marcha un retorno y un arrepentimiento, y comenzaría la revocatoria.

"Eliminen el decreto maligno"

Esa misma noche, el pueblo judío se reunió en sinagogas de toda la nación para orar y pedir misericordia por el juicio. Recitaron al unísono la última línea de la oración elegida: *U'Netanneh Tokef*. Esta dice:

¡Pero el arrepentimiento, la oración y la justicia *eliminan la maldad del decreto!*[6]

Lo maligno del decreto puede tomarse como una calamidad o desgracia ordenada. Pero en el caso de Estados Unidos, las palabras podrían interpretarse de otra manera. La Corte Suprema emitió un decreto maligno, *Roe contra Wade*, que provocó la muerte de millones de niños. Sin embargo, esa noche, mientras coreaban las palabras "Eliminen el decreto maligno", una jueza de esa corte fue destituida, el mismo acontecimiento que haría posible la remoción de la maligna ordenanza.

El caso *Dobbs contra Jackson* fue presentado ante la Corte Suprema apenas tres meses antes del fallecimiento de la jueza Ginsburg. Eso fue el 23 de Siván, el día de la revocación del decreto maligno. Ahora bien, en el tribunal al que fue presentado, y el día en que se pronuncian las palabras "Eliminen el decreto maligno", el fallecimiento de la jueza hizo posible que el mortífero precepto pudiera realmente ser eliminado.

La ventana de otoño

Si esa jueza no hubiera desaparecido de la tierra en ese momento preciso, cualquier otro retorno y reversión del jubileo habría quedado en nada. El fallecimiento tuvo que haber ocurrido en el momento del antiguo día santo.

Desde el día de ese fallecimiento, al presidente estadounidense —que seguía el modelo de Jehú— le quedarían solo cuatro meses en el poder, y una ventana de poco más de *un mes* antes de las elecciones que, en efecto, anularía su capacidad para actuar en cuanto a ese asunto. E igual de pequeña era la ventana que quedaba para que el Senado, liderado por los republicanos, hiciera lo mismo.

Eso fue en el mismo verano que marcó el quincuagésimo aniversario del verano en que *Roe contra Wade* se envió a la más alta corte. Y fue ese mismo verano, el verano jubilar de ese envío, que el paralelo jubilar de Roe, *Dobbs contra Jackson*, también había sido enviado a la Corte Suprema. Como en la ordenanza jubilar, todo volvía a casa, regresaba al lugar de su origen ancestral, que en el caso de *Roe contra Wade* era la Corte Suprema.

Si la jueza Ginsburg hubiera estado todavía en el estrado cuando el tribunal tomó el caso *Dobbs contra Jackson*, el decreto maligno nunca habría sido revocado. El único voto sobre el cual recaería la revocación aún no existía ni podía existir antes del atardecer de aquel día santo que hablaba del tribunal celestial y de su juicio. Solo la aprobación del juez daría lugar al voto necesario para *revocar el malvado decreto*.

Lo que ocurrió en esos días estuvo, una vez más, fuera del ámbito de cualquier acción o plan humano. La mano que puso todas las cosas en su lugar no fue de carne y hueso. Cada corriente de cada misterio: ya fuera el del jubileo, el de Jehú y el misterio del templo, el de los antiguos tiempos señalados y el de los días santos, el de Yom Ha Din y el del tribunal celestial, cada uno tenía que converger entre sí en el momento y lugar exactos para pasar por la ventana que se abrió la noche del antiguo día santo.

El día que había sido ordenado desde épocas inmemoriales para poner en marcha el cambio de una nación al atardecer lo haría otra vez y, precisamente, al atardecer. El tribunal celestial había dictado su decreto.

Y, sin embargo, a pesar de todo eso había todavía otro misterio que tendría que converger con todos los demás y sin el cual nunca habrían llegado a su cumplimiento. Lo que empezó con la puesta del sol abriría la puerta al siguiente misterio. Enigma que comenzaría en Egipto, en el río Nilo.

Séptima parte

EL NIÑO DEL NILO

Capítulo 32

El niño entre los juncos

ELLOS ESTABAN ARROJANDO bebés al río. Fue una campaña de infanticidio masivo: una civilización en guerra contra una generación de bebés.

Los niños en el Nilo

La civilización era Egipto. Había esclavizado al pueblo de Israel que se había establecido dentro de sus fronteras. Pero Israel se estaba multiplicando. El faraón consideró eso como una amenaza, por lo que inició una guerra de exterminio contra los bebés hebreos. Por eso le ordenó a su pueblo:

¡Tiren al río a todos los niños hebreos que nazcan![1]

Entonces los egipcios comenzaron a cazar a los niños hebreos recién nacidos. Cuando encontraban uno, lo llevaban al río Nilo y lo arrojaban a las aguas hasta asegurarse de que estuvieran bien muertos.

El bebé de la arquilla

El relato bíblico luego habla de un niño nacido de los hebreos. Temiendo por su vida, su madre lo mantuvo escondido tres meses después de su nacimiento. Pero cuando ya no pudo ocultarlo,

… tomó una arquilla de juncos y la calafateó con asfalto y brea, y colocó en ella al niño y lo puso en un carrizal a la orilla del río.[2]

Para salvar a su bebé de la muerte, lo colocó en la arquilla y lo puso en el río Nilo. El niño flotaba en las mismas aguas en las que habían sido arrojados otros bebés hebreos. Después de que la hija del faraón lo encontró, le salvó la vida y lo crió como su propio hijo.

El bebé era, por supuesto, Moisés. El mismo que en su edad adulta, huiría de la tierra de Egipto y luego, años más tarde, regresaría allí, enviado por Dios en una misión para liberar a su pueblo. Cuando Faraón rechazó su demanda de libertad, Moisés se convirtió en el instrumento del juicio de Egipto, la herramienta mediante la cual las diez plagas caerían sobre el imperio.

El destructor de la muerte

Es significativo que la primera de las plagas de la nación comenzara en las mismas aguas en las que habían sido arrojados los bebés hebreos, el Nilo. En otras palabras, el juicio de la nación había regresado al lugar del pecado del imperio. La naturaleza de esa primera plaga destacaría la conexión: las aguas del Nilo se convertirían en sangre tal como la sangre de los niños hebreos había enrojecido sus aguas. Y el hombre a través del cual vino el juicio había flotado una vez por el mismo río mientras otros bebés hebreos eran asesinados en sus aguas. Fue Moisés también el que supervisó la llegada de la décima y última plaga, la del juicio que mataría a los hijos de Egipto. Así como Egipto había buscado la muerte de los hijos de Israel, ahora sería testigo de la muerte de los suyos. No fue casualidad que las plagas comenzaran en el lugar donde habían sido asesinados los bebés varones de Israel y culminaran con la matanza de los hijos del imperio egipcio.

Tampoco fue casualidad que uno de los bebés hebreos que Egipto había tratado de matar y que había flotado en las aguas de la muerte fuera ahora el instrumento por el cual el imperio egipcio sería quebrantado.

Así que fue un niño nacido en medio de la matanza egipcia el que, años más tarde, sería utilizado para doblegar los antiguos poderes que hicieron un exterminio tan atroz.

¿Es posible entonces que un niño nacido de la masacre estadounidense sea utilizado para destruir los poderes modernos que la llevaron a cabo?

Capítulo 33

Los hijos de la sombra

EL PERIODO CRUCIAL en la acogida del aborto intencionado, por parte de Estados Unidos, comenzó en enero de 1970 con su entrada al país y terminó en enero de 1973 con el veredicto de la Corte Suprema que la convirtió en ley nacional.

Las primicias de la matanza

Los niños no nacidos de ese periodo fueron los primeros sobre cuyas vidas pendía el espectro del asesinato legalizado. Ellos fueron las primicias de las generaciones que les sucedieron y sobre las que también se filtraría esa sombra. Más de un millón de esa generación que estaban vivos en el útero de sus madres, durante ese lapso de tiempo, no sobrevivirían.

En el caso del antiguo Egipto, fue uno de los bebés hebreos que había sobrevivido a los días de la matanza quien, años más tarde, desgarraría el poder que había derramado la sangre de los niños.

¿Qué pasa con la masacre estadounidense de sus niños? ¿Podría haber nacido alguna criatura en ese período decisivo de tres años, desde la entrada del aborto en Estados Unidos hasta el veredicto de *Roe contra Wade*, en los tiempos de esa primera matanza, cuya vida se hubiera salvado y que, años más tarde sería esencial en la ruptura del poder que motivaba esa matanza? Claro que existía esa criatura.

La niña entre los juncos

Esa persona que nació en esa época era una niña, concebida en pleno período de tres años. Nació en Nueva Orleans el 28 de enero de 1972. Sus padres le pusieron el nombre de Amy. Años más tarde se haría famosa como la jueza de la Corte Suprema Amy Coney Barrett. El caso *Roe contra Wade* sería anulado por un solo voto. Ella sería la que lo efectuaría. Sin su llegada a la corte en ese momento preciso y sin la emisión de su voto como lo hizo en el caso *Dobbs contra Jackson*, *Roe contra Wade* nunca habría sido anulado. Su vida era la pieza del rompecabezas que faltaba.

A la sombra de Roe contra Wade

Así que la persona que perjudicaría a *Roe contra Wade* y comenzaría a dar marcha atrás al aborto fue una criatura nacida bajo su siniestra sombra. De hecho, sería la primera jueza en formar parte de la Corte Suprema nacida en los días en que era legal impedirle nacer. Fue la manifestación del misterio que se remonta a más de tres mil años atrás, hasta el bebé en el Nilo.

No fue solo que ella viniera al mundo en ese periodo crucial de la matanza emergente, sino que fue en el momento igualmente decisivo en que *Roe contra Wade* avanzó por el sistema judicial estadounidense en su camino a convertirse en ley nacional.

Es más, probablemente fue concebida en el mismo mes en que el caso que anularía *Roe contra Wade* también llegaría al mismo tribunal. El caso recibiría dos audiencias en la Corte Suprema. Barrett nació entre esas dos audiencias. Y así, de acuerdo con el misterio, la persona cuyo nacimiento ocurrió en el marco de *Roe contra Wade* llegaría a la Corte Suprema justo cuando llegara también al tribunal el caso que anularía el veredicto *Roe contra Wade*.

La princesa de Egipto

Todo tenía que estar en su lugar preciso. Si la jueza Ginsburg no hubiera muerto en esa Fiesta de las trompetas, Amy Coney Barrett tal vez nunca habría llegado a ocupar un puesto como magistrada de la Corte Suprema y ciertamente no en el momento en que se le presentó el caso fundamental sobre el aborto. Pero lo mismo sucedió en el tema de Moisés. La princesa de Egipto llegó casualmente al Nilo cuando un bebé flotaba en sus aguas. Sin ese episodio, el Éxodo nunca habría ocurrido tal como sucedió. Por tanto, con Amy Barrett, todo tenía que suceder al pie de la letra para que la funesta sentencia *Roe contra Wade* se anulara.

La jueza Ginsburg pertenecía a la generación que había legalizado el asesinato de los no nacidos. La jueza Barrett pertenecía a la generación cuyo asesinato en el útero había sido legalizado por la generación de la magistrada Ginsburg. Ahora la una sería quitada y la otra ocuparía su lugar. Y por primera vez, una criatura nacida en la época del aborto intencionado se sentaría en la Corte Suprema y gobernaría en nombre de los niños que aún no habían sido asesinados. Y todo sucedió en el año del jubileo del aborto, cuando todo se invierte y se deshace.

––––––––––––––––––

La revocación de *Roe contra Wade* implicaría el jubileo no solo del pecado de Estados Unidos sino también de la persona que lo revocaría.

Capítulo 34

El niño del Nilo

Moisés asumió su llamado como libertador de su pueblo en los días de la plaga. El juicio había caído sobre la tierra. Amy Barrett asumió su vocación, igualmente, durante los tiempos de la pandemia. Su nominación, su confirmación y su juramentación ocurrieron en los días de las mascarillas, el distanciamiento social y la muerte, el primer año de la pestilencia en el país.

El año de la llegada

La criatura que nació cuando el aborto avanzaba por los pasadizos legales y judiciales de Estados Unidos sería elevada a la Corte Suprema tal como el caso *Dobbs contra Jackson* fue enviado al tribunal en junio. Fue nominada a finales de septiembre. El caso *Dobbs contra Jackson* acababa de ser enviado a los tribunales ese verano. Ella había nacido cuando *Roe contra Wade* estaba pendiente de decidirse ante el tribunal, e iría a la corte justo cuando *Dobbs contra Jackson* también estaba en proceso.

El jubileo de Amy Coney Barrett

El misterio, sin embargo, involucraría más que el jubileo del aborto. ¿Qué sucedería si uno toma la cuenta regresiva del jubileo de Levítico 25 y la aplica a la vida de Amy Barrett? Siete veces siete años desde el día de su nacimiento nos llevan al 28 de enero de 2021. Ese día marca la finalización de su cuadragésimo noveno año y el inicio de su quincuagésimo año jubilar.

Amy Barrett prestó juramento como magistrada de la Corte Suprema a finales de octubre de 2020. Tres meses después de ese juramento como jueza de la corte superior, comenzó su año jubilar. Y así, su primer año en ese tribunal correspondió a su año de jubileo.

Y fue entonces, en su año jubilar, que la Corte Suprema asumió el caso *Dobbs contra Jackson*, en mayo de 2021. Cuando el caso tuvo su audiencia en diciembre de 2021, se expuso ante Barrett en su año jubilar.

Amy Barrett emitió por primera vez el voto decisivo que anularía *Roe contra Wade*, en el año de su jubileo.

Moisés en los atrios de Faraón

El jubileo de Amy Barrett y el de *Roe contra Wade* coincidirían durante seis días. El jubileo de *Roe contra Wade* continuaría. Y en medio de eso, *Roe contra Wade* sería anulado. Y cuando se anuló *Roe contra Wade*, Barrett —que había emitido el voto decisivo— tenía *cincuenta años*.

Así como el niño hebreo llevado del Nilo al palacio de Faraón fue destinado para regresar un día allí y cumplir la parte señalada en el momento indicado para liberar a su pueblo, también la niña nacida en los días en que *Roe contra Wade* se abrió paso a través de las salas de la Corte Suprema fue destinada para entrar algún día a esas mismas estancias con el fin de cumplir con su parte indicada en el momento oportuno.

Amy Coney Barrett era la hija del Nilo en Estados Unidos.

———————————

En la siguiente sección, los misterios que hemos visto hasta ahora convergerán en el transcurso de un solo día.

Octava parte

EL DÍA DEL REGRESO

Capítulo 35

El regreso

¿Es posible cambiar el curso de la historia? ¿Pueden las oraciones de un remanente alterar el camino de las naciones?

Vuélvete a mí con todo tu corazón

En el Libro de Joel, Dios habla de una nación apartada de sus caminos y azotada por la calamidad, una plaga devoradora y la devastación. Luego viene una llamada y una respuesta:

> "Ahora bien", afirma el Señor, "vuélvanse a mí de todo corazón, con ayuno, llantos y lamentos". Rásguense el corazón y no las vestiduras. Vuélvanse al Señor su Dios, porque él es misericordioso y compasivo.[1]

El llamado es a regresar. La Escritura está dirigida a una nación: le habla de un regreso nacional o del regreso de aquellos que representan e interceden por la nación. Si eso sucediera, Dios traería sanidad y restauración. Convertiría la maldición de la nación en una bendición y restauraría los años que las *langostas se comieron*.[2]

Si mi pueblo

Durante mucho tiempo he tenido la convicción de que sin un avivamiento, Estados Unidos se perderá y que sin arrepentimiento no puede haber avivamiento. Así como Dios llamó a Israel a regresar a él en sus últimos días antes del juicio, ahora estaba llamando a Estados Unidos. Hace tiempo que hablé de este llamado a Estados Unidos. En *El presagio*, escribí al respecto. Cité la promesa hecha al rey Salomón de restauración nacional en 2 Crónicas 7:14.

Si se humillare mi pueblo, sobre el cual mi nombre es invocado, y oraren, y buscaren mi rostro, y se convirtieren de sus malos caminos; entonces yo oiré desde los cielos, y perdonaré sus pecados, y sanaré su tierra.

La asamblea sagrada

Sin embargo, el llamado a regresar que se plasma en el Libro de Joel contiene una manifestación aun más específica:
¡Toquen la trompeta en Sión!

¡Proclamen el ayuno! ¡Convoquen a una asamblea sagrada! ¡Congreguen al pueblo![3]

"El regreso" se manifiesta como un día de oración y arrepentimiento y, más específicamente, en forma de una asamblea sagrada, una convocatoria solemne, de intercesión ante Dios en nombre de la nación.

El llamado de Lincoln

A lo largo de la historia de Estados Unidos ha habido varios días así. Entre los más dramáticos está el que se produjo en medio de la Guerra Civil, un día de oración y arrepentimiento convocado por Abraham Lincoln y el Congreso de los Estados Unidos. No pasó mucho tiempo después de ese día cuando las fuerzas de la Unión prevalecieron en Gettysburg y Vicksburg. Esas dos victorias, con un día de diferencia, se citan como los dos puntos de inflexión decisivos de la Guerra Civil. Hechos que conducirían a la victoria de la Unión y a la preservación de la nación.

La mano y la escritura

Una reunión de este tipo más reciente sucedió en 1980, en un momento en que Estados Unidos estaba tan traumatizado por una avalancha de crisis nacionales, incluida la toma de cincuenta y dos rehenes estadounidenses en Irán, una economía en deterioro y una crisis energética, que muchos creían que era el fin de la era prevaleciente de esta nación. Fue entonces cuando cristianos de todo el país se reunieron en Washington, D.C., en el National Mall, para orar e interceder por la misericordia de Dios. El tema de ese día fue 2 Crónicas 7:14: "Si mi pueblo..." Las consecuencias de esa reunión fueron dramáticas e incluyeron la elección de un nuevo presidente, la liberación de los rehenes estadounidenses por parte de sus captores en Irán en la misma hora en que el nuevo presidente inició su gestión, y un giro nacional que algunos llamarían Amanecer de América. Todo comenzó cuando el nuevo presidente puso su mano sobre la Biblia y prestó juramento como mandatario. Su mano se posó sobre una Escritura. Sobre 2 Crónicas 7:14, que dice: "Si mi pueblo..."

La reunión

A raíz del 11 de septiembre, tuve la visión de realizar un día nacional de oración y arrepentimiento para Estados Unidos. Vi eso enfocado en una asamblea sagrada en Washington, D.C., en el National Mall. En los años subsiguientes, entré en contacto con un gran hombre de Dios muy humilde, Kevin Jessip, que había estado manteniendo fielmente una visión similar para un día y una reunión como esa. A lo largo de los años, nos pondríamos en contacto, oraríamos y buscaríamos la voluntad de Dios al respecto.

Luego, en 2018, ambos sentimos la sensación de una mayor urgencia y que el momento de la visión se acercaba. Tenía que realizarse en 2020. Kevin pudo reservar el National Mall para finales de septiembre de ese año. En el otoño de 2019, me puse a orar en cuanto a cuál sería la próxima obra que debía escribir. Sentí un fuerte presentimiento de que 2020 sería un año de eventos tenebrosos y grandes sacudidas, y que eso sería parte de la continuación del misterio del que había escrito en *El presagio*. Por lo tanto, fui inspirado a escribir el libro que había estado posponiendo durante años, la secuela del primero, que se conocería como *El presagio II*.

En enero de 2020 comencé a escribir. Poco después llegaron las sacudidas y los eventos fatídicos que había sentido que vendrían. Comenzó con una plaga, el COVID-19. En marzo, el confinamiento nacional y la prohibición de reuniones públicas, me hicieron dudar en cuanto a si ese evento podría siquiera llevarse a cabo. Sin embargo, continuamos planificándolo.

El regreso

Aunque la actividad se planeó para incluir un programa que se extendería hasta la noche, sentí firmemente que el evento principal, el momento central de oración e intercesión, debía concluir a las cinco de la tarde. Por lo tanto, planeamos culminarlo a esa hora, después de lo cual los presentes podrían irse o quedarse para una noche de resplandor que comenzaría una hora después.

Hasta ese momento, lo llamamos el Día Nacional de Oración y Arrepentimiento. El título era preciso pero genérico. Sentí una fuerte instrucción en cuanto a que necesitaba otro nombre, más sencillo, más fácil y que resumiera su propósito. Me di cuenta de que todo giraba alrededor de *El presagio*. Era el mensaje central que se transmitía en el libro:

> ... la nación estaba siendo llamada a *regresar* a Dios en oración.[4]

> ... detrás de los presagios, detrás de todo está la palabra ¡*regresa*![5]

> Esa es la palabra de los profetas ... Una voz llamaba, instaba a la nación a volver a Dios, y clamaba: "¡*Regresa!*".[6]

Se lo comenté a Kevin. Estuvo totalmente de acuerdo. A partir de entonces, el evento se llamaría "El regreso".

La tormenta se avecina

A medida que se acercaba el momento de "El regreso", las sacudidas que habían afectado a la nación no mostraban señales de disminuir. La plaga seguía haciendo estragos; el verano de incendios, disturbios, manifestaciones y violencia había traumatizado aún más al país; gran parte de la vida seguía paralizada y muchos todavía se escondían detrás de las paredes de sus hogares.

En ese septiembre, se publicó *El presagio II*. Hablaba no solo del avance del misterio y de las señales constantes de juicio nacional, sino también de los días pasados de oración y la asamblea sagrada que habían cambiado el curso de la nación. Ahora estábamos planeando otro. ¿Afectaría al futuro? Había advertido a otros que con tales cosas, el impacto no se ve a menudo en el momento, sino en los días posteriores y que, independientemente del resultado, estábamos llamados a creerle a Dios y hacer lo que él nos ordenara.

Cuando yo envíe una plaga

Había señales de algo único con respecto a "El regreso". La asamblea sagrada convocada en Joel sucede en medio de una plaga que había caído sobre la tierra. De modo que "El regreso" se efectuaría en medio de una plaga en la tierra.

El contexto del versículo más famoso sobre el arrepentimiento nacional, 2 Crónicas 7:14, es el siguiente:

> "Cuando yo ... *envíe plaga* sobre mi pueblo, si mi pueblo, que lleva mi nombre, se humilla y ora..."[7]

Insisto, el contexto mencionaba específicamente una *plaga*. Ahora estábamos en ese contexto. La plaga había llegado. Ahora era el momento de humillarnos y de orar.

Días de reflexión o reverencia

"El regreso" estaba programado para el 26 de septiembre de 2020. La fecha se había fijado dos años antes, cuando se reservó el National Mall. Pero solo ocho días antes de que ocurriera, la jueza Ginsburg fue retirada del tribunal el mismo día que dio inicio a la Fiesta de las trompetas. Pero esta fiesta no tenía que ver con finales, sino con comienzos. Empezaban los días de reflexión.

Los días de reflexión se daban para que la nación se humillara ante Dios y se presentara ante él para confesar sus pecados, arrepentirse y presentar oraciones rogando su misericordia. Y eso, por supuesto, era el propósito exacto de "El regreso". De modo que "El regreso" caería en uno de los diez días de reflexión y sería uno de ellos.

Así como la Fiesta de las trompetas inicia los días de reflexión y arrepentimiento, lo que ocurrió en la Fiesta de las trompetas —la muerte de la jueza Ginsburg— inauguraría un evento correspondiente que sucedería en uno de los días de arrepentimiento.

Capítulo 36

La vasija del alfarero

ERA LA MAÑANA de "El regreso". Nubes de tormenta se cernían sobre la capital. La noche anterior azotaron la capital y amenazaban con volver a hacerlo. Más allá del clima, el confinamiento, las cuarentenas, las prohibiciones y el distanciamiento social, no teníamos ni la menor idea de quién aparecería.

El día

Sin embargo, aparecieron personas. Vinieron por miles y miles, de todos los ámbitos, afroamericanos, blancos, asiáticos, hispanos, de todos los grupos étnicos, judíos y gentiles, viejos y jóvenes, de todo Estados Unidos y más allá. Vinieron con un propósito: humillarse y orar, buscar el rostro de Dios, arrepentirse, interceder y suplicar misericordia para la tierra. Mientras estaba en el escenario con el edificio del Capitolio detrás de mí, miré a la multitud. Era un mar de color que llenaba el National Mall hasta llegar al Monumento a Washington.

Muchos de los asistentes subirían al escenario ese día para orar e interceder, compartir y dirigir la adoración; en total, más de ciento cincuenta personas. Incluidos líderes espirituales, figuras culturales, dirigentes gubernamentales, celebridades de Hollywood, artistas discográficos, líderes de adoración, hombres y mujeres de oración, dirigentes de todo el mundo y todos, desde la hija de Billy Graham hasta la sobrina de Martin Luther King Jr., acudieron con el mismo propósito: humillarse y orar.

Más allá de los que estaban en el Mall, muchos más miraban por televisión, en línea, en iglesias y hogares, en Estados Unidos y en todo el mundo. Nos dijeron que los que participaron en "El regreso" en todo Estados Unidos y el mundo se contaban por millones.

La hora más decisiva

A las nueve de la mañana inicié el evento "El regreso", con una antigua oración hebrea y la promesa de 2 Crónicas 7:14. Entonces dije lo siguiente:

> Nos encontramos en el momento más crucial. Ya es tarde. Una gran nación está en juego... Hemos sido testigos del año más tenebroso que se recuerde, uno en el que el mundo y específicamente Estados Unidos ha sido estremecido hasta lo más profundo —como nunca ha sucedido en los tiempos modernos— por una plaga, por el colapso económico, por la parálisis, el caos civil, los incendios, los disturbios y una división que amenaza con desgarrar el tejido nacional... Esta es una "Asamblea sagrada". Hemos venido aquí con un propósito santo... Oraremos, adoraremos e intercederemos... hasta que hayamos logrado lo que Dios nos ha instado a hacer.[1]

Luego, muchos otros subieron al escenario y lideraron el intercambio, la oración, la confesión de pecados y la intercesión por la misericordia de Dios sobre Estados Unidos y las naciones.

Mil ángeles jurando

A las 11 de la mañana di lo que iba a ser la palabra de "El regreso". Comencé:

> Hace dos mil quinientos años, el profeta Jeremías estaba fuera de los muros de Jerusalén, junto al valle de Hinom. En su mano había una vasija de alfarero.[2]

Me habían instado a presentar el mensaje hablando del profeta Jeremías mientras contemplaba el valle de Hinom, donde los niños de la nación habían sido sacrificados. Hablé del alejamiento de Estados Unidos de Dios y de los muchos pecados de ese alejamiento, pero me sentí especialmente impulsado a abordar el tema de los millones de niños que la nación había asesinado:

Lo que una vez reverenciamos, ahora lo vilipendiamos, y lo que una vez supimos que era malo, ahora lo celebramos. También nosotros hemos profanado lo sagrado y hemos santificado lo profano. Y en cuanto a nuestros hijos, nuestra posesión más inocente, los hemos sacrificado en los altares de la autocomplacencia. Fue aquí en esta ciudad... donde su asesinato colectivo fue bendecido y sancionado. Pero mil leyes, mil sentencias de la Corte Suprema y mil ángeles que juran sobre mil Biblias no pueden alterar ni un ápice de esta medida básica de moralidad: derramar la sangre de un bebé no nacido es asesinar una vida humana, y lo más inocente de las vidas humanas. El pueblo del antiguo Israel levantaba a miles de sus hijos sobre los altares de Baal y Moloc. Y al hacerlo, invocaron su propia destrucción. Pero hemos levantado millones. Y nuestras manos colectivas están cubiertas de sangre...[3]

La vasija rota

Luego me vi obligado a dirigir mis palabras a los líderes de la nación, empezando por la Corte Suprema:

Jueces de la Corte Suprema, que inician sus sesiones con las palabras "Dios salve a esta Corte Suprema". Pero si anulan los dictámenes de Dios, si juzgan los juicios de Dios, si derriban los preceptos eternos de Dios, ¿cómo puede Dios salvar su corte? Sepan entonces que hay un tribunal mucho más alto y que allí se sienta un juez que es mucho más supremo. Y ante su juicio todos los jueces se presentarán y darán cuenta.[4]

En un momento tuve que detenerme debido a los truenos y estruendos que azotaban la capital del país. Y, sin embargo, el mensaje continuó. Pensé en la Escritura: "El Señor tronó desde el cielo, y el Altísimo emitió su voz".[5]

La profecía de Jeremías sobre Hinom se centró en un solo objeto, una vasija de barro, una vasija de alfarero. Me indujeron a traer a

Washington una vasija de barro que había conseguido en una alfarería cercana a mi casa. A Jeremías se le dijo que rompiera la vasija como señal de la destrucción que sobrevendría a la nación si continuaba con su rumbo. A mí me indujeron a hacer lo mismo. Mientras hablaba de Estados Unidos y advertía sobre el juicio nacional, rompí la vasija en el escenario y se hizo incontables añicos.

Mientras todavía es de día

Luego compartí la esperanza, la voluntad de Dios de salvar y restaurar a su pueblo, su llamado a la misericordia y la redención:

> Y la voz de Dios clama:
> "¡Regresa! ¡Regresa! ¡Regresa! Estados Unidos de América regresa, porque has caído en tu iniquidad. Regresa, Estados Unidos de América, mientras aún es de día. Ante ustedes está la vida y la muerte. Elijan la vida, no la destrucción. Regresa, América, y tendré misericordia de ti".[6]

Y por último, hablé del Espíritu y la promesa de avivamiento. Me arrodillé en el suelo de madera del escenario, mientras miles de personas en el corredor del National Mall hacían lo mismo sobre la hierba y el suelo. El Mall estaba lleno de hombres, mujeres y niños, arrodillados, inclinados, sentados, estirados, con el rostro hacia el suelo, y algunos con sus rostros vueltos hacia el cielo, en profunda intercesión por Estados Unidos de América, suplicando la misericordia de Dios y el mover de su santa mano.

El día de Shuvá

De los diez días de reflexión o reverencia, uno al que se le dio especial prominencia fue el llamado Shabat Shuvá. Fue ese sábado el que unió la Fiesta de las trompetas con el Yom Kipur. En el 2020, Shabat Shuvá cayó el 26 de septiembre. "El regreso" coincidió con el Shabat Shuvá. Nadie lo planeó así. Sucedió y ya. Fue solo en las semanas previas al evento que me percaté de ello.

La palabra *Shabat* simplemente significa sábado. Así que "El regreso" ocurrió el sábado, el sábado bíblico. Pero la palabra que describe la naturaleza única de este día es *Shuvá*. ¿Qué significa Shuvá?

¡Significa *el regreso*! ¡*Shabat Shuvah* significa literalmente el Día de reposo del regreso! Sin que lo planeáramos, el día del regreso fue designado como el antiguo día del regreso.

La Escritura escogida

Dado que Shabat Shuvah es un sábado, había una Escritura elegida desde tiempos pasados para que se leyera en esa ocasión. Comienza con las siguientes palabras:

> *Vuelve*, oh Israel, *a Jehová tu Dios*; porque por tu pecado has caído.[7]

El pasaje llama a una nación que una vez conoció a Dios pero que se ha apartado, a volver al Señor. Ese fue el mensaje de "El regreso".

Sin embargo, también había otra Escritura escogida para Shabat Shuvá. Era el modelo para "El regreso", el Libro de Joel:

> Tocad trompeta en Sion, proclamad ayuno, convocad asamblea. Reunid al pueblo, santificad la reunión.[8]

El próximo día santo

De forma que en las sinagogas de todo Estados Unidos y del mundo, los judíos observaban Shabat Shuvá, el Día del regreso, mientras que los creyentes de todo Estados Unidos y el mundo participaban en el día del regreso. No obstante, mientras el pueblo judío cantaba las antiguas palabras que convocaban a una asamblea sagrada y una reunión nacional de arrepentimiento para buscar la misericordia de Dios, en el National Mall estaba ocurriendo lo mismo.

Esa fue la siguiente manifestación en el misterio de los días santos. El año había comenzado con la plaga y el confinamiento en la Pascua, luego pasó al aliento y el fuego en Pentecostés, y después a los pasillos y los juicios del Tribunal Supremo en la Fiesta de las trompetas. Ahora pasó al siguiente día santo, el de Shabat Shuvá, la asamblea sagrada del regreso, como se ordena en Joel 2. Y ahora esto también se había cumplido.

El día del cambio

La palabra Shuvah también puede traducirse como "giro, vuelta o cambio". De manera que el día de Shuvá puede traducirse como "el día del cambio". ¿Es posible que el día sagrado conocido desde épocas pasadas como el día del cambio y que ahora se manifiesta en "El regreso", o el cambio, pueda poner en marcha la transformación real de una nación?

Es en la respuesta a esa pregunta donde irían a unir todos los misterios y piezas del rompecabezas que hemos visto hasta ahora.

Capítulo 37

El giro

EL CAMBIO DE una nación: ¿cómo sucede? En este caso las probabilidades estaban en contra.

El primer periodo

Hasta el 18 de septiembre y el fallecimiento de la magistrada de la Corte Suprema, eso era imposible. Después de eso, solo le quedaba el más pequeño de los periodos por pasar. Aunque el presidente Trump había nombrado dos jueces de la máxima corte, no sería suficiente. Era necesaria una tercera votación.

El lapso era incluso más pequeño de lo que parecía. Las próximas elecciones se celebrarían el 3 de noviembre. Después de eso, el presidente encabezaría una administración saliente. Su poder para impulsar una nominación muy disputada a la Corte Suprema se evaporaría. De la misma manera, el poder de un Senado liderado por los republicanos comenzaría a disiparse el mismo día.

Dado que las elecciones se llevarían a cabo el martes, significaba que —a todos los efectos— el proceso de nominación y confirmación de un nuevo juez de la Corte Suprema tenía que completarse dentro de la semana que terminaba el viernes 30 de octubre, apenas cuarenta y dos días después de la muerte de la jueza Ginsburg. Y, sin embargo, a finales de septiembre, el presidente ni siquiera tenía un candidato.

El segundo periodo

Ese no fue el único lapso disponible. El otro tuvo que ver con el caso de *Dobbs contra Jackson*, que acababa de llegar a la corte el verano previo al deceso de la jueza Ginsburg. El tribunal aún no lo había aceptado y no había garantía de que lo hiciera. E incluso si así fuera, todo dependía de lo que sucedería con el puesto que dejaría vacante la jueza Ginsburg.

De forma que lo que ahora estaba en juego no era solo el voto decisivo en un futuro caso ante la Corte Suprema, sino el caso en sí. Ambas cosas habían entrado en juego al mismo tiempo. Y cada una pendía de un hilo. Además, es posible que un caso que tenga posibilidades de revertir el veredicto *Roe contra Wade* nunca más sea enviado al tribunal ni recibido por este.

El tercer periodo

Y había otro periodo más, antiguo y espiritual: los diez días de reflexión o reverencia, el lapso de tiempo dado para dejar los pecados, arrepentirse y deshacerlos, hacer bien y volver a Dios. En el mundo judío, una vez transcurridos los diez días, se creía que el espacio se cerraría y el destino quedaría sellado.

Estados Unidos tenía el más pequeña de los periodos para abandonar su pecado y deshacer su maldad. Tuvo la oportunidad de arrepentirse de la sangre de los más de sesenta millones de niños que había derramado y de deshacer su transgresión de cincuenta años. Pero los espacios pronto se cerrarían. Y a juzgar por los acontecimientos que siguieron, el período efectivo del presidente para nombrar a un nuevo juez de la Corte Suprema no fue mucho mayor que el de los diez días de reflexión.

La ventana espacio temporal se abrió el 18 de septiembre con el fallecimiento de la jueza Ginsburg. Era el mismo día o noche dado a una nación para volverse, arrepentirse y revocar el malvado decreto. Ambas cosas comenzaron exactamente el mismo día, exactamente la misma hora y exactamente con la misma puesta de sol.

El día de reflexión del presidente

En 2020, el antiguo tiempo dado para el arrepentimiento llegó a su fin a finales de septiembre, después del cual, según la creencia judía, cada acción era sellada ante el tribunal superior del cielo. Al mismo tiempo, el presidente tenía una oportunidad política y logística para actuar. Sin proponérselo ni darse cuenta de su significado, el día en el que decidió actuar fue uno de los diez sagrados días de reflexión.

El momento parecía extraño. El presidente pondría en marcha su tercera nominación a la Corte Suprema no un día laborable sino el fin de semana. Allí, en el césped de la Casa Blanca, nominaría al Tribunal Supremo a la niña estadounidense del Nilo, la primera en nacer en el periodo de la matanza de niños, Amy Coney Barrett. De esa manera estaría estableciendo el único voto que revocaría el fallo que había derramado la sangre de millones: *la revocación del decreto maligno.*

Fue uno de los actos más trascendentes de su presidencia. ¿Cuándo se pondría en marcha? Se activó en Shabat Shuvá, *el día del regreso.*

De la misma manera en que *shuvá* puede traducirse como "regreso", cambio o "giro", se estableció que en el día del cambio comenzaría realmente la transformación. Shabat Shuvá fue designado para el arrepentimiento y deshacer lo que se había hecho. Así fue que, ese día, una nación puso en marcha su arrepentimiento y la destrucción de lo que había hecho.

Los reinos físico y espiritual

Lo que estaba ocurriendo en el ámbito espiritual en "El regreso", que se celebraba en el National Mall, estaba ocurriendo en el ámbito físico en los jardines de la Casa Blanca. Mientras orábamos en el National Mall pidiendo arrepentimiento y transformación, el presidente estaba en la Casa Blanca tomando una medida que alejaría a Estados Unidos del mal de su pasado.

El hecho de que los dos acontecimientos sucedieran simultáneamente el mismo día no fue resultado de ninguna intención o estrategia humana. El presidente eligió ese sábado 26 de septiembre por razones políticas y logísticas. Una semana antes, ninguna de esas razones y factores existía. Solo surgieron debido a la destitución de una jueza de la Corte Suprema en la Fiesta de las trompetas. Y según el calendario antiguo, lo que comienza con las trompetas está vinculado a lo que sucede en Shabat Shuvah, el día del regreso.

Tras las huellas del misterio

Lo que sucedería en el jardín de la Casa Blanca parecía ser un acontecimiento al azar. Y, sin embargo, todo convergería con "El regreso". Pero este evento se ideó para ese día específico, dos años antes de que sucediera. Así que "El regreso" no seguía los acontecimientos que afectaron a la Corte Suprema y luego a la Casa Blanca. Pero lo que ocurrió en esa corte y luego en el jardín de la Casa Blanca siguió al misterio que se esconde detrás de "El regreso".

La convergencia de los misterios sería aún más profunda y se manifestaría de manera aún más dramática. Todo sucedería en un abrir y cerrar de ojos, y en el antiguo recipiente del poder de Dios.

Capítulo 38

5:04:33

EL TIEMPO ESTABLECIDO para la oración y la intercesión en "El regreso" llegó a su clímax a las *5 de la tarde*. Era el único tiempo en el que sentía una fuerte convicción. Cuando el presidente tomó la decisión de comenzar su nominación a la Corte Suprema el sábado 26 de septiembre, tuvo que decidir en qué hora hacerlo. Eligió las *5 p. m.*

La hora de la convergencia

De este modo, el presidente pondría en marcha su nombramiento más trascendental para la Corte Suprema justo cuando las oraciones y la intercesión de "El regreso" llegaban a su clímax. Así que no era solo que la nominación a la corte y "El regreso" sucederían el mismo día, sino que ambas cosas coincidían a la misma hora de ese día.

Sin embargo, no era solo la hora sino lo que sucedería en el transcurso de esa hora. Cuando "El regreso" estaba en sus etapas de planificación, yo estaba fuertemente convencido de que tenía que culminar con trompetas, con el sonido del shofar.

El sonido de Dios

Así que, al final de la tarde, me quedé contemplando el National Mall con un talit, el chal de oración judío, sobre mi cabeza y un shofar en la mano. Lo haría sonar siete veces mientras el pueblo intercedía por siete propósitos de Dios. Antes de llevármelo a la boca, dije esto:

> En las Escrituras, Dios ordenó la trompeta como instrumento de su poder. Al sonido de la trompeta, triunfaron los ejércitos de Dios. Al sonido de la trompeta, los muros de Jericó cayeron. El enemigo huiría. Se desataba el poder del jubileo. Las bendiciones de Dios brotarían... Esta es una señal de su poder... Vamos a creer en el avance de Dios.[1]

La liberación de su poder

Esto se trataba del despliegue de los propósitos y el poder de Dios. Cuando comencé a hacer los siete toques, no tenía idea en ese momento de que otro evento estaba realizándose cerca en ese preciso instante: la reunión en el jardín de la Casa Blanca que pondría en marcha la anulación de *Roe contra Wade*. Todo sucedía al mismo tiempo: el sonido de las trompetas y la puesta en movimiento.

En la antigüedad y más allá, el sonido del shofar marcaba el comienzo del tiempo de *teshuvá*, la palabra hebrea para cambio y arrepentimiento. Así que ahora, cuando el shofar sonó en Washington, D.C., marcó el comienzo del evento que iniciaría un retroceso con respecto a la sangre de los niños.

El shofar era, por supuesto, también el sonido del jubileo. Así que ahora, en el año jubilar de 2020, ese sonido iba a activar la reversión y la destrucción operadas por el jubileo.

La historia secreta

Detrás de la historia del mundo hay una narrativa secreta, guiada por la mano de Dios. En este caso se develaría en público, ante millones de espectadores. La anulación del caso *Roe contra Wade* estuvo marcada por la mano del Todopoderoso.

El sonido que una vez rompió los muros de Jericó ahora colmaba el área del National Mall. Y los muros que consagraban el aborto en Estados Unidos comenzarían a desmoronarse. Aunque la mayoría no tendría ni idea, la anulación del aborto comenzó con el sonido del arrepentimiento, del jubileo, el sonido del poder de Dios y el de Jericó.

Y había más.

El acto final

El evento en la Casa Blanca se retrasó ligeramente, unos minutos después de las 5 p. m. El presidente caminó entre las columnas de la Casa Blanca hasta el jardín de rosas, donde esperaban los invitados reunidos. A su izquierda estaba Amy Coney Barrett.

Yo había ideado realizar un último acto profético en "El regreso" para concluir: un toque final de trompetas, el toque de varias trompetas a la vez.

En la Biblia, el sonido de la trompeta marcaba no solo los tiempos señalados por Dios sino también los momentos apropiados. Los shofars de Jericó son un ejemplo de ello. Fue en el momento exacto de la explosión del sonido que los muros cayeron. Así también en el Libro del Apocalipsis se muestran siete ángeles tocando siete trompetas. Los toques van acompañados de un evento correspondiente inmediato en los cielos o en la tierra.

El cierre

Anuncié el acto final:

Ahora vamos a cerrar este tiempo sagrado.[2]

Llamé al escenario a los que tocarían las trompetas. Seis hombres con mantos de oración y shofars subieron a la plataforma y se esparcieron por el escenario detrás de mí mientras Kevin Jessip estaba a mi derecha. Les ordené a los reunidos en el National Mall que al sonido de las trompetas debían gritar tal como el pueblo de Israel había gritado al sonido de las trompetas en Jericó, cuando los muros cayeron.

Ese último toque de trompetas sería la culminación de todo lo que se había hecho en "El regreso", cada oración, cada intercesión, cada palabra, cada declaración, cada súplica, cada acto; ahora todo convergería en ese único momento, en ese último estallido y en ese grito.

No se trataba de los shofars, de los que tocaban el shofar ni de mí. Se trataba del poder de Dios. El shofar era solo un símbolo de eso. El sonido final se produciría después de medio siglo de oraciones elevadas por el pueblo de Dios y fusionadas en ese momento.

Miré a los hombres que estaban detrás de mí y les pregunté si estaban preparados. Se pusieron los shofars en la boca y los alzaron listos. Me volteé hacia los que estaban en el Mall, igualmente preparados y esperando el momento.

Ya eran unos minutos más de las cinco de la tarde. Cuando pedí a los hombres con los shofars que subieran al escenario, el presidente acababa de llegar al podio en el jardín de la Casa Blanca, desde donde hablaría. Mientras los reunidos en el National Mall esperaban ansiosamente que sonaran las trompetas, los que estaban en la Casa Blanca esperaban ansiosamente que hablara el presidente.

"¡Vamos!"

Entonces proclamé la declaración final y la oración para cerrar "El regreso" y orar por la liberación del poder de Dios:

> Desde aquí, Señor, mientras cerramos "El regreso" y pedimos el poder de Dios, rogamos que dejes que el sonido de tu poder se oiga en el mundo... en el nombre de Jesús, Yeshúa...[3]

Y luego dije la palabra:

> *¡Vamos!*[4]

Fue en ese instante que el sonido de las trompetas en el escenario se elevó y el grito se alzó entre la multitud reunida en el National Mall. Como está escrito en el Salmo 47:

> Dios el Señor ha ascendido entre gritos de alegría y toques de trompeta [shofar].[5]

Y ese fue el momento.

El momento

En el césped de la Casa Blanca, el presidente estaba de pie frente al podio ante los invitados allí reunidos. Abrió la boca para hablar:

> Me presento hoy ante ustedes para cumplir uno de mis deberes más elevados e importantes.[6]

Ese fue el momento en que comenzó la nominación de quien emitiría el voto decisivo para revocar *Roe contra Wade*. Comenzó en el instante en que el presidente empezó a hablar. Eso alteraría la historia estadounidense.

De modo que, ¿cuándo fue que ocurrió eso?

A las 5:04:33

Dije: "¡Vamos!" y sonaron las trompetas:

Eran las *5:04 p. m. —4 minutos— y 33 segundos.*

Cuando el presidente abrió la boca para activar la revocación de *Roe contra Wade*, eran las *5:04 p. m., ¡4 minutos y 33 segundos, después de las 5!*

El giro, la destrucción del aborto, la alteración de la historia comenzaron en el momento exacto en que las trompetas empezaron a sonar y el grito de la multitud se elevó: *exactamente en el mismo instante.*

La revocación del fallo que convertía el aborto en ley nacional se puso en marcha el 26 de septiembre de 2020, a las cinco en punto, cuatro minutos y treinta y tres segundos al antiguo sonido de Dios, en el mismo momento.

Los momentos exactos e incontables

El presidente se retrasó al iniciar la reunión en la Casa Blanca. Y debido a los aplausos que lo recibieron, la nominación se retrasó un minuto más. "El regreso" también se estaba retrasando. Había más de ciento cincuenta personas que subieron al escenario para hablar, adorar y orar ese día. Si alguno de ellos hubiera continuado un momento más de lo debido o se hubiera detenido un instante antes de lo necesario, o si aquellos que excedieron su tiempo no lo hubieran hecho, o al menos no por el número exacto de segundos que lo hicieron, si no hubiera habido el número preciso de palabras adicionales, notas extras, vocablos no pronunciados, notas no tocadas, pausas, cambios, giros y vueltas como los que hubo, y cada uno de ellos duró exactamente el número de segundos que duraron o ahorró precisamente el número de segundos que ahorraron, la convergencia nunca habría ocurrido.

Fue la confluencia de innumerables factores en la Casa Blanca lo que alteró el momento en que el anuncio del presidente se fusionó con otra confluencia de incontables factores en "El regreso" que hicieron que el sonido de los shofar convergiera con la voz del presidente.

La fusión de los misterios

Y fue la convergencia no solo de los dos eventos sino de todos los misterios, hilos proféticos, piezas de rompecabezas y corrientes en ese momento preciso.

- El misterio del jubileo coincidió con el sonido de las trompetas en el año jubilar de la entrada del aborto en Estados Unidos.

- Estos, a su vez, convergieron con la entrada de la plaga a la tierra en los momentos y lugares exactos en los que el aborto entró a la tierra un jubileo antes.

- Todo esto, a su vez, confluyó con el misterio del Jehú estadounidense, que activó el derrumbe del actual templo de Baal en el jardín de la Casa Blanca mientras sonaban las trompetas.

- Todo ello, al mismo tiempo, coincidía con el misterio de la que nació en medio de la matanza, la niña estadounidense del Nilo, parada al lado del presidente cuando sonaron las trompetas y siendo elevada para cumplir el propósito para el que nació.

- Todo eso, a su vez, se unió con el año de los días santos que comenzaron en la Pascua y ahora se fusionaron en Shabat Shuvá, el día del cambio.

- Todo ello, al mismo tiempo, coincidía con el día santo hebreo del Tribunal Supremo y del juez de esa magistratura, y el día en que una jueza era removida del Tribunal Supremo al sonido de las trompetas, cuando se pronuncian las oraciones para revocar el decreto maligno. Y ahora otro comenzaría a levantarse para llevarla en otro día santo hebreo. La una abandonó su asiento en el patio al son de las trompetas; la otra comenzó a subir al mismo asiento y al mismo sonido: el sonido de trompetas.

- Y todo ello coincidía aun más con el caso que acababa de llegar a la Corte Suprema en el jubileo de *Roe contra Wade*, el caso que fue enviado el 23 de Siván, el día del veredicto que revoca el decreto maligno.

A algunos el jubileo les quita. Pero a otros les trae restauración, regreso y redención. Ahora, al antiguo sonido del jubileo, traería esto último.

———————

Ahora estamos a punto de ensamblar las piezas del rompecabezas para manifestar la clave que desplegará la respuesta. Pero primero, un enigma más: el misterio de las trompetas.

Capítulo 39

El misterio de las trompetas

Y AHORA, UN misterio que conectará la ordenanza jubilar con la ciudad de Jerusalén, con un rabino misterioso, los tiempos señalados de Israel, un barco antiguo, un presidente estadounidense y el momento en que todo se juntó al son de las trompetas.

El jubileo de Jerusalén

Tres años antes de que comenzara el aborto solicitado en suelo estadounidense, hubo un acontecimiento de proporciones bíblicas y proféticas en todo el mundo. Israel, la nación a la que se le dio el jubileo, fue restaurada a la Ciudad Santa de Jerusalén. Sucedió en 1967, el tercer día de la Guerra de los Seis Días. Fue un acontecimiento largamente predicho en la profecía bíblica, un suceso relacionado con los últimos días, incluso necesario para el regreso del Mesías Jesús. También fue un acontecimiento jubilar: el regreso de los propietarios desposeídos a su posesión ancestral.

Sin embargo, en el jubileo, cuando uno regresa a su herencia ancestral, sus derechos legales sobre esa posesión son restaurados. En otras palabras, el regreso recibe pleno reconocimiento legal. Eso nunca sucedió con Israel. El mundo se negó a reconocer su regreso a Jerusalén.

La declaración jubilar

Sin contamos cincuenta años desde aquel regreso en 1967, eso nos lleva al año 2017. Fue en ese año jubilar que vendría la próxima restauración. Y sería a través del presidente estadounidense Donald Trump. Al final de su primer año en el cargo, emitiría la Declaración de Jerusalén. La declaración otorgaba pleno reconocimiento legal al regreso de Israel a su antigua capital. Era la primera vez que un líder mundial importante reconocía la soberanía de Israel sobre Jerusalén, desde la antigüedad.

El rabino jubilar

En el mismo instante en que los soldados israelíes entraron por las puertas de Jerusalén, se pararon en el Monte del Templo y se acercaron al Muro Occidental, el sonido del jubileo se escuchó en toda la antigua ciudad. El rabino Shlomo Goren, un capellán militar israelí, había acompañado a las tropas a través de las puertas de piedra. Y en el momento de regresar, fue dirigido a tocar su shofar.

El rabino Goren nació cincuenta años antes, en 1917, el año de otra restauración jubilar. Fue entonces cuando el imperio británico emitió la Declaración Balfour, entregando la tierra de Israel al pueblo judío como patria nacional.

Por tanto, cuando Goren hizo sonar el shofar en el momento del regreso de Israel a Jerusalén, ese también era su propio año de jubileo. Tenía cincuenta años, exactamente como lo fue el año del jubileo de Amy Barrett cuando votó para revocar el caso *Roe contra Wade*.

El cuerno

En las Escrituras, los nombres —se asignen al nacer o más adelante— a menudo tienen un gran significado. El nombre Abraham significa *padre de muchos*. Eso es exactamente en lo que se convertiría. El nombre Moisés significa *sacar*. Así sacaría a la nación de Israel de Egipto. El nombre Gedeón significa *el que corta*. Así acabaría con los ejércitos de Madián.

El nombre Goren, como dice el rabino Goren, en el idioma del que se originó, significa *cuerno*. Entonces el hombre llamado Horn nació para tocar el cuerno jubilar en el momento jubilar. Y así, el instrumento central en la restauración del jubileo de Israel en Jerusalén fue un hombre que llevaba el nombre del instrumento central del jubileo: *Rabí Horn*.

Trump

El instrumento central en el año jubilar de esa restauración, 2017, fue el presidente Trump. Ahora bien, el nombre Goren significa *cuerno*, pero ¿qué significa el nombre Trump? En inglés significa *trompeta*.

La Biblia Reina Valera, hablando de la trompeta de Dios que sonará en los últimos días, la llama "la final trompeta".[1] De modo que el instrumento central de la restauración del jubileo de 2017 llevó el nombre del instrumento central del jubileo: el Presidente Trump; dos jubileos, dos instrumentos: un rabino cuyo nombre significa *cuerno* y un presidente cuyo nombre significa *trompeta*.

Abrí tales misterios en el libro *El oráculo*. Allí noté que Trump nació un viernes. Y así hubo una Escritura designada desde tiempos pasados para ser leída y proclamada en las sinagogas del mundo. ¿De qué hablaba? Hablaba de la trompeta. El día de su nacimiento, la Escritura mencionada habló de la fabricación, la formación y la preparación de la trompeta que se tocaría para los propósitos de Dios.[2]

La trompeta jubilar

En el año del jubileo, la trompeta se levanta y suena por toda la tierra. En el año jubilar del regreso de Israel a Jerusalén, en 2017, Trump fue exaltado. Fue el año en que comenzó su presidencia. Y a partir de ese momento, la Trompeta [léase Trump] empezó a sonar por todo el país.

En el año del jubileo, cuando suena la trompeta, el propietario recibe posesión de su antigua herencia. Así, en el año jubilar, al emitir la Declaración de Jerusalén, sonó la trompeta y el dueño de Jerusalén, Israel, recibió posesión de su antigua herencia. Pero hay más en ese misterio. El 2017 fue el año jubilar de Israel. Pero 2020 fue el año jubilar para Estados Unidos en lo que respecta al aborto. El jubileo requiere una trompeta. Por tanto, así como en 2017, en 2020 hubo una trompeta —*Trump*— que también resonó por todo el país en relación a la plaga. La presidencia de Trump comenzó en un año jubilar y terminó en otro.

Tres inauguraciones

La presidencia de Trump comenzó con su toma de posesión el 20 de enero de 2017. Su último año como presidente comenzó el 20 de enero de 2020. El 20 de enero de 2020 fue también la inauguración de la plaga, el día en que entró oficialmente en suelo estadounidense. El 20 de enero de 2020 fue también la inauguración del jubileo, el día jubilar de la entrada del aborto en Estados Unidos el 20 de enero de 1970. Así que el día que inauguró el último año de la presidencia de Trump también inauguró el tenebroso jubileo de Estados Unidos.

Las primeras trompetas

El jubileo es el año hebreo de las trompetas; la Fiesta de las trompetas, o Rosh Ha Shannah, es el día hebreo de las trompetas. El 18 de septiembre de 2020, los dos se reunieron al atardecer y la jueza de la Corte Suprema partió de esta tierra. Fue ese sonido de esas trompetas lo que puso en marcha otro sonido, una semana después, en el día del cambio: el sonido de Trump.

El día que Trump sonó

La proclamación de Trump en 2020, el año del jubileo, activaría el regreso y la redención. Cuando subí al escenario el día de "El regreso" y dije: "¡Vamos!" para señalar el sonido de las trompetas, no tenía idea de que también sonaría otra trompeta. Las trompetas sonaron en el National Mall, y en el mismo instante, en el jardín de la Casa Blanca también sonaría otra trompeta, léase Trump.

Y, sin embargo, todo estaba en ese enigma; es más, el sonido de la trompeta —en el año del jubileo— es lo que pone en marcha la inversión, la redención y la restauración. Y eso fue lo que hizo el sonido de Trump, en ese año y ese día, poner en marcha las tres cosas.

Más allá del fin

El año jubilar del aborto que comenzó el 20 de enero de 2020, con la entrada de la plaga, llegaría a su fin un año después, el 20 de enero de 2021. Sería ese mismo día que la presidencia del hombre llamado Trump, como trompeta, también llegaría a su fin.

En el instante en que sonaron las trompetas ese día, coincidieron multitud de acciones, acontecimientos y misterios. Esa coincidencia, a su vez, activaría otra corriente de acontecimientos que despejaría un prototipo antiguo. Dentro de ese modelo se encuentra la respuesta para nuestros tiempos.

Es a esto a lo que nos referiremos ahora.

Novena parte

EL ALTAR ROTO

Capítulo 40

El 24 de junio de 2022

Ocurrió la mañana del viernes 24 de junio de 2022. La Corte Suprema dictó su decisión en el caso *Dobbs contra Jackson*. El fallo no solo confirmó la ley de Mississippi que prohibía el aborto después de quince semanas, sino que anuló el veredicto que había convertido el aborto intencionado en la ley *Roe contra Wade*. Ese último fallo se produjo con una votación de 5 a 4; el voto decisivo fue emitido por Amy Barrett.

La furia

Aunque la filtración del documento de la Corte Suprema el mes anterior había preparado al público para lo que estaba a punto de suceder, la noticia aún causó conmoción en todo el país y en todo el mundo. Los políticos y líderes proaborto denunciaron el suceso y prometieron hacer todo lo que estuviera a su alcance para seguir avanzando con el aborto en Estados Unidos. Manifestantes enojados expresaron su furia tanto en Washington, D.C., como en centros y plazas de ciudades de todo el país.

Los principales medios de comunicación condenaron abrumadoramente la decisión en artículos que la enmarcaban como el descarte de un "derecho constitucional" consagrado.[1] Casi ninguno de los artículos mencionaba el verdadero meollo de la cuestión: el asesinato de un niño no nacido.

Al mismo tiempo, otros se regocijaron. Muchos aplaudieron. Algunos lloraron lágrimas de alegría. Muchos dieron gracias a Dios por la respuesta a años y décadas de oraciones, peticiones y súplicas.

Los medios fueron testigos

Las derivaciones de la decisión fueron inmensas y de largo alcance. El *New York Times* dijo que era

... una decisión que transformará la vida estadounidense [y] remodelará la política de la nación.[2]

Luego citó los dos acontecimientos decisivos que llevaron a la anulación:

... La jueza Ruth Bader Ginsburg murió en septiembre de ese año. Su reemplazo por la jueza Amy Coney Barrett ... cambió la dinámica en la corte.[3]

Al hacerlo, el *Times*, sin saberlo, conectó la anulación de *Roe contra Wade* con los dos días santos hebreos, los dos días de reflexión o reverencia y los dos toques de trompeta. No sería la única alusión de los medios al calendario bíblico. El momento en que ocurrieron los hechos hizo eso inevitable.

"El hito de los 50 años"

Muchos de los artículos que condenaban el veredicto comenzaban señalando cuánto tiempo había pasado desde que se dictó el fallo en *Roe contra Wade*:

El viernes, la Corte Suprema anuló *Roe contra Wade*, una decisión trascendental que destruye el *veredicto histórico de casi 50 años* de legalizado...[4]

El fallo en el caso *Dobbs contra Jackson Women's Health Organization* abandona casi *50 años de precedentes*...[5]

El caso histórico decidido hace casi *50 años* fue anulado...[6]

La Corte Suprema votó a favor de anular *Roe contra Wade*, el caso histórico que defendió el derecho al aborto durante *los últimos 50 años*.[7]

Estaban dando testimonio del lapso de tiempo del jubileo, el año bíblico de reversión y restauración. Y así fue exactamente eso.

Los cuarenta y nueve y cincuenta años

La antigua ordenanza habla tanto de la cuenta regresiva de cuarenta y nueve años como del quincuagésimo año. Así, en los artículos que denunciaban el fin del caso *Roe contra Wade*, aparecían ambos números:

La Corte Suprema de los Estados Unidos revocó la histórica decisión *Roe contra Wade* de hace *49 años*, que legalizó el aborto en todo el país.[8]

…después que la Corte Suprema anuló su decisión *Roe contra Wade* de *hace 50 años…*[9]

El viernes, la Corte Suprema anuló formalmente su histórica decisión *Roe contra Wade* de hace *49 años*, y con ella puso fin a *medio siglo…*[10]

El *quincuagésimo aniversario* de Roe deshizo su promesa.[11]

Tres mil años antes la ordenanza decretó:

Y contarás siete semanas de años, siete veces siete años, de modo que los días de las siete semanas de años vendrán a serte cuarenta y nueve años.[12]

Miles de jubilares

Así como el jubileo trae restauración y redención, el jubileo del aborto trajo ambas cosas, en forma de vida. La mayoría estaría de acuerdo en que una acción que salva una sola vida, que rescata una vida inocente que —de otro modo— habría sido asesinada, es un acto decididamente moral. Entonces, ¿qué pasa con la anulación del caso *Roe contra Wade*?

Según un estudio realizado por una coalición proabortista, solo en los primeros dos meses después de que la Corte Suprema anulara *Roe contra Wade*, se salvaron las vidas de más de diez mil niños.[13] Como en la antigüedad, el año del jubileo trajo restauración y redención, por lo que les dio la vida a miles y miles de niños inocentes.

¿Podría estar relacionado lo que sucedió el 24 de junio de 2022 con un antiguo día de maldiciones rotas?

Capítulo 41

El día de las maldiciones rotas

CUANDO LOS EJÉRCITOS babilonios destruyeron el templo de Dios y la ciudad de Jerusalén, tomaron cautivos a multitudes de los habitantes de esa tierra y los llevaron a Babilonia. El exilio, conocido como cautiverio babilónico, duraría varias décadas y solo llegaría a su fin con la caída de ese imperio y el surgimiento del imperio persa en su lugar. El emperador persa Ciro, emitiría una proclama que permitiría al pueblo judío regresar a su tierra natal y reconstruir el templo de Dios en Jerusalén. El templo era el punto central de Israel y el centro de los propósitos de Dios.

La época de los propósitos frustrados

Cuando las primeras oleadas de exiliados regresaron a Jerusalén, encontraron su ciudad y su templo en ruinas. Así que se propusieron reconstruirlos. Pusieron las primeras piedras del templo, dieron gracias a Dios y adoraron. Pero poco después, surgió la oposición de los samaritanos que también habitaban en esa tierra y detuvieron la reconstrucción.

Con el paso del tiempo, la atención de los que regresaron se desplazó hacia otras cosas: sus casas, sus medios de vida, sus comodidades. Mientras tanto, en la montaña santa, las primeras piedras que habían puesto para construir el templo fueron descuidadas, abandonadas y, a todos los efectos prácticos, olvidadas. Así se frustraron los propósitos de Dios. Los planes de sus enemigos habían prevalecido por un tiempo, el cual se prolongaría por muchos años.

Una maldición sobre la tierra

Entonces Dios les envió al profeta Hageo con una palabra de corrección:

"¿Es para vosotros tiempo, para vosotros, de habitar en vuestras casas artesonadas, y esta casa está desierta? Pues así ha dicho Jehová de los ejércitos: Meditad bien sobre vuestros caminos. Sembráis mucho, y recogéis poco; coméis, y no os saciáis; bebéis, y no quedáis satisfechos; os vestís, y no os calentáis; y el que trabaja a jornal recibe su jornal en saco roto ... Por eso se detuvo de los cielos sobre vosotros la lluvia, y la tierra detuvo sus frutos".[1]

La obstrucción de los propósitos de Dios había traído una maldición sobre la tierra. Maldición que recayó sobre todo, desde la fertilidad de sus campos hasta el éxito de sus planes, esfuerzos y emprendimientos.

El día de las maldiciones rotas

Las palabras del profeta conmovieron al pueblo y lo llevaron a su arrepentimiento. Se propusieron cumplir el encargo que Dios les había dado años antes. Fue ese día que los años de cesación llegaron a su fin. Se reanudaron las obras del templo. El Libro de Hageo revela la fecha en que sucedió:

> Vinieron y trabajaron en la casa del Señor de los ejércitos,
> su Dios, *el día veinticuatro del mes sexto.*[2]

El veinticuatro del sexto mes fue el día decisivo, el punto de inflexión, el día del avance y la victoria, cuando las estrategias del enemigo fueron anuladas; cuando las obstrucciones y la guerra contra los planes de Dios fueron derribadas, y cuando los propósitos de Dios prevalecieron. El día veinticuatro del mes sexto, la maldición sobre la tierra comenzó a desplomarse.

El día veinticuatro del mes sexto

Por supuesto, el calendario de los retornados y aquel mediante el cual Hageo registró el evento era el del antiguo Israel. Pero si lo tradujéramos a un contexto occidental o estadounidense, ¿cuál sería el día veinticuatro del sexto mes? El sexto mes del calendario estadounidense es junio. El día veinticuatro del sexto mes llegaría al 24 de junio. ¿Podría ordenarse nuevamente el día veinticuatro del sexto mes como uno de avance en cuanto a los propósitos de Dios?

El día en que *Roe contra Wade*, el veredicto que convirtió el aborto solicitado en ley, se anuló fue el 24 de junio, el día veinticuatro del sexto mes.

El aborto de los propósitos abortistas

Así, el día veinticuatro del sexto mes se convirtió, para otro pueblo y para otro tiempo, en el punto de inflexión, el día de la victoria y el avance. Y como en la antigüedad, los caminos y las estrategias del mal quedaron anulados. Ese día, aquello que combatió y destruyó los propósitos de Dios encarnados en la vida de un niño se revirtió.

El día que una vez había eliminado la sombra que se cernía sobre la tierra de Israel ahora había eliminado una sombra que se cernía sobre Estados Unidos.

¿Podría ser que, como en la antigüedad, también comenzaría a romper las maldiciones de una nación? Eso estaría por verse. Pero había comenzado la ruptura de una de ellas.

———

Siete meses antes de que la Corte Suprema dictara su sorprendente fallo, me hablaron de una visión.

Capítulo 42

La visión

Después de *El regreso*, comencé a orar sobre el próximo libro que iba a escribir.

El regreso de los dioses

Me instaron a escribir sobre un misterio que se originó en los dioses antiguos y que se relaciona con los poderes y espíritus que, según la Biblia, se ocultan detrás de ellos. Escribí sobre la antigua advertencia en contra de abrir la puerta al regreso de ellos. El libro revela que la puerta se ha abierto, los principados han regresado y que su funcionamiento está detrás de las transformaciones que está atravesando nuestra cultura. La revelación se convertiría en *El regreso de los dioses*.

Fue en un servicio de adoración, un viernes por la noche a principios de noviembre de 2021, que le pedí por primera vez al pueblo de Beth Israel que oraran por el libro mientras me preparaba para comenzar a escribirlo. También fue el primer anuncio de la existencia del libro. Aunque no di detalles sobre qué se trataría, uno de los que estaban en el servicio esa noche ya lo sabía. Algo extraño le había sucedido esa mañana.

Una visión nocturna

Uno de mis ministros asociados, un hombre humilde y piadoso, tenía algo que decirme. El día que iba a anunciar el nuevo libro, lo despertaron a las tres de la mañana. Algo poderoso se estaba agitando en su espíritu.

Así que se levantó de la cama, se vistió, subió a su coche y se dirigió a un estacionamiento cercano. Allí sacó su celular, activó la función de grabación y comenzó a poner voz a lo que le había sobrevenido. Nunca antes se me había acercado con algo como eso. No era propio de él hacerlo. Pero en el momento en que se le ocurrió, supo que tenía que decírmelo.

Los altares

Me vio de pie en medio de un paisaje árido, apartado de su vista. Ante mí había enormes objetos de piedra color gris claro y marrón. Sus cimas eran planas y anchas. Descansaban sobre grandes bases de roca o pedestales. Él sabía que estaba viendo unos altares antiguos, objetos de adoración y sacrificio a los dioses.

La ruptura

Entonces oyó una voz que me ordenaba hablar o profetizar a los altares, para proclamarles una palabra de Dios. Levanté la mano y señalé hacia los altares, abrí la boca y hablé. Cuando terminé de dar la palabra, comenzaron a aparecer grietas en la parte superior de los altares. Luego se partieron en dos, un lado cayó hacia la derecha y el otro hacia la izquierda. Figuras tenebrosas y sombrías comenzaron a emerger de los altares rotos: espíritus, principados, dioses y entidades demoníacas saliendo. Luego vio aguas que caían del cielo.

Interpretación de la visión

En cuanto al significado de la visión, estaba desconcertado. Pensó en el antiguo Israel, que se había apartado de Dios y que había erigido altares para ofrecer sus sacrificios a los dioses. Sabía que tenía que ver con lo que estaba sucediendo ahora en Estados Unidos y en todo el mundo.

Él no tenía idea de que yo acababa de empezar a escribir un libro que hablaría de los dioses y sus altares. En efecto, uno de los últimos capítulos del libro se titularía "Los altares de los dioses".

Y no tenía idea de que la visión que me describió predecía lo que sucedería dentro de siete meses.

¿Podría una Escritura que se me apareció mientras esperaba un avión, en la puerta del aeropuerto, y un hombre llamado Finees proporcionar la clave faltante del destino de una plaga?

Capítulo 43

El factor Finees

Estaba en un aeropuerto de Chattanooga, Tennessee, cuando escuché la noticia. Me dirigía al control de seguridad de camino a tomar mi vuelo cuando escuché la voz de un hombre a lo lejos, detrás de mí. "¡Espera! ¡Espera!". Era el hombre que me había llevado al aeropuerto. "¡Tienes que ver esto!", levantó su teléfono celular. "Es de mi esposa". Era un mensaje de texto que ella acababa de enviarle. Él leyó: "¡*Roe contra Wade* fue anulado!".

Mientras pasaba por el control de seguridad hacia la puerta, reflexioné sobre la noticia. Aunque se esperaba desde hacía más de un mes, seguía siendo impresionante. Mientras esperaba mi vuelo, saqué mi celular y presioné el botón de encendido. Un pasaje de la Escritura apareció en la pantalla.

Sus hijos y sus hijas

Me tomó un instante percatarme de cómo había llegado a mi teléfono. Fue debido a una búsqueda en la web que había hecho anteriormente mientras escribía *El regreso de los dioses*. Aun así, el motivo por el que apareció en ese momento seguía siendo un misterio. Era una sección del Salmo 106, comenzando con el versículo 35:

> Antes se mezclaron con las naciones, y aprendieron sus obras, y sirvieron a sus ídolos, los cuales fueron causa de su ruina. Sacrificaron sus hijos y sus hijas a los demonios, y derramaron la sangre inocente, la sangre de sus hijos y de sus hijas, que ofrecieron en sacrificio a los ídolos de Canaán, y la tierra fue contaminada con sangre.[1]

Esa era la acusación de una nación que había abandonado a Dios y ahora estaba sacrificando a sus hijos e hijas en los altares de los dioses. Hablaba del antiguo Israel, pero las palabras representaban una acusación contra Estados Unidos. El hecho de que hubiera aparecido justo en mi teléfono móvil después de escuchar la noticia fue aún más sorprendente.

Finees y la plaga

Mientras desplazaba la pantalla hacia arriba para ver el contexto de las palabras, encontré otro pasaje que relata la aceptación de otros dioses por parte de Israel:

> Se unieron asimismo a Baal-peor, y comieron los sacrificios de los muertos. Provocaron la ira de Dios con sus obras, y se desarrolló la mortandad entre ellos. Entonces se levantó Finees e hizo juicio, y se detuvo la plaga.[2]

Baal Peor estaba relacionado con el sacrificio de niños.

Ellos se apartaron de Dios para adorar al dios del sacrificio de niños, y *estalló una plaga entre ellos*. Pensé en el COVID, la plaga que había caído sobre Estados Unidos.

Finees era un sacerdote en la época del Éxodo, un hombre celoso de los caminos de Dios. Como resultado de la apostasía de su nación, estalló una plaga entre los israelitas. Finees intervino para detener la apostasía. Gracias a su acto de justicia, la plaga fue levantada.

El tribunal y la pestilencia

En el veredicto dictado el 24 de junio de 2022, la mayoría de los magistrados de la Corte Suprema también intentaban hacer retroceder el pecado de la nación. Su acto, como el de Finees, fue justo y también conduciría a salvar vidas.

Cuando las palabras sobre la apostasía de una nación (sacrificio de niños, la llegada de una plaga, un acto de justicia y el levantamiento de la plaga) aparecieron en mi teléfono celular esa mañana, me pregunté si la decisión del tribunal podría estar relacionada con una merma de la situación de la plaga que se había apoderado de Estados Unidos. En vista de la multitud de conexiones entre el aborto y la plaga, parecería deducirse que si se revierte el aborto, también podría ocurrir lo mismo con la plaga.

El papel de Alito

En enero de 2022, la plaga comenzaría su tercer año en suelo estadounidense. La plaga estaba arrasando, tan potente y mortífera como siempre. De hecho, desde principios de mes, fue ganando fuerza e impulso. A finales del mes, el número de muertes semanales casi había duplicado lo que había sido al principio. El número total de vidas estadounidenses que se llevó la plaga en enero superó las setenta mil.[3] No se vislumbraba un final.

La Corte Suprema escuchó el caso *Dobbs contra Jackson* el 1 de diciembre de 2021. El hombre al que se le encomendó la tarea de redactar la opinión mayoritaria y el fallo por el cual se anularía *Roe contra Wade* fue el juez Samuel Alito. Es un procedimiento estándar que una vez terminado un documento, se haga circular de forma confidencial entre los jueces de la Corte Suprema.

Alito había estado trabajando en el caso durante todo el mes de enero de 2022, el mismo mes en el que el impacto de la plaga se extendió por todo Estados Unidos. El documento se completó a principios de febrero y circuló el 10 de ese mismo mes. Fue la primera aparición de la opinión y del veredicto que pondría fin a *Roe contra Wade*. Fue una obra importante de 98 páginas, 118 notas a pie de página y un apéndice de 31 páginas.

La pregunta

Así que la pregunta: si el fallo de la Corte Suprema en forma del documento del juez Alito representó la reversión del pecado de una nación, ¿podría también, como lo hizo la intervención de Finees, conducir a la disminución de la plaga? ¿Hubo alguna señal de cambio, de giro? ¿Hubo alguna disminución de la plaga?

Lo hubo. Y el cambio sería repentino y dramático. En enero de 2022, la tasa de infección de la peste era más alta que nunca desde que entró por primera vez en el país. De hecho, el número de estadounidenses infectados fue tan alto en enero que constituyó un pico más de tres veces mayor que cualquier otro pico en la época de la plaga en suelo estadounidense.[4]

Y entonces sucedió algo.

El desplome

En enero de 2022, el juez Alito trabajó en la redacción del documento sobre el veredicto que anularía a *Roe contra Wade,* lo que constituiría el primer gran retroceso del aborto a nivel nacional en Estados Unidos. La tasa de infección de la peste había alcanzado su punto máximo con 5.650.933 estadounidenses afectados en una semana. En comparación, cuando Estados Unidos superó a China para convertirse en el epicentro mundial del virus, lo hizo con menos de 200.000 casos.

Fue entonces cuando se produjo un cambio dramático y repentino. El número de afectados por la peste empezó a descender repentinamente. Cada semana se produjo otra caída dramática. El descenso fue tan dramático que en la primera quincena de febrero, cuando el artículo de Alito estuvo terminado y luego circuló en la Corte Suprema, la tasa de infección de la peste se había desplomado a casi una octava parte de lo que había estado en enero.[5]

"Y la plaga fue detenida"

La plaga había disminuido.

Y fue más que eso. No solo se había reducido, en forma dramática, la tasa de infecciones por la peste, sino que sus niveles considerablemente caídos continuarían durante la primavera, hasta el verano cuando se anunció la decisión de la Corte Suprema, hasta el otoño y el invierno, y hasta el año siguiente. Eso representó el descenso más pronunciado, sustancial y sostenido de la plaga desde que entró al país en enero de 2020. No tuvo precedentes.

El Finees americano

El juez Alito había sido el Finees estadounidense. Hemos señalado lo esencial de la respiración con respecto a la plaga. El pecado de la nación le había quitado el primer aliento a sus hijos no nacidos antes de que pudieran aspirarlo. Cincuenta años después llegó la plaga que les quitó el aliento a los ancianos. Tanto el pecado como la plaga estaban relacionados con la respiración. Alito trató de hacer retroceder el pecado y, con ello, hizo retroceder la plaga. El nombre Alito significa *aliento.*

Samuel

La decisión que redactó Alito representaría la respuesta a las oraciones de cincuenta años. La respuesta llevaría su nombre. Su nombre ocuparía un lugar destacado en el veredicto. Su nombre, Samuel, es hebreo. Viene de la Biblia. Samuel significa *Dios ha oído.*

Como en las Escrituras que aparecieron en mi teléfono celular la mañana del veredicto, como en los días en que Finees intervino contra el pecado de su nación, hubo una intervención con respecto al pecado de Estados Unidos. El mal había sido revertido. Y la plaga había disminuido. Sin embargo, había otro aspecto de la desaparición de la plaga y su misterio.

Capítulo 44

El crepúsculo jubilar

Subyacente a la entrada de la plaga en Estados Unidos estaba el antiguo misterio del jubileo. El día del paciente cero se cumplieron cincuenta años del día exacto en que se introdujo el aborto en la legislatura de Nueva York. *El día en que todo cambió*, cuando todo el peso de la plaga cayó sobre la nación, se cumplieron cincuenta años del día exacto en que se legalizó por primera vez el aborto en el país. Hemos visto correlación tras correlación, partido tras partido, año tras año, mes tras mes, día a día, evento a evento.

¿Qué pasa, entonces, con el final?

El marcador

En el caso de la entrada y establecimiento del aborto en Estados Unidos, el evento concluyente o de cierre fue, por supuesto, la sentencia de la Corte Suprema en *Roe contra Wade*. El veredicto se dictó el 22 de enero de 1973.

Cincuenta años después nos lleva al 22 de enero de 2023. Ese sería el jubileo de *Roe*. Pero no fue el comienzo de su año jubilar, sino el final.

El quincuagésimo año de *Roe contra Wade*, su año jubilar, comenzaría el 22 de enero de 2022. Esa fecha fue el marcador.

¿Sucedió algo significativo al respecto?

La respuesta es sí. Ya hemos visto una parte. El jubileo deshace lo hecho. A medida que se acercaba el año jubilar de *Roe*, el juez Alito estaba preparando el documento que representaría la ruina de *Roe contra Wade*. El año jubilar comenzó a finales de enero. Así que fue a finales de ese mes cuando Alito se acercó a la finalización del artículo. A medida que se acercaba el año jubilar del caso *Roe contra Wade*, también se aproximaba el veredicto que lo anularía.

La partida de la plaga

Sin embargo, sucedió algo más. En enero de 2022 no solo se disparó la *tasa de infección* por la peste, sino también fue uno de los picos más altos de la historia en el *número de muertes*. A finales de mes, su número semanal de muertes había llegado a 21.338.[1]

Y entonces todo cambió. La cifra de muertos por la plaga revirtió su impulso y comenzó a caer. Dos semanas después de esa reversión, había caído a 18.775. La semana siguiente se precipitó a 15.332. La semana siguiente, cayó a 11.570. La semana siguiente, había caído a 8.295. La subsiguiente, a 6.050. La otra siguiente, había caído a 4.407. Y la semana siguiente, a 3.128.[2]

En solo dos meses, el número de muertos por la peste había pasado de 21.388 a 3.128. ¡El desplome en el número de fallecidos fue tan dramático que ahora era poco más del *14 % de lo que había sido a finales de enero!*

¿Qué sucedió para que la plaga se revirtiera?

Ya hemos visto lo que pasó en el Tribunal Supremo. Pero también ocurrió algo más.

El 22 de enero de 2022

El jubileo de *Roe contra Wade* comenzó a finales de enero de 2022. El momento en que la plaga revirtió su impulso fue a fines de enero de 2022. Entonces, con el jubileo de *Roe contra Wade*, la plaga comenzó a disminuir. Fue entonces cuando no solo empezó a levantarse sino que continuó haciéndolo. El comienzo del jubileo marcó el inicio del partida de la plaga.

Sin embargo, había más. El Centro Nacional de Estadísticas de Salud de los Centros para el Control de Enfermedades da una fecha que marca el pico en el número de muertes de enero y el comienzo del descenso de la plaga.

Eso marca el final del pico y el comienzo de su recuperación para la semana que termina *el 22 de enero de 2022.*

El 22 de enero de 2022 es el día exacto en que comienza el quincuagésimo año de Roe contra Wade: ¡el día que marca el inicio del jubileo!

Entonces la muerte traída por la plaga comenzó a retroceder, a descender, a hundirse y luego a irse, *en el día exacto en que comenzó el jubileo de Roe contra Wade!*

El fin del jubileo

El año jubilar que se inauguró el 22 de enero de 2022 y que marcó el comienzo de la salida de la plaga también vería la anulación de *Roe contra Wade*. Ocurriría cinco meses más tarde. Siete meses después del vuelco llegó el final del año jubilar, el quincuagésimo aniversario de *Roe contra Wade*. Apenas ocho días después del cincuentenario de *Roe* y de la finalización de su año jubilar, el presidente hizo un anuncio. Pondría fin al estado de emergencia declarado por el presidente Trump tres años antes, el 13 de marzo de 2020. Para evitar perturbaciones repentinas, habría un período de transición y desahogo. Para todos los efectos, el estado de emergencia nacional iniciado por la peste mortal había terminado.

Un presidente había declarado el inicio de la emergencia a pocos días del jubileo de la entrada del aborto en suelo estadounidense. El otro presidente declaró el fin de la emergencia a pocos días del jubileo de *Roe contra Wade*. Era el final del jubileo y del período de tres años de la plaga y la emergencia nacional, los tres años que habían sido paralelos a los tres años del pecado más tenebroso de la nación cincuenta años antes.

El periodo jubilar que había comenzado con la muerte en forma de plaga había terminado con la revocación de la muerte. El jubileo había traído muerte. Ahora trajo vida. Había quitado vida, pero ahora la había devuelto.

A continuación descubriremos la clave a la que nos han llevado los misterios. Todo estaba ahí en la visión, pero no me di cuenta en ese momento. Será esta llave la que abrirá la puerta final.

Capítulo 45

El altar roto

Es UNO DE los símbolos bíblicos más poderosos y significativos. Aparece a lo largo de las Escrituras y ha servido para señalar la transformación de culturas y civilizaciones. Ahora sellará los misterios que hemos abierto hasta aquí y nos proporcionará la llave para abrir la última puerta y las revelaciones que contiene.

Es la señal del altar roto.

Los altares de la Tierra Prometida

Cuando los israelitas entraron a la Tierra Prometida, esta estaba llena de altares. Se les advirtió que no tuvieran nada que ver con los altares, los dioses e ídolos, los ritos y rituales de los cananeos. Se les dijo:

> Derribaréis sus altares, y quebraréis sus estatuas...[1]

Debían derribar los altares de la tierra y dejarlos inoperables. Y así su entrada a la tierra estaría marcada por la señal del altar roto.

Altares de apostasía y regreso

Más tarde, cuando la nación se alejó de Dios, los altares de los dioses aparecieron otra vez y proliferaron por toda la tierra. Nuevamente, los niños fueron elevados sobre sus losas como sacrificios a los dioses. La diferencia era que ahora los niños sacrificados y los padres que los sacrificaban eran israelitas.

Sin embargo, la historia de Israel también vería tiempos de arrepentimiento nacional, reforma, avivamiento y regreso a Dios. Estos estarían marcados por el abandono de los dioses y la destrucción de sus altares.

El altar roto aparece en la historia del héroe bíblico Gedeón. También se puede ver en las reformas de los reyes justos Asa y Ezequías.

Está implícito en el relato de un rey con el que ya nos hemos topado: Jehú. Aparece también en el relato de los macabeos, en el que los altares rotos fueron centrales en lo que se conocería como *Janucá*.

El manuscrito

A principios del verano de 2022, estaba hablando en una conferencia en Tennessee. Le dije a mi anfitrión que creía que estaría completando *El regreso de los dioses* esa misma noche en mi habitación del hotel. Como era su cumpleaños, me dijo que se sentía honrado por el momento. Pero no pude terminarlo como lo había planeado. Lo finalicé a la mañana siguiente. Luego me dirigí al aeropuerto para regresar a Nueva Jersey y participar en el servicio de adoración del viernes por la noche en Beth Israel.

Mi conductor me acompañó al aeropuerto para asegurarse de que no hubiera problemas. Nos despedimos y me dirigí a la puerta. Fue entonces cuando escuché las palabras "¡Espera! ¡Espera!". Fue en ese momento que escucharía la noticia.

La visión cumplida

El regreso de los dioses terminó la mañana del 24 de junio de 2022. El día en que la Corte Suprema anuló *Roe contra Wade*. Recordé la visión que compartieron conmigo. Me dijeron que hablara a los altares de los dioses. Cuando terminé de pronunciar la palabra, los altares comenzaron a romperse. Esa mañana, había terminado de comunicar la noticia sobre los dioses y sus altares. Y mientras lo hacía, algo se había roto, algo colosal.

Y esa sería la clave.

El altar tenebroso e imponente

Lo que se rompió el 24 de junio de 2022 no fue simplemente un veredicto de la Corte Suprema ni siquiera una industria o institución. Era un *altar*.

Como el altar era un instrumento sobre el cual se ofrece vida y se derrama sangre, no había ningún otro en la civilización estadounidense tan descarado y colosal como el del aborto. Ninguna otra institución estadounidense había derramado jamás una fracción de la sangre vertida por el aborto. Era el altar tenebroso e imponente de la civilización estadounidense, la losa titánica sobre la cual la nación había sacrificado a más de sesenta millones de sus habitantes más inocentes e indefensos.

El 24 de junio de 2022, el imponente altar de Estados Unidos se abrió de golpe. Fue algo sin precedentes. Era una señal antigua, una advertencia bíblica, la señal que había aparecido una y otra vez en la historia de Israel desde los días de Josué hasta los de los macabeos. Pero ahora se estaba manifestando en Estados Unidos, en el escenario nacional, a una escala colosal.

El 24 de junio de 2022 fue el día del altar roto.

Altares rotos en la tierra

La contraparte más directa y concreta del antiguo altar del sacrificio es la clínica, instalación o quirófano de abortos de hoy en día. A raíz de la decisión de la Corte Suprema, muchos de esos altares comenzaron a cerrar en todo el país. Lo que les sucedió fue lo que les aconteció a los antiguos altares de sacrificio para niños en los días del arrepentimiento de Israel: quedaron inoperables. Eran los altares rotos de la era moderna.

Todo lo que hemos visto hasta ahora (todos los misterios, señales, paralelos, coincidencias, prototipos y paradigmas, los días señalados, las reuniones sagradas, los símbolos, las trompetas) conducía a una antigua advertencia bíblica: la señal del altar roto.

No obstante, si el altar roto es una señal, ¿de qué lo es? ¿Qué es lo que revela? ¿Es la llave que se nos ha dado en esta hora? ¿Y podría contener un secreto, la respuesta, lo que necesitamos saber con respecto a los días venideros?

Una señal de esperanza

¿Qué representó el altar roto para el antiguo Israel? El hecho de que existiera, en primer lugar, fue el testimonio de la caída de una nación, una que había conocido a Dios pero que ahora se había vuelto hacia otros dioses. Sin embargo, el hecho de que ahora se hubiera roto implicaba esperanza, una oportunidad para regresar.

Así, la señal del altar roto en Estados Unidos ahora da testimonio de una nación que, de la misma manera, una vez conoció a Dios y también se había apartado de sus caminos. Sin esa partida, Estados Unidos y, de hecho, las naciones de Occidente nunca podrían haber legalizado el acto del aborto, y mucho menos haberlo celebrado. Pero la ruptura del altar de Estados Unidos fue una señal de que a la nación se le estaba dando la oportunidad de regresar.

Un signo de avivamiento

De modo que la aparición del altar roto señala el comienzo, la esperanza y la oportunidad de un cambio de civilización, una transformación cultural, un arrepentimiento, una reforma y una renovación nacionales, el derrocamiento de poderes, la limpieza del pecado y del mal, y el regreso y la consagración de una nación a Dios.

Cuando uno piensa en un avivamiento espiritual en el contexto de la cultura estadounidense, podría imaginarse un servicio religioso, una campaña evangelística o una reunión en una carpa. Pero la señal bíblica de avivamiento es el altar roto. Y ahora, con el derrocamiento del aborto, apareció el altar roto.

El poder de si

¿Verá Estados Unidos un renacimiento, un retorno y una restauración nacional? Su futuro depende de ello. Esa es la cuestión de la que depende el futuro de Estados Unidos y que determinará si ese porvenir será de juicio o de redención. Se ha dado la oportunidad. La ventana se ha abierto.

Cuál de estos futuros se materializará depende de la respuesta de la nación al llamado de Dios. Más específicamente, depende de la respuesta del pueblo de Dios. Y, como dice en la promesa de 2 Crónicas 7:14, "Si mi pueblo que lleva mi nombre…", ello depende de la palabra *si*.

A la respuesta

¿Podría el altar roto ser una señal de Dios para abrir una respuesta elegida para nuestros tiempos? Aquí es donde entra en juego la última clave. Hay más en la señal del altar roto. Esta tiene la clave no solo para Estados Unidos sino para todos los que busquen seguir los caminos de Dios y llevar una vida de rectitud sin importar qué camino decida seguir la nación estadounidense o cualquier otra, sin importar dónde o cuándo, ni cuál sea el futuro que pueda sostener.

La última clave abrirá la respuesta para la era actual y lo que está por venir.

Esa clave se puede resumir en una palabra…

Capítulo 46

Josías

LA SEÑAL DEL altar roto apunta a un nombre más que a cualquier otro: Josías. Ningún otro nombre está tan relacionado con ella. Es él quien abrirá la revelación, la respuesta, el modelo, el prototipo y el manifiesto para nuestro tiempo.

Porque si estos son los días del altar roto, entonces estos son los días de Josías. Estamos viviendo la hora de Josías, el momento de Josías. Por lo tanto, para abrir la revelación, debemos hacernos la primera pregunta: ¿Quién es Josías?

Un buscador de Dios

Josías nació en el linaje real del reino de Judá, descendiente del rey David, bisnieto del justo rey Ezequías, nieto del malvado monarca Manasés e hijo de otro soberano malvado, Amón. Tras el asesinato de su padre, Josías —a la edad de ocho años— ascendió al trono de Judá. De acuerdo a 2 Crónicas, cuando Josías tenía unos dieciséis años, *comenzó a buscar al Dios de su padre David*.[1] A la edad de veintiséis años, se embarcó en una campaña para reparar y restaurar el templo de Jerusalén. Durante los trabajos de restauración se encontró un Libro de la Ley. Aunque el libro no tenía nombre, parece haber sido un pergamino de los libros de Moisés, siendo el candidato más probable el Libro de Deuteronomio. Es en Deuteronomio que se advirtió a Israel de la apostasía y del juicio que invocaría.

Todo su corazón y su alma

Cuando le leyeron el libro a Josías, este rasgó sus vestiduras y lloró. Luego convocó a una reunión de los líderes, ancianos, sacerdotes y profetas de la nación en el templo de Jerusalén, a "la nación entera, desde el más pequeño hasta el más grande".[2] Allí les leyó las palabras del libro.

Después se puso de pie junto a la columna del rey y en presencia del Señor renovó el pacto. Se comprometió a seguir al Señor y a cumplir, de todo corazón y con toda el alma, sus mandamientos, estatutos y mandatos, reafirmando así las palabras del pacto escritas en este libro. Y todo el pueblo confirmó el pacto.[3]

Contra los dioses

Luego Josías se propuso limpiar su nación del paganismo. La limpieza comenzó allí, en el propio templo:

Entonces mandó el rey al sumo sacerdote Hilcías, a los sacerdotes de segundo orden, y a los guardianes de la puerta, que sacasen del templo de Jehová todos los utensilios que habían sido hechos para Baal, para Asera y para todo el ejército de los cielos; y los quemó fuera de Jerusalén en el campo del Cedrón, e hizo llevar las cenizas de ellos a Bet-el.[4]

La caída de la nación de Dios y su adoración a dioses extranjeros fue tan generalizada que incluso se había infiltrado en el templo de Dios. Por eso Josías quitó los ídolos del santuario y los destruyó.

Las reformas de Josías no se limitaron a la ciudad de Jerusalén sino que afectaron a todas las ciudades y tierras de su reino. Él

…profanó los lugares altos donde los sacerdotes quemaban incienso, desde Geba hasta Beerseba.[5]

El destructor de altares

Josías no solo limpió la tierra de ídolos sino que derribó los altares en los que su pueblo sacrificaba a los dioses.

Y derribaron delante de él los altares de los baales, e hizo pedazos las imágenes del sol, que estaban puestas encima; despedazó también las imágenes de Asera, las esculturas y estatuas fundidas, y las desmenuzó.[6]

Sus reformas tampoco se limitaron a los límites de su reino, sino que se extendieron a Samaria hasta el remanente del reino del norte de Israel:

> Josías eliminó todos los altares paganos que los reyes de Israel habían construido en las ciudades de Samaria...[7]

Agitador del establishment

Josías sacudió el *establishment* de su cultura. Derribó lo que esta había considerado sagrado. Tal fue la intensidad y la profundidad de su campaña que derribó y destruyó incluso los altares, ídolos, santuarios y lugares altos que habían estado en la tierra por siglos, habiendo sido erigido o permitido por los reyes que lo habían precedido, incluso los altares de su abuelo Manasés:

> Además, el rey derribó los altares que los reyes de Judá habían erigido en la azotea de la sala de Acaz; también los que Manasés había erigido en los dos atrios del Templo del Señor. Los hizo pedazos.[8]

Incluso demolió los altos santuarios paganos de trescientos años de antigüedad construidos por el rey Salomón:

> Asimismo profanó el rey los lugares altos que estaban delante de Jerusalén, a la mano derecha del monte de la destrucción, los cuales Salomón rey de Israel había edificado a Astoret ídolo abominable de los sidonios, a Quemos ídolo abominable de Moab, y a Milcom ídolo abominable de los hijos de Amón.[9]

El libertador de los niños

Josías derribó los altares de Baal. Profanó los altares de Astoret, la encarnación cananea de Ishtar, diosa del libertinaje sexual. Profanó los altares de Quemos y Moloc, los dioses de las tierras vecinas, en cuyos altares corría la sangre de los niños.

El derrocamiento del aborto en Estados Unidos no implicó simplemente la destrucción de un altar, sino la ruina de un altar sobre el que corría la sangre de los niños. Es Josías quien, más que cualquier otra figura histórica, está específicamente relacionado con el derribo de esos altares. La conexión sería aún más profunda.

El destructor de Hinom

Josías sabía que su nación nunca podría ser redimida si no limpiaba el sitio principal de sus prácticas más horribles: el terreno impío de los altares, fuegos, ídolos, cenizas y sangre de niños de la nación: el Valle de Hinom. Por eso:

> profanó a Tofet, que está en el valle del hijo de Hinom, para que ninguno pasase su hijo o su hija por fuego a Moloc.[10]

Josías destruyó los altares de Hinom volviéndolos ritualmente impuros y, por tanto, inoperables. *Roe contra Wade* fue el altar principal del valle de Hinom estadounidense. Cuando la Corte Suprema lo anuló el 24 de junio de 2022, lo dejó inoperable. Fue el acto de Josías en Estados Unidos de América.

El despertar de Josías

¿Qué pasó con la nación de Josías después de sus actos? ¿Provocaron sus reformas un cambio real? ¿Alteraron la dirección y el rumbo de la nación? ¿Evitaron el juicio del cual se había advertido a la nación?

La respuesta no es sencilla. Los actos de Josías sí impactaron a su nación y alteraron su curso. Produjo un regreso a Dios, un avivamiento. Está registrado que el pueblo siguió los caminos de Dios todos los días de su reinado. Y durante aquellos días la nación fue bendecida. Y evitó el juicio... *por un tiempo*.

Sin embargo, al final de su reinado, la nación reanudó su apostasía. Incluso los hijos de Josías que reinaron en su lugar se apartaron de los caminos de Dios y llevaron a la nación a hacer lo mismo. Mientras Josías vivió, ningún juicio cayó sobre su tierra. Y así, la vida y los actos de un hombre justo impidieron el juicio de toda una nación. Eso, en sí mismo, representaba algo colosal.

La sombra del juicio

No obstante tras su muerte, comenzó el juicio. Menos de veinticinco años después, los ejércitos de Babilonia traspasaron los muros de Jerusalén. El templo fue arrasado, la ciudad quedó en ruinas y el reino fue borrado de la faz de la tierra.

El reinado de Josías se manifestó en el contexto del juicio. El alcance y la magnitud de sus reformas revelan las profundidades a las que había descendido su nación. Fue durante su reinado que el lloroso profeta del juicio, Jeremías, comenzó a anunciar sus profecías. La sangre de los niños ya derramada sobre los altares de Hinom y los lugares altos sería respondida. Al mismo tiempo, si la nación hubiera seguido los caminos de Josías después de su muerte, ¿se habría podido evitar esa destrucción? Nunca lo sabremos.

El futuro de Estados Unidos

¿Qué pasa con Estados Unidos? ¿Podría el contexto del altar roto ser, como lo fue en los días de Josías, una señal dada en el marco del juicio venidero? ¿Podría el altar roto de *Roe contra Wade* representar el último paso hacia la justicia por parte de una nación caída en camino a la destrucción?

Desde mi primer libro, *El presagio*, he escrito sobre las señales, advertencias y augurios de juicio que aparecieron en los últimos días del antiguo Israel, justo antes de su destrucción. He advertido que esos mismos presagios se están manifestando ahora en territorio estadounidense.

Los reinos de Israel y Judá fueron destruidos debido a la sangre de miles. Las manos de Estados Unidos están cubiertas con la sangre de millones. La apostasía de la nación se está acelerando. Su guerra contra Dios se está profundizando. Según todas las medidas bíblicas, es una nación bajo juicio y que se dirige hacia la calamidad. La señal del altar roto es congruente con el pronóstico. Y así como sucedió en los últimos días del antiguo Israel, el momento de Josías en Estados Unidos conlleva una severa advertencia.

La señal de Josías

Al mismo tiempo, la manifestación del altar roto implica una esperanza. En el caso antiguo, detuvo el juicio de una nación. Le dio a un reino caído una última oportunidad de regresar. Si el arrepentimiento y el regreso de esa nación hubieran sido duraderos, el juicio tal vez nunca hubiera caído.

¿Qué pasará entonces con Estados Unidos? ¿Es su caída tan grande, sus pecados tan graves y el número de inocentes asesinados tan inmenso que su juicio está determinado? ¿O hay esperanza de evitarlo o, si no eso, al menos frenarlo?

La señal de Josías contiene tanto esperanza como advertencia. Se da en el contexto del juicio y, sin embargo, da esperanza en medio de ese ámbito.

El momento Josías

Que tales cosas puedan, en este momento, retrasarse o retroceder dependerá, como mínimo, de cómo responda la nación a la oportunidad que se le brinde. Ya sea que la aproveche para alejarse de sus pecados y regresar a Dios o la rechace, ya sea que se dirija a la vida y la restauración o a la muerte y el juicio, el tiempo lo dirá.

Sin embargo, cuando una nación —o una cultura— no aprovecha la oportunidad que Dios le da, las cosas empeoran, desciende y su descenso se acelera. Es, en cualquier caso, un momento decisivo. Y es, en cualquier caso, el momento Josías de Estados Unidos.

Esa es la elección que enfrenta Estados Unidos y cualquier nación así llamada por Dios. Pero hay otra opción: la que enfrenta cada individuo y, en particular, cada creyente, cada hijo de Dios. Es la elección requerida por el llamado de Dios. Independientemente de la edad o el lugar, las circunstancias, la cultura o la civilización en la que uno viva, cada quien es responsable de responder a ese llamado. El llamado de Dios es sin condiciones.

En cada época y país, en todo momento y circunstancia, hay un llamado. Y para cada generación del pueblo de Dios, hay un camino, una senda y una respuesta. A la luz del rumbo actual que están tomando Estados Unidos, Occidente y gran parte del mundo, es aún más crucial que el pueblo de Dios permanezca, camine y viva en esa respuesta. Es también para ellos su momento Josías.

Ahora es el momento de tomar la llave proporcionada por el misterio y abrir el modelo, el plano, la guía, el manifiesto y la respuesta sobre cómo debemos vivir, permanecer y prevalecer en la hora actual y en los futuros días aún por venir.

EL MANIFIESTO

EL MANIFIESTO

LLEGAMOS AHORA A la respuesta que el misterio ha abierto. Es un bosquejo y un plano que se remonta a dos mil quinientos años. Y, sin embargo, habla especialmente de nuestros tiempos y de la hora actual.

Se centra en un hombre que nació en una civilización que se había vuelto contra los cimientos morales y espirituales sobre los que se sustentaba. Se había alejado del Dios que una vez conoció y de los caminos que una vez siguió y ahora estaba librando una guerra contra ellos.

Era una época de oscuridad espiritual, una oscuridad que estaba corrompiendo y tomando posesión de las instituciones culturales y gubernamentales de la época. Era una época en la que aquellos que se mantenían fieles a la voluntad y a los propósitos de Dios eran vistos como malvados y peligrosos.

Esta es, también, la cultura y la época en la que hoy vivimos. Es, asimismo, un tiempo de oscuridad espiritual y moral que se está apoderando de nuestra cultura. Y nos estamos acercando rápidamente, si no ya, al día en que aquellos que defienden los caminos de Dios sean vistos como malos y peligrosos.

El pueblo de Dios debe despertar a la gravedad de este momento y, si ya lo hizo, prepararse. La oscuridad no se contentará con coexistir. Nunca lo hace. Buscará el dominio total. Y no hay persona, tiempo ni espacio que no intente doblegar a su voluntad, asimilar o destruir. No hay forma de huir de ello. No hay modo de esconderse. Todos deben afrontarlo y lo harán.

Sin embargo, hay una manera de afrontarlo. Y hay una forma de permanecer firmes, de vencer y de prevalecer. Nos llega desde la antigüedad, pero es tan relevante y nuevo como el momento presente. Esa es la razón del manifiesto.

El manifiesto hablará al justo, al creyente, al hijo de Dios y a todos los que buscan vivir para Dios, hacer lo correcto, no sucumbir a la oscuridad sino permanecer firmes y vencer. Hablará de muchos ámbitos de nuestras vidas, nuestra cultura y nuestros tiempos. Se puede tomar y aplicar todo a la vez. O uno puede tomar y aplicar solo una de sus secciones, o una de sus claves o verdades a la vez. Uno puede leerlo de principio a fin o al azar o según se le indique. Corresponde a cada uno aplicarlo como a cada quien le parezca adecuado aplicarlo y como le corresponda a cada uno.

El modelo del que surge el manifiesto hablará de nuestros tiempos. Pero no importa cómo vea uno el tiempo presente, el modelo también hablará de lo que las Escrituras identifican y predicen como *el fin de los tiempos*.

Josías vivió en un reino bajo juicio y que se acercaba a su fin. El prototipo, por tanto, surge de los últimos días de ese reino. El manifiesto hablará de días de oscuridad, apostasía y persecución. Hablará a los últimos días. Hablará de lo que es y de lo que está por venir.

Lo más importante es que hablará de esperanza. Y por eso existe.

Y ahora, el manifiesto.

I

LA ERA DE LA APOSTASÍA

Capítulo 47

La era de la apostasía

Josías conocía la civilización y la época con la que trataba. Solo así podría responder a ella. Asimismo debemos conocer la civilización y la época en que vivimos. Por tanto, ¿qué fueron los días de Josías?

Una civilización invertida

JOSÍAS nació en un reino que había conocido a Dios pero que se había apartado de sus caminos. Había llegado a existir para los propósitos de Dios, pero se había desprendido de esos propósitos. Se convirtió en una civilización enfocada en sí misma y contra los cimientos sobre los que se asentaba, un reino invertido, una civilización en estado de esquizofrenia espiritual. Todavía invocaba el nombre de Dios pero vivía en oposición a sus caminos. Josías nació en una época de apostasía y un reino enfocado en sí mismo.

> Vivimos en una civilización invertida
> y en una era de apostasía.

TAMBIÉN vivimos en una civilización invertida. Al igual que el antiguo Israel, la civilización estadounidense estuvo dedicada desde sus inicios a los propósitos de Dios. Pero al igual que el antiguo Israel, también ha caído del Dios de su fundamento. La civilización estadounidense está en una condición de esquizofrenia espiritual, al igual que su progenitora, la civilización occidental.

El presidente estadounidense lucha contra los caminos de Dios contenidos en la Biblia sobre la cual juró que ejercería su presidencia. La moneda de la nación lleva las palabras "En Dios confiamos", tal como se utiliza para revertir sus caminos. Su tribunal más alto derriba los Diez Mandamientos, cuya imagen está grabada en sus paredes.

Es una nación que toma el bien por el mal y el mal por el bien, lo sagrado por lo profano y lo profano por lo sagrado, la vida por la muerte y la muerte por la vida; una civilización aislada y en guerra con sus propios fundamentos, con la realidad y consigo misma.

Una civilización en metamorfosis

JOSÍAS nació en una cultura en metamorfosis: del monoteísmo de las Escrituras al paganismo de las naciones circundantes. Había santuarios, altares e ídolos por todas partes. La mitología se opuso a la Palabra de Dios, los valores paganos derrotaron a los valores bíblicos; y los ritos y ceremonias paganos se infiltraron en los lugares santos.

Es una civilización en metamorfosis del monoteísmo al neopaganismo.

Así también, a medida que la civilización estadounidense y occidental se han alejado de Dios y del monoteísmo, en su lugar ha surgido una forma de paganismo revivido. La metamorfosis se puede ver en su adoración a la naturaleza, su deificación del mundo material, su desacralización de la vida, su sincretismo religioso, su relativismo moral, su sexualización de la cultura popular, su abuso de la vida, su fragmentación de la realidad, su adoración a las imágenes, la adopción de espiritualidades alternas y la anulación de sus normas, valores y preceptos bíblicos.

Una civilización de dioses e ídolos

JOSÍAS nació en una civilización dada a la adoración de sus dioses. Aunque nominalmente todavía se entregaba a Dios, en realidad pertenecía a los dioses. Ahora estaba llena de arboledas sagradas, lugares altos y santuarios paganos. El principal de sus dioses era Baal, el espíritu que encarnaba el giro de la nación hacia el materialismo, la carnalidad, el crecimiento y la ganancia, y su sustitución de Dios por ídolos.

Es una civilización que, habiéndose despojado de la presencia
de Dios, se ha entregado al culto y servicio de dioses e ídolos.

UNA CIVILIZACIÓN que se aleja de Dios, al final, se entregará a
otros dioses e ídolos para llenar el vacío de su ausencia. Eso les servirá
y adorarán, incluso sin llamarlos por su nombre, aun negando su existencia. Y así la civilización estadounidense ha quedado permeada por
dioses e ídolos. Como en el caso antiguo, se ha vuelto cada vez más
carnal y vil. En vez de la adoración de Dios, venera las ganancias, el
dinero y la abundancia. En vez del evangelio de la salvación, predica
el evangelio del materialismo y el éxito. La civilización que alguna vez
fue conocida como un faro de valores cristianos se ha convertido en el
conducto central del mundo para la promulgación de una moralidad y
unos evangelios descaradamente anticristianos.

Una civilización corrupta

JOSÍAS se enfrentaría a la adoración de la diosa Astoret, "la abomi-
nación de los sidonios", cuyo santuario se asentaba en el "Monte de
la corrupción" al este de Jerusalén.[1] En Fenicia, la llamaban Astarté;
en Sumeria, Inanna; y en Babilonia, Istar. Era la diosa del libertinaje
sexual y de la pasión carnal desenfrenada. Cuando el pueblo de Israel
se alejó de Dios, se entregó a su adoración. La sexualidad fue descon-
textualizada, sacada de los límites del matrimonio y vertida en la cultura dominante. La cultura estaba sexualizada.

Es una civilización que, apartándose de Dios,
se ha entregado al principado del desenfreno
descontextualizado y la sexualidad deconstruida.

Así también, en su apostasía de Dios, la civilización estadounidense
y occidental se han entregado al principado del deseo sexual desenfre-
nado, el espíritu de Astarté. Han consagrado la sexualidad como un fin
en sí mismo, un dios, desprovisto de matrimonio y restricciones morales. La cultura estadounidense y occidental se ha erotizado y sexuali-
zado. Y así como las palabras e imágenes pornográficas colmaron al
antiguo Israel en su caída de Dios, así llenan ahora nuestra cultura.

Contra la verdad y la realidad

La fe de Israel se basaba en el monoteísmo, la creencia en un solo Dios. Pero el paganismo que impregnó su caída surgió del politeísmo, la creencia en muchos dioses. Donde hay un Dios, hay una verdad. Pero donde hay muchos dioses, hay muchas verdades. Y donde hay muchas verdades, la verdad se vuelve subjetiva, cualquier cosa y todo, y nada. La cultura en la que nació Josías estaba saturada de dioses e ídolos, y la verdad había desaparecido.

> **Es una civilización desprovista de verdad,
> opuesta al concepto de verdad
> y en guerra con la realidad.**

Al alejarse nuestra cultura de Dios, se produce el alejamiento de la verdad. Lo absoluto se ha vuelto subjetivo, y lo subjetivo se ha convertido en el nuevo absoluto ante el cual todos deben rendir homenaje. Si un hombre cree que ya no es hombre sino niño, o árbol, o ardilla, esa es su verdad auténtica: todo es verdad y nada es verdad, excepto lo que la cultura dice que es. Y cuando la verdad desaparece, también desaparece la realidad. Ahora vivimos en una civilización que lucha no solo contra la verdad sino también contra la realidad.

Contra natura

El paganismo de la época de Josías torció y rompió las distinciones entre naturaleza y realidad, Dios y la creación, hombre y animal, varón y hembra. La diosa Astarté o Ishtar, cuyos ídolos y altares marcaban la tierra, era especialmente conocida por la flexibilización y la alteración del género. En su sacerdocio había hombres que vestían ropas de mujer. Era elogiada por convertir a los hombres en mujeres y a las mujeres en hombres.[2] Y entre sus sacerdotes se encontraban aquellos que habían sufrido transiciones físicas y alteraciones quirúrgicas.

La cultura de Josías era dada al culto de la diosa y, por tanto, a la confusión y alteración de género que llenaba sus santuarios. Habiéndose apartado de Dios, no tenía defensa contra tales cosas. El Libro de 2 Reyes indica que incluso llegó a los recintos del templo de Dios.[3]

Es una civilización que lucha contra la naturaleza y, por tanto,
contra la naturaleza humana, y por eso busca
la alteración y la destrucción del género.

Cuando uno se aleja del Creador, se aleja de la creación. Entonces, a medida que nuestra cultura se ha apartado de Dios, se ha opuesto a la naturaleza y al orden natural. Así, como en los días de Josías, se ha opuesto al orden y la distinción de género. Celebra la flexibilidad, la fusión y la destrucción de lo masculino y lo femenino.

La nación cuyos maestros alguna vez guiaron a sus estudiantes en el Padrenuestro ahora los confunde en cuanto a su sexualidad y los conduce a un proceso que termina con la extirpación de sus órganos en la mesa de operaciones. No era seguro ser niño en el paganismo de los días de Josías. No es menos peligroso ahora en su resurgimiento.

Contra la vida

La cultura de JOSÍAS estaba invadida por un espíritu de muerte. Dios había llamado a Israel a elegir la vida y abstenerse de las prácticas de muerte que caracterizaban a las naciones paganas circundantes. Entre los actos más oscuros de esas naciones estaba el ofrecer niños como sacrificio. Y así, cuando Israel se apartó de Dios, comenzó a sacrificar a sus hijos a los dioses. Josías solo pudo haberse horrorizado ante los altares que cubrían su tierra y goteaban sangre de niños.

Esta es una civilización que, habiéndose apartado
de Dios, ha desacralizado y degradado la vida,
acabando con la de los más inocentes.

Es una civilización de muerte.

ESTADOS UNIDOS y Occidente, al alejarse de Dios, han desacralizado, devaluado y degradado la vida. Esto ha resultado en el asesinato de sus hijos no nacidos y también en el maltrato de la vida: el abuso sexual, el autoabuso, la adicción, el suicidio, la mutilación y la autodestrucción. Es una civilización impulsada y atraída hacia la muerte y lo autodestructivo.

Contra Dios

Josías nació en una civilización que no solo se había apartado de los caminos de Dios sino que ahora estaba en guerra contra ellos. Lo que había comenzado como una partida se había convertido en enemistad y odio.

Esta es una civilización que no solo se ha apartado de los caminos de Dios, ahora hace guerra contra ellos.

La guerra se libra cada vez más desde los niveles más altos de la cultura.

El alejamiento de nuestra cultura de los caminos de Dios se ha convertido cada vez más en abierta hostilidad y guerra contra ellos. Como sucedió en los días de Josías, ahora aquellos que luchan contra Dios se pueden encontrar en los ámbitos más elevados de la cultura. Están dirigiendo cada vez más su curso.

Y como sucedió en los días de Josías, la civilización que alguna vez conoció a Dios ahora compite con su desplome y, cada vez más, supera a aquellas que nunca lo conocieron. Y lo mismo ocurre con la civilización occidental, una vez basada en el cristianismo, que ahora lidera al mundo en los caminos de la apostasía. Como sucedió en los días de Josías, igual es ahora: es muy peligroso haber conocido a Dios y luego alejarse de él.

Contra el bien

El rey Manasés, abuelo de Josías, se había embarcado en una campaña para promover la adoración de dioses extranjeros, erigir altares y santuarios paganos e introducir en la tierra las prácticas del mundo pagano. En sus etapas iniciales, eso podría defenderse en nombre de la tolerancia, la aceptación, la libertad y la apertura a lo novedoso.

Sin embargo, una vez que esas cosas fueron legitimadas, establecidas y consagradas, la bandera de la apertura y la tolerancia fue retirada y reemplazada por una barra de hierro coercitiva, opresora, perseguidora y totalitarista culturalmente. No es casualidad que se registre que

Manasés "derramó mucha sangre inocente, hasta llenar Jerusalén de un extremo al otro".[4] Era la inevitable otra cara de la moneda. Era inevitable que la misma cultura que llamaba bueno al mal llamara malo al bien. Si uno abraza el mal, debe terminar haciendo la guerra contra el bien. De las grandes cantidades de sangre derramada por Manasés fue la sangre de los inocentes, incluso la sangre de los profetas y los justos.

Aquellos que en tiempos anteriores habrían sido reverenciados como ejemplos de virtud y piedad, ahora eran vistos como intolerantes, alborotadores y enemigos del estado. Ahora serían marginados, vilipendiados, perseguidos, procesados, ·· :nciados, anulados, encarcelados y eliminados.

La consagración del mal y la guerra contra el bien continuaron mucho después de que terminó el reinado de Manasés. Ahora estaba entrelazado en el tejido cultural y político de la nación. De modo que los descendientes reales de Manasés perseguirían al profeta Jeremías y lo encarcelarían, donde permanecería hasta el día del juicio de la nación que él mismo había profetizado.

Esta es una civilización que llama
bien al mal y _mal_ al bien.

Así, busca marginar, vilipendiar,
silenciar, anular y destruir a aquellos
que detienden los caminos de Dios
y que resisten la apostasía.

En nuestros días, comenzó como en los tiempos de Josías. Primero vino la aceptación del mal, la legitimación de lo que siempre había sido juzgado como pecado. La nueva moral, los valores y las prácticas entraron en la cultura bajo la bandera de la tolerancia, la apertura, la aceptación y la libertad, llamar *bien* al mal: la primera fase.

Una vez legitimada y establecida, sin embargo, la bandera de la tolerancia y la apertura fue retirada y al bien se le llamó *mal*: la segunda etapa. En lugar de la tolerancia vino el juicio, la condena y la anulación. En vez de libertad vino la exigencia de una conformidad ideológica absoluta en la acción, la palabra y el pensamiento: un totalitarismo cultural.

Los valores que siempre habían definido la civilización estadounidense y occidental o la civilización cristiana fueron anulados y condenados como opresivos, odiosos y malvados. Había que deslegitimarlos y erradicarlos. La guerra se libró en el sistema de las escuelas públicas, en los lugares de trabajo, en las directivas empresariales, en la televisión, en las películas, en la *web*, en los dibujos animados infantiles, en las casas de gobierno e incluso en el ejército.

Los que se resistieran a los nuevos valores y prácticas, las nuevas ideologías y pseudorreligiones, aquellos que no cumplieran o no se unieran a sus celebraciones, serían cada vez más marginados. En nombre de la inclusión, serían excluidos. En nombre de la autoexpresión, serían silenciados. En nombre de la aceptación, serían condenados. Y en nombre del amor, serían vilipendiados, blasfemados y odiados.

Como sucedió en los tiempos de Manasés, aquellos que defendían los caminos de Dios se convirtieron en enemigos del estado y la cultura. Serían destituidos, desmonetizados, incluidos en listas negras, se les negaría la admisión a todo lugar, serían expulsados, despedidos, boicoteados, obligados a someterse a una reeducación correctiva, forzados a confesar públicamente sus pecados, censurados, prohibidos, silenciados, procesados, perseguidos, anulados, eliminados.

Así es la civilización en la que vivimos.

Así fue la civilización en la que nació Josías. Pero él no lo aceptaría.

CONTRA LA CORRIENTE

Capítulo 48

Contra la corriente

Contra el maligno

Josías se distinguió porque no aceptó lo que aceptaba la mayoría de su generación. No estaba de acuerdo con el *statu quo*, la mayoría, la tradición de sus padres ni las normas predominantes de su cultura. Sabía que estaba viviendo en una época de oscuridad y en una cultura entregada al mal. Pero en vez de aceptar esa oscuridad y ese mal, se opuso a ellos. Él no lo aceptaría; resistiría; lucharía contra eso. Y lo haría sin importar lo que le costara. Esa sería su vida y su grandeza.

Cuando una civilización se opone a los caminos de Dios,
el pueblo de Dios debe oponerse al mal de esa civilización.

Deben trazar una línea en la arena y oponerse a lo que es
malo, incluso aunque sea alabado, apoyado, establecido,
consagrado y aplicado por la cultura y el estado en el que viven.

Deben asumir una posición, no importa cuál sea el precio de ella.

El bien solo puede ser bueno en la medida
en que se oponga al mal.

Y cuanto mayor es el mal, más poderosamente
deben los justos oponerse a ello.

Aquellos que permiten el mal, los que están en paz con él, que colaboran con él, que no hacen nada para combatirlo ni detenerlo, no son buenos sino —en última instancia— malos. Cuando el mal se apodera de una cultura, la mayoría no hace nada para oponerse a él. La mayoría de los alemanes no se opusieron a Hitler, la mayoría de los rusos no se opusieron a Stalin y la mayoría de los que vivían en una cultura que practicaba la esclavitud no hicieron nada para abolirla. Pero los creyentes no pueden darse ese lujo. Es requisito del bien oponerse al mal. Así que no les queda más remedio que oponerse.

De forma que los grandes hombres y mujeres de Dios siempre se han mantenido firmes y luchado contra el mal, desde Moisés en la corte del Faraón hasta el apóstol Pablo en las prisiones de Roma. Y en una época de maldad creciente como esta, deben trazar una línea con más fuerza, asumir una posición y luchar.

Contra la corriente

Desde los ocho años Josías gobernó como rey de Judá. Sin embargo, su vida y sus acciones no representaban la sociedad ni el *establishment* en el que nació. Vivió en oposición a la cultura dominante de su nación. Vivió contra la corriente de su apostasía. Aunque se sentó en el trono, su vida no encarnaba su cultura. Más bien, fue una fuerza contracultural y un instrumento para derrocar al stat*u quo*.

> **El pueblo de Dios debe vivir cada vez más a contracorriente de la cultura.**

> **La iglesia también debe operar, cada vez menos, como institución cultural y cada vez más como un fenómeno contracultural.**

El pueblo de Dios está llamado a vivir contra la corriente del mundo. Pero ahora es aún más crucial que lo hagan. Desde el establecimiento del cristianismo en la civilización occidental, gran parte de lo que se ha conocido como "iglesia" ha existido en un estado de unión con la cultura que la rodeaba o como parte de ella. Pero a excepción de un avivamiento espiritual, ese tiempo está llegando a su fin.

A medida que la corriente principal de la cultura occidental se vuelve cada vez más hostil hacia Dios y la fe cristiana, la iglesia ya no puede operar en unidad con esa cultura. Si conserva su posición anterior en una cultura ahora apóstata, ella misma se volverá apóstata. Por lo tanto, o se aferra a su posición y pierde la presencia y el poder de Dios, o abandona ese lugar y retendrá la presencia y el poder de Dios. Debe elegir lo último.

Así es para cada creyente. No se pueden seguir los caminos de Dios y, al mismo tiempo, los de una cultura que lucha contra él. En los días venideros, será cada vez más crucial que cada uno se comprometa a vivir decidida, activamente y sin vergüenza contra la corriente del mundo y de cualquier cultura, civilización o entidad que se oponga a los caminos de Dios.

Contra la mayoría

Josías nunca podría haber alcanzado lo que logró si hubiera buscado la aprobación del hombre o temido la ira de la mayoría. Josías estaba comprometido a hacer lo correcto ante los ojos de Dios, aunque fuera impopular y despreciado, incluso si la mayoría lo odiaba por hacerlo. Así también se comprometió a abstenerse de lo que era popular o defendido por la mayoría si iba en contra de la voluntad de Dios. Necesitaba la aprobación de Uno solo.

> En tiempos de maldad, los justos serán minoría.
> No deben temer a la mayoría, ni conformarse a ella,
> ni ser silenciados por ella, ser intimidado por ella ni
> —de cualquier manera— conmovida por ella.
> No deben buscar su aprobación ni temer su reproche.
>
> Los mayores males del hombre han sido
> ometidos o hechos posibles por la mayoría.
> La mayoría no tiene autoridad moral.
>
> Pero los caminos de Dios son verdaderos y correctos.
> Y el que esté en ellos será superior a la mayoría.

La mayoría se opuso a los profetas. La mayoría estaba en paz con una cultura que sacrificaba a los niños. La mayoría de las veces se equivoca. La ira de la mayoría, incluso en forma de persecución, a menudo significa la aprobación de Dios. Los justos deben fortalecerse en eso. Y es por eso que Yeshúa, Jesús, les dijo a los que lo seguirían:

> Bienaventurados seréis cuando os vilipendien y os persigan, y digan toda clase de mal contra vosotros mintiendo por causa de mí. Alegraos y alegraos, porque vuestra recompensa será grande en los cielos, porque así persiguieron a los profetas que fueron antes de vosotros.[1]

El que busca la aprobación de muchos o teme su juicio nunca podrá afirmarse en Dios. Por lo tanto, los justos deben renunciar a la búsqueda de la aceptación del hombre y al temor de su rechazo.

No están en la tierra para ganarse la aceptación del hombre sino para llevar a otros a la aceptación de Dios. Y ahí está el antídoto contra el temor del hombre con el que los justos deben estar llenos: la aceptación, la aprobación, la bendición y el amor de Dios.

Contra el miedo

Josías no solo era justo sino audaz y valiente. No tenía miedo ni se sentía intimidado por el mal que se había apoderado de su cultura. Sabía que el poder de Dios era mucho mayor. Sin eso nunca habría logrado lo que hizo. No solo era piadoso sino poderoso en bondad, audaz en justicia.

> Temer el mal es potenciarlo y debilitar el bien.
> El que teme al mal será más propenso a
> entregarse a él y a ser dominado por él.
>
> Por lo tanto, el justo nunca debe ser sacudido
> por el poder del mal, no importa cuán grande
> parezca ser ese poder ni cuán débil parezca el poder del bien.
>
> Deben recordar que al final el mal es impotente y el bien
> es todopoderoso, como el Todopoderoso es bueno.
>
> Los justos no deben temer ningún mal.

En una cultura y una época en la que el poder está cada vez más aliado con el mal y el mal con el poder, los justos pueden verse tentados a temer. Pero deben optar por no hacer eso. Como está escrito: "No temeré mal alguno".[2]

La respuesta al miedo no es la ausencia de mal sino la presencia de Dios. Fue la presencia de Dios lo que hizo que David venciera a un gigante malvado. Es esa misma dinámica la que ha permitido a los justos superar sus miedos y mantenerse firmes contra gigantes, reinos, imperios, todo mal y todas las probabilidades. La presencia de Dios es el antídoto contra el miedo.

Cuanto más oscuro sea el mal y mayores las probabilidades en su contra, más deben los justos fijar sus ojos en el Todopoderoso, que está a su favor. En eso deben superar sus miedos y volverse valientes para el bien, como está escrito: "Los justos son tan valientes como el león".[3] Porque deben recordar que su Dios también es un león.

Contra la noche

Hubo otros reyes justos de Judá antes de Josías, pero ninguno de ellos había reinado sobre una nación con una apostasía tan avanzada y profunda. Y, sin embargo, la oscuridad espiritual de su época no desanimó a Josías ni le impidió actuar. Más bien lo inspiró. Fue debido a la oscuridad que se embarcó en una campaña de arrepentimiento, limpieza y redención nacional. Josías figura entre los reyes más grandes en el trono de David, si no el más grande. La oscuridad de su época no afectó su grandeza, sino que la promovió.

Una vela a la luz del día apenas se ve, pero la que brilla por la noche ilumina la oscuridad.

Los justos de este tiempo deben brillar como una vela en la noche contra la oscuridad para iluminarla.

Así como Josías, no debemos dejarnos intimidar por la oscuridad de nuestra época, sino aceptar su desafío. Para aquellos que se mantengan firmes, estos serán los días que producirán grandeza. Afirmarse en Dios en una cultura judeocristiana es brillar como una vela a la luz del día. Pero defender su postura con Dios en una cultura poscristiana o anticristiana es brillar como una vela en la noche.

La luz que brilla por la noche no se mezcla con el entorno, sino que se aleja de él y se opone a él. Es la luz contraria, la luz de la contradicción. Y es ese contraste y esa distinción lo que magnifica su resplandor. Cuanto mayor sea el contraste entre la luz y la oscuridad circundante, mayor será su poder e impacto.

El pueblo de Dios debe ahora convertirse en la luz de la noche.

Contra lo gris

Para que Josías trajera a su nación de regreso a Dios, era necesario separar el mal del bien: eliminar el compromiso, la apatía y la impureza del pueblo de Dios. Tenía que eliminar lo grisáceo en todas sus formas y huellas para que la luz se volviera totalmente luminosa.

En una era de polarización, cuando la oscuridad se purga
de lo grisáceo para volverse completamente oscura,
la luz debe, igualmente, purgarse de su propio
gris para convertirse en luz total.

Para que la oscuridad se vuelva más oscura,
las luces deben brillar aún más.

Vivimos en una época de polarización moral, espiritual y civilizatoria. La civilización occidental se está desvinculando de la fe y de la cosmovisión a la que ha estado unida durante casi dos mil años. Su cultura dominante se está despojando de valores, creencias, leyes, prácticas, cultos, costumbres y cultura judeocristianos.

Por lo tanto, si la penumbra se está purgando de su grisáceo para volverse totalmente oscura, entonces la luz debe hacer lo mismo y purgarse de su propio gris para volverse totalmente luminosa.

La bondad radical

No solo fue que la luz del testimonio de Josías parecía más brillante en contraste, sino que lo era. Enfrentado a la maldad de su época, Josías se comprometió aun más fuertemente con los caminos de la justicia, la santidad y la piedad. La maldad de los días de Josías produjo su contrapeso en la grandeza de su testimonio.

> **El creyente debe actuar como contrapeso y contrafuerza a una apóstata civilización oscurecida.**

> **Frente a una cultura radicalmente mala, el creyente debe volverse radicalmente bueno.**

Los creyentes son llamados a responder a la oscuridad de su época convirtiéndose en su antítesis, su contrafuerza. Moisés fue una fuerza contraria a Egipto, Elías a Acab y Jezabel, el apóstol Pablo a Roma.

El creyente que vive en una época de apostasía debe convertirse en un contrapeso de fidelidad. Aquellos que viven en una cultura inmoral deben convertirse en un contrapeso de pureza e integridad moral. Aquellos que viven en una cultura impía deben convertirse en un contrapeso de la presencia de Dios.

Y aquellos que viven en una cultura de maldad radical deben volverse radicalmente buenos.

Contra viento y marea

Las probabilidades estaban en contra de Josías. Fue, en efecto, un hombre contra una civilización. Pero eso no le importó. Lo único que le importaba era la voluntad de Dios. Eso era todo. Y con eso venció.

> **No importa cuáles sean las circunstancias, la cultura, las probabilidades, siempre hay una manera de cumplir la voluntad de Dios; siempre hay una forma de vencer; siempre hay una manera de glorificarlo; siempre hay un modo de vivir victoriosamente y prevalecer.**

Como sucedió con Josías, ahora las circunstancias y las probabilidades no tienen la última palabra. La voluntad y los propósitos de Dios no están limitados por las circunstancias. Y por eso siempre hay una manera de cumplirlos.

Fue en medio de la persecución que el profeta Jeremías cumplió los propósitos de Dios y en medio de una prisión que el apóstol Pablo cumplió la voluntad de Dios. Al final, nada detendrá los propósitos de Dios. Por tanto, nada detendrá al que camina en ellos.

Revolucionario

La mayoría de los nacidos en el trono o en la realeza tienen un interés personal en proteger su *statu quo*. Josías era diferente. Intentó revertirlo. Aunque era rey, era un revolucionario. Derrocó el *establishment* de su cultura y su época. Fue por eso que sería recordado como uno de los reyes más grandes de su nación. Fue un revolucionario para Dios.

El pueblo de Dios está llamado a ser revolucionario.
En los próximos días, será aún más crucial que lo sea.

Su testimonio y su luz lo requerirán.

Cuanto más se aleja una cultura de los caminos de
Dios, más revolucionario será caminar en ellos.

Todo acto piadoso se convertirá en uno revolucionario.

Cada palabra piadosa se convertirá en
una palabra revolucionaria.

Y toda vida piadosa se convertirá en una vida revolucionaria.

El pueblo de Dios debe vivir cada vez más
como un pueblo revolucionario.

Los que siguen al Mesías deben regresar cada vez
más a su primer estado, el de la revolución.

La civilización occidental está regresando a su estado original y antiguo: el del paganismo. Por lo tanto, la iglesia debe hacer lo mismo y regresar a su estado original y antiguo, su primer y más poderoso estado, el del Libro de los Hechos.

Fue en el Libro de los Hechos en el que la fe cristiana se manifestó en su forma más pura, no como una institución establecida, no como un elemento cultural ni como un poder mundano, sino como un poder transformador de vidas, revolucionario y un movimiento que transformaría al mundo.

Así también cada creyente debe regresar al primero de los estados, al de los creyentes primitivos, los discípulos, los apóstoles, los mensajeros del nuevo pacto, aquellos que transforman el curso de la cultura, la civilización y la historia humana.

III

SEPARACIÓN Y RESISTENCIA

Capítulo 49

Separación y resistencia

Separación

Josías tuvo que decidir temprano en su vida separarse de la práctica que se había infiltrado no solo en su nación sino también en los recintos reales, e incluso en su propia casa. Tuvo que apartarse de las costumbres de sus padres. Tuvo que separarse de las costumbres de su cultura. No debía temer ser diferente ni mantenerse apartado. Solo entonces podría cumplir su llamado a restaurar su nación.

> Cuando una cultura se separa cada vez más de Dios, el pueblo de Dios debe separarse cada vez más de esa cultura.

> En una era de oscuridad los justos no deben tener miedo a separarse de ella.

> Solo aquellos que estén dispuestos a ser diferentes marcarán la diferencia.

Los justos no pueden vivir en el presente como lo hacían en épocas anteriores. La cultura que alguna vez defendió y apoyó los valores cristianos y una cosmovisión bíblica ha desaparecido. Es cada vez más anticristiana y contraria a Dios.

Cuanto más se vuelve la cultura contra los caminos de Dios, más crítico es que el pueblo de Dios comience el proceso de separación. No hacerlo no solo es imprudente sino que, con respecto a la vida espiritual, puede ser fatal. Si uno no se separa, terminará participando del mal. Si uno se enfrenta a una inundación, debe salir de las aguas antes que sea arrastrado por ellas.

Los justos que vivieron en el antiguo Israel en los días de su apostasía no podían participar en los entretenimientos del paganismo ni en los rituales de Baal; no podían permitir que sus hijos practicaran juegos diseñados por las prostitutas sagradas de Astarté, ni confiar a los sacerdotes de Moloc que cuidaran o educaran a sus hijos.

Por tanto, hay que resistir la tentación natural a conformarse. No hay que tener miedo a destacarse, apartarse y estar solo. Los primeros cristianos tuvieron que mantenerse al margen del paganismo de Roma; los creyentes de Alemania tenían que estar dispuestos a mantenerse apartados del mal del Tercer Reich. En tales culturas y épocas, ser diferente es un requisito de la rectitud.

Una cultura apóstata y contaminada creará literatura, películas, canciones, programas televisivos, currículos escolares, contenido de internet, actividades en bibliotecas y otros contenidos indescifrables para una generación anterior. Aquellos que quieran caminar en los caminos de Dios ahora, deben separarse de tales cosas.

Los padres ahora deben proteger a sus hijos contra los medios y su programación, la educación y el entretenimiento infantiles diseñados para adoctrinar, sexualizar, sembrar confusión y destruir. Deben resguardarse de tales cosas como lo harían contra los sacerdotes de Baal, Astarté y Moloc.

Los creyentes deben establecer líneas y límites claros y fijos entre la oscuridad de la cultura circundante y sus vidas, sus hogares, sus comunidades y todo lo que valoran y aprecian. Deben construir barreras, salvaguardias y parámetros fuertes y aun más sólidos en cuanto a lo que harán y no harán y lo que permitirán o aceptarán y no permitirán.

¿De qué deben separarse específicamente los justos y en qué medida? Cada creyente debe buscar la respuesta de Dios. En algunos casos, eso implicará aislarse de ámbitos completos de la cultura; en otros casos, de partes de esos ámbitos, funciones específicas, participaciones, actividades, materias, contenidos y aspectos de tales esferas. El objetivo debe ser protegerse contra cualquier contaminación, compromiso, obstáculo, pecado o maldad. Cuanto más apóstata y malvada sea la cultura, mayor debe ser la separación de los justos.

Y si una nación o civilización llega al punto de declarar una guerra total contra Dios, contra sus caminos y su pueblo, ¿entonces qué? Entonces, como lo han hecho los grandes y poderosos de épocas pasadas, los justos deben ponerse a la altura del momento y afirmarse con Dios y lo que es correcto, cualquiera sea el precio y pase lo que pase.

No hay que inclinarse

La fe y la vida de Josías en Dios se resumen en 2 Reyes 23:25, que dice:

> Nunca antes hubo un rey como Josías, que se volviera al Señor con todo su corazón, con toda su alma y con todas sus fuerzas, obedeciendo todas las leyes de Moisés. Desde entonces nunca más hubo un rey como él.

Seguir al Señor con todo el corazón significaba oponerse a los dioses. Él no se inclinaría ni se sometería a ellos, ni les rendiría ningún homenaje ni les mostraría reverencia alguna.

> El justo no debe inclinarse, someterse,
> obedecer ni mostrar ningún respeto
> o reverencia de ninguna manera,
> ante los dioses de su época.

> No debe aceptar ninguna autoridad por encima,
> en contra o en lugar de la autoridad de Dios.

Cuando Dios no está presente, todas las cosas se vuelven santificadas, deificadas, adoradas, servidas y sacrificadas. Los objetos, estructuras y sistemas creados por el hombre se convierten en ídolos. Las ideologías políticas son veneradas como verdades sagradas. Los valores recién forjados se proclaman absolutos morales. Y aquellos que cuestionan o se niegan a reverenciar a los nuevos ídolos y dioses son condenados como herejes que deben ser castigados.

Por eso, los creyentes siempre serán un obstáculo para cada idea e ideología, cada institución y sistema, cada organización, cada gobierno, estado, cultura, gobernante, nación o poder que intente asumir el manto y la autoridad de la divinidad. Lo han hecho desde los días de la Roma imperial hasta los del totalitarismo moderno. Y ahora, en medio de un orden mundial poscristiano en ascenso, deben hacerlo otra vez.

No deben inclinarse ni mostrar reverencia alguna ante nada que afirme ser Dios o poseer su autoridad, por muy santificado y consagrado que sea. Deben, como lo hizo Josías, verlo como lo que es: un ídolo, un dios falso que esclaviza y, al final, trae destrucción. No deben inclinarse ante ningún otro dios.

Destruye tus altares

La apostasía de la época de Josías había afectado a Jerusalén. De modo que los actos de limpieza del rey también afectarían a la ciudad santa. Los dioses y sus altares habían entrado en los recintos reales y en el templo. Josías no pudo limpiar la apostasía de su nación sin eliminarlos de su propio patio.

> Antes de que el pueblo de Dios
> pueda vencer a los dioses, los ídolos
> y los altares de su mundo,
> deben vencerlos en sus propias vidas.

Incluso los justos pueden tener altares: fortalezas en sus vidas, compromisos, corrupciones, aquello que ha sido puesto por encima de Dios o a lo que sirve en lugar de Dios; aquello que está en conflicto con la voluntad divina. Los justos deben derribar eso. Deben dejar todo ello permanentemente inoperable. Deben deshacerse de eso.

Deben eliminar de sus vidas los altares de Baal: cualquier ídolo como la abundancia, la ganancia, el éxito, cualquier cosa que hayan honrado por encima de Dios.

Deben eliminar de sus vidas los altares de Astarté: cualquier indulgencia o participación en inmoralidad sexual, ya sea promiscuidad, pornografía, adulterio, perversidad, cualquier modo de sexualidad extramarital pervertida y depravación de género.

Deben eliminar de sus vidas los altares de Moloc: cualquier práctica que devalúe o conduzca a la destrucción de la vida, ya sea el aborto, el abuso, la contaminación o la degradación.

Las casas de la oscuridad

La apostasía de la época de Josías estuvo representada no solo por individuos sino también por casas e instituciones. La adoración a Baal y a la mayoría de los demás dioses implicaba cultos organizados, templos, sacerdocios y oficiantes. Josías tuvo que separarse de las casas de esos dioses, de las tinieblas y de la inmoralidad.

> En la misma medida en que uno participe en cualquier institución, cosa, función o aspecto de ella, y se involucre en el mal de manera que transija en su caminar con Dios, debe separarse de esa institución o de cualquier cosa que se relacione con ella.

Muchas instituciones que alguna vez sirvieron a los propósitos de Dios ahora luchan contra ellos. Innumerables creyentes envían a sus hijos a escuelas públicas para que sean adoctrinados contra todo lo que les han enseñado sobre la fe y sobre Dios. Esos mismos padres luego gastarán los ahorros de toda su vida para enviar a sus hijos a la universidad donde recibirán años de adoctrinamiento intensivo destinados a socavar y deshacer todo lo que han logrado todos los años anteriores.

Una cosa es lidiar con la apostasía cuando se manifiesta informalmente y otra cuando adopta la forma de una institución o se apodera de ella. Resistir la impiedad en el lugar de trabajo puede llevar a la suspensión, a sesiones de reeducación o al despido. Resistirse a ello en la propia escuela puede conllevar la expulsión. Resistirse a ella en la propia profesión puede dar lugar a la revocación de las credenciales o licencias pertinentes. Tales cosas no son hipotéticas en la cultura estadounidense u occidental, pero ya están ocurriendo. Sin embargo, hay que resistir y separarse.

A medida que pase el tiempo, la cuestión de la separación se volverá aún más crítica. Los padres creyentes tendrán que decidir si es correcto y de Dios enviar a sus hijos a escuelas y universidades públicas para ser adoctrinados contra su fe y arriesgar su relación con Dios, o buscar otro rumbo.

El principio se aplica a todos los ámbitos de la sociedad. Cualquier participación en cualquier institución que obstaculice o comprometa la fe y la obediencia a Dios o que constituya participación en la impiedad debe ser desechada y se debe separar de ella. Uno debe separarse de tales instituciones aunque hacerlo implique sacrificio; privación; pérdida de privilegios, posición u oportunidad; incluso la ira de esa institución. Hay que hacerlo recordando que el futuro de uno no está, en última instancia, en manos de esa institución sino en las de Dios.

Hay que romper el hechizo

Josías no esperó a que otros resistieran los males de su época. Él fue el primero. Fue pionero. Desechó las costumbres, los acuerdos y el *statu quo*. Hizo lo que otros habían pensado, sentido y creído hacer, pero, por miedo, no lo hicieron.

Sin embargo, una vez que se resistió, el consenso se hizo añicos. Las vacas sagradas de su cultura perdieron su aura, los dioses perdieron su autoridad y los castillos de naipes comenzaron a desmoronarse. Solo hizo falta un hombre y un acto de valentía, y el hechizo se rompió.

Los dioses, las vacas sagradas y las falsedades de cualquier época solo quedan en pie si nadie las desafía, mientras sus mandamientos permanezcan incuestionables y sus tabúes intactos.

Los justos deben desafiar lo indiscutible.

Cuestionar lo incuestionable.

Pensar en lo impensable.

Decir lo indecible.

Y romper lo irrompible.

Deben estar dispuestos a hacer lo que nadie se ha atrevido a hacer.

Deben estar dispuestos a ser los primeros, los que rompan el hechizo.

Se cuenta la historia de un emperador engañado al que le hacían creer que llevaba unas prendas invisibles. Así que se mostró desnudo ante su pueblo. Todos aceptaron el engaño y elogiaron las nuevas vestimentas del emperador hasta que un niño dijo: "¡El emperador está desnudo!". Y el hechizo se rompió.

Es parte de la naturaleza humana seguir el *statu quo*. Pero cuando el mal y la falsedad se apoderan de una cultura, la tendencia a seguir se convierte en un instrumento tenebroso. Sin los muchos que siguieron al *establishment*, que aceptaron la falsedad y el mal, que no hicieron ni dijeron nada para resistir, las potencias más tenebrosas de los tiempos modernos —desde el totalitarismo de la Unión Soviética hasta el del Tercer Reich—, no podrían haberse liberado nunca.

Los justos deben estar dispuestos a ser los primeros en romper los tabúes de la falsedad y los dogmas del mal. Deben ser niños los que se atrevan a decir: "¡El emperador está desnudo!".

Los fundamentos

La civilización en la que nació Josías alguna vez estuvo llena de fundamentos y apoyos gubernamentales, culturales y sociales para alentar al pueblo a vivir, practicar y transmitir su fe. Pero la apostasía eliminó todo eso. Ahora había impedimentos a la fe y a la obediencia a Dios. La cultura creó nuevos apoyos y bases para fomentar la idolatría, la inmoralidad, la apostasía, la maldad y la adoración a dioses extranjeros. Josías derribó esos puntales y restauró los fundamentos de la justicia.

Cuando una civilización se aleja de Dios,
elimina los soportes, puntales y reforzamientos
que una vez animaron a su pueblo a seguir
los caminos de Dios, a difundir su Palabra y a
transmitir su fe a la próxima generación.

Reemplaza esos apoyos con impedimentos,
dificultades, obstáculos y oposición contra su fe.

Por lo tanto, el pueblo de Dios ya no puede
presumir ni depender del apoyo de su cultura.

Debe comenzar a construir sus propios recipientes,
sus propios apuntalamientos: canales, redes,
organizaciones, subculturas, contraculturas y,
si es necesario, una clandestinidad que permita
habilitar, apoyar y empoderar a los vivos, a los que
practican la difusión y transmisión de su fe.

La cultura estadounidense y occidental alguna vez estuvo llena de infraestructura y fundamentos gubernamentales, sociales y culturales que promovieron la fe y la adoración, defendieron los valores bíblicos, fomentaron prácticas piadosas y facilitaron la transmisión de la fe a la siguiente generación. Pero todo eso ha sido eliminado de manera abrumadora.

Los creyentes ya no pueden confiar en la cultura circundante para promover la fe y los valores bíblicos, sino más bien los desalienta y los anula. Ya no pueden suponer que un código cultural de normas morales protegerá a sus familias de una avalancha de inmoralidad que inunda sus hogares y satura a sus seres queridos. Por lo tanto, deben desarrollar y aplicar cada vez más su propio código de normas y poner en práctica sus propias barreras de protección.

La civilización que alguna vez fomentó la adoración y la oración ahora intenta eliminarlas. El gobierno que alguna vez esperó y alentó a su pueblo a transmitir su fe a la próxima generación, ahora intentará impedir que lo hagan y, al contrario, tratará de bautizarlos en su propia religión impía y antibíblica. La sociedad que alguna vez honró la Palabra de Dios ahora buscará impedir su proclamación y su difusión.

Los creyentes deben hacer todo lo que esté a su alcance para reemplazar los soportes y los canales que la cultura ha eliminado. Deben compensar lo que ya no existe dentro de la cultura más amplia y contrarrestar la influencia de lo que sí existe. Deben establecer y apoyar redes, sistemas, programas, organizaciones, escuelas, funciones o cualquier canal y medio que sea necesario. El papel de las iglesias y las organizaciones religiosas a la hora de proporcionar lo que se ha perdido será cada vez más vital.

A nivel individual, cada creyente ahora debe establecer sus propios apoyos, prácticas, modos y medios particulares necesarios para compensar lo que la cultura circundante ha eliminado o prohibido, y para contrarrestar lo que ahora defiende u obliga.

Con respecto a sus hijos, deben encargarse plenamente de la autoridad que Dios les ha dado a ellos y no al gobierno, no al estado, no a los medios de comunicación, no a la cultura, no al sistema educativo. Si han cedido esa responsabilidad, deben recuperarla. Deben impartir con mayor fuerza a sus hijos la fe, los valores y las prácticas bíblicas. Deben protegerlos contra cualquier influencia que pueda ponerlos en peligro, debilitarlos o comprometerlos. Y deben ejemplificar esa fe, esos valores y esas prácticas en sus hogares y lugares de culto.

El pueblo de Dios puede esperar que una civilización en guerra con Dios, en última instancia, trate de impedirle su apoyo, sus servicios, su empleo y sus funciones. Por lo tanto, deben estar preparados para ese día estableciendo formas y medios alternos para cumplir la voluntad y los propósitos de Dios. Deben hacer lo que deban, conscientes de que Dios siempre proporcionará una manera de cumplir los propósitos de él.

No obedecer

Cuando Josías derribó los altares, los ídolos y los lugares altos, estaba transgrediendo las normas, los estándares y los convenios de su época. Pero él sabía que cuando la ley del hombre quebranta la ley de Dios, entonces esa ley del hombre debe ser quebrantada para que la de Dios sea confirmada.

Cuando una civilización declara la guerra contra Dios, también lo harán sus leyes.

Cuando se promulguen leyes así, eso obliga a los justos a una de dos cosas: a desobedecer los caminos de Dios u obedecer los caminos del mal, cosa que equivale a violar los límites.

Y es entonces cuando los justos deben desobedecer esas leyes.

Leyes como esas no tienen legitimidad ni autoridad.

La obediencia a una ley de desobediencia es desobediencia.
Y la desobediencia a una ley de desobediencia es obediencia.

Cuando una ley del hombre quebranta la ley de Dios,
la primera debe ser quebrantada para que
la segunda pueda ser asumida.

Es entonces cuando los justos no deben cumplir.
Es entonces cuando deben resistir, deben desobedecer.

En circunstancias normales, los creyentes deben seguir las leyes del país en el que viven. En circunstancias normales, deben ser los ciudadanos más apegados a la ley y los más ejemplares. Pero hay circunstancias y momentos que no son normales. En tales circunstancias y tiempos, los creyentes deben hacer lo contrario. Cuando una autoridad o gobierno promulgue una ley en conflicto directo con las leyes y la voluntad de Dios, cuando la sumisión a tal ley implique desobediencia a Dios, entonces se violan los límites.

El Libro de Daniel registra que el rey babilonio Nabucodonosor erigió un ídolo de oro y ordenó a todos que se postraran ante él. Los judíos exiliados, Sadrac, Mesac y Abednego, se negaron a obedecer la orden. Fueron llevados ante el rey y amenazados de muerte en un horno ardiendo. A lo que respondieron:

Deseamos dejar en claro ante usted que jamás serviremos a sus dioses ni rendiremos culto a la estatua de oro que usted ha levantado.[1]

Obedecer la orden del rey era quebrantar la orden de Dios. Incluso si eso significara su ejecución, ellos no obedecerían.

En el Libro de los Hechos, se registra que el consejo gobernante del Sanedrín ordenó a los discípulos "que nunca más hablaran ni enseñaran en el nombre de Jesús".[2] Pero el Señor les había ordenado específicamente que proclamaran el evangelio a toda criatura y que hicieran discípulos en todas las naciones. Así, el mandamiento del Sanedrín estaba en conflicto directo con el mandamiento del Mesías. Los discípulos respondieron:

¿Acaso piensan que Dios quiere que los obedezcamos a ustedes en lugar de a él? Nosotros no podemos dejar de hablar acerca de todo lo que hemos visto y oído.[3]

Estaban trazando una línea en la arena; cuando las leyes del hombre contradicen claramente las leyes de Dios, los justos no tienen más remedio que obedecer a estas últimas y desobedecer a las primeras.

Los primeros cristianos se enfrentaron al mismo ultimátum. Por decreto imperial debían ofrecer sacrificios a los dioses de Roma o una ofrenda de incienso en adoración al emperador. Desobedecer la orden equivalía a correr el riesgo de ser encarcelados y ejecutados. Y, sin embargo, los justos eligieron seguir los mandamientos de Dios por encima del mandato del emperador.

Los creyentes en la Unión Soviética se enfrentaron a una elección similar. Ahora debían celebrar y alabar a los nuevos dioses de la ideología marxista. Debían dejar de difundir su fe a otros, incluso a sus propios hijos. La obediencia a tales mandamientos implicaba desobedecer a Dios. Solo podían obedecer las leyes de Dios violando las leyes del comunismo.

En la Alemania nazi, era un delito llevar de contrabando a niños judíos a un lugar seguro o esconderlos en la propia casa. Quebrantar esas leyes era seguir la ley de Dios. Y muchos creyentes arriesgaron sus vidas para hacerlo.

En esta época de maldad, la obediencia es desobediencia y la desobediencia, obediencia.

Los justos deben prepararse para los días venideros en los que una cultura apóstata promulgará cada vez más leyes que lucharán directa y descaradamente contra las leyes de Dios. Deben prepararse para tomar la misma decisión que asumieron los justos de épocas pasadas. Cuando se enfrentan a un mandato que los obligue a desobedecer los caminos de Dios, deben prepararse para desobedecerlo.

Deben hacer eso de manera sobria, sabia y juiciosa, ya que infringir una ley es un asunto grave. Debe hacerse de acuerdo con la Palabra y la dirección de Dios, y solo con respecto a una ley que claramente obligue a violar las leyes de Dios, cuando no hay otra manera, y cuando no hacerlo sería transgredir la voluntad y la ley divina. Cuando ese sea el caso, los justos no tienen otra opción.

Una ley que prohíbe el uso de un sistema de sonido para predicar en una zona residencial a las dos de la mañana no contradice los mandamientos de Dios. Pero una que prohíba toda clase de predicación y difusión del evangelio sí lo hace. Lo mismo ocurriría con cualquier orden de silenciar a los justos para que no digan la verdad, tal como Dios ha ordenado que se diga. Lo mismo ocurriría con cualquier ley que les prohibiera impartir los caminos de Dios a sus hijos o que los alejara de la fe y los llevara a la oscuridad. Y también lo sería cualquier ley o mandamiento que los obligara a avanzar, celebrar o participar en el pecado.

El paso de una era cristiana a una poscristiana creará leyes, instrucciones y órdenes anticristianas cada vez más desvergonzadas. Eso resultará en persecución. La persecución, a su vez, puede llevar a sufrimiento, encarcelamiento o martirio. Sin embargo, ante la elección de obedecer las leyes del hombre que transgreden los caminos de Dios o seguir los caminos de Dios que transgreden las leyes del hombre, los justos no tienen otra opción. Deben permanecer como lo hizo Josías, sabiendo que los caminos del hombre son transitorios, pero los de Dios son eternos.

Deben transgredir la transgresión, desafiar el desafío y no obedecer los mandatos de las tinieblas.

IV

LOS PODERES

Capítulo 50

IV

Los poderes

El desarraigo

Cuanto más dependiera Josías de su cultura, menos capaz sería de impactarla. No podía depender de nada relacionado con los ídolos, dioses y ritos paganos de su cultura. Tuvo que liberarse de tal dependencia. Al mismo tiempo, tuvo que fortalecer su dependencia y su conexión con Dios. Cuanto más fuerte fuera esta, más capaz sería de impactar su mundo.

Los justos deben hacer todo lo que esté a su alcance para liberarse de cualquier dependencia que debilite su capacidad de hacer la voluntad de Dios.

Al mismo tiempo, deben estar cada vez más conectados con Dios.

Vivir desconectados del mundo, cada vez más conectados con Dios.

Aquellos que se opongan al mal de su cultura, que impacten su mundo para Dios, deben dejar de depender de tales cosas. Para lograrlo, deben conectarse más fuertemente con aquello que es más grande que el mundo: Dios. Ambos son proporcionales; cuanto más fuerte es la conexión de uno con Dios, mayor es su independencia del mundo.

El profeta Elías se enfrentó a la maldad de su cultura y a la corrupción del rey y la reina que la gobernaban. Para lograrlo, tuvo que volverse aún más dependiente de Dios. La Biblia registra que en medio de la hambruna, se sentó junto a un arroyo de agua y fue alimentado por unos cuervos enviados por Dios. La imagen encarna tanto su dependencia de Dios como su independencia del mundo. A medida que la cultura se oscurece, es aún más decisivo que los justos se desliguen de ella. La manera de desconectarse del mundo es conectarse aun más fuertemente con Dios.

El poder interior

Josías tuvo que mantener una fuerte vida interior con Dios. No podría haber resistido con tanta fuerza contra todas las potencias externas dispuestas contra él y vencerlas sin hacer eso. Fue sin duda un hombre con una fuerte vida interior, un hombre de oración. Fue su vida interior la que lo hizo vencer su mundo exterior.

El reino interior es el contrapeso y el antídoto del reino exterior.

Cuanto más oscuro sea el reino exterior,
más vital y poderoso debe ser el interior.

Aquellos que quieran ser grandiosos y poderosos en
tiempos de maldad deben volverse grandes y poderoso en
oración, grandes y poderosos en la presencia de Dios.

El reino interior es esa base de la que las raíces de los
justos obtienen vida y se producen frutos de justicia.

Sin una vida interior fuerte con Dios, uno se vuelve más vulnerable a las fluctuaciones, corrupciones y tentaciones del mundo. Pero las figuras más poderosas y eficaces de las Escrituras fueron hombres y mujeres de oración. Moisés sometió un imperio, realizó milagros y liberó a una nación de la esclavitud. David mató a Goliat, hizo huir a los ejércitos extranjeros y estableció un reino. Elías permaneció impasible ante la persecución, resistió un gobierno malvado, abrió los cielos e hizo que una nación volviera a Dios. El apóstol Pablo siguió adelante contra todos los pronósticos y obstáculos, incluso en prisión, y cambió el curso de la historia mundial. Cada uno era una persona de oración. En vista de los días venideros, una fuerte vida de oración no es opcional sino determinante. Los que permanecerán inamovibles en los días de oscuridad serán los que permanezcan inamovibles en la presencia de Dios. Deben hacerlo todos los días de sus vidas. Es su privilegio, su alegría y el antídoto para el mundo.

El no enmarcado

La cultura de Josías había redefinido lo que era aceptable y lo que no, lo que estaba bien y lo que estaba mal, lo que era santo y lo profano. Josías tuvo que rechazar el replanteamiento a fin de afirmar y defender lo que siempre había sabido que era verdadero y correcto.

Una civilización apóstata, una cultura caída,
intentará doblegar, alterar, replantear y redefinir
la realidad para alinearla con su caída.

Pero los justos deben rechazar eso.

Deben defender, afirmar y reafirmar lo inmutable y lo verdadero.

Deben defender el estado incorrupto, inalterado y
no caído del hombre, de la mujer, del matrimonio,
de la familia, de la paternidad, de la maternidad,
de la infancia, de la humanidad, de la vida.

Deben defenderlo y manifestarlo no solo en su cultura
sino en sus hogares, sus familias y sus vidas.

La cultura que se ha apartado de Dios siempre intentará justificar su estado desquiciado alterando estándares, redefiniendo valores y reformulando la realidad. El replanteamiento es mordaz y pervierte incluso a aquellos que intentan resistirlo. Lo que provocó conmoción entre los no creyentes de tiempos pasados ahora no causa ni asombro entre los creyentes. Cuando uno está continuamente expuesto a la oscuridad, corre el peligro de que se le adormezca la sensibilidad y se le cauterice la conciencia.

Los justos deben rechazar los estándares alterados de su cultura, sus palabras redefinidas, su lenguaje modificado, sus valores mutados y su inversión del bien y el mal. No deben permitir que eso altere de ninguna manera lo que sabían que era verdad. Deben purificarse de su influencia corruptora y renovarse en la verdad.

El apóstata Acab trató de redefinir al profeta Elías llamándolo "perturbador de Israel".[1] Pero Elías se negó a ello y respondió diciéndole al rey que era él quien perturbaba a Israel al abandonar a Dios por Baal. Así que, al igual que ocurrió con Elías, la postura fiel e inmutable de los justos es la que testifica en contra de los estándares cambiantes de la cultura apóstata en la que viven. Su cultura los odiará por ello. Sin embargo, deben dar testimonio y defender la verdad. Fue al hacer lo que Elías y Josías hicieron que sus naciones volvieron a Dios. Sin la verdad, tales civilizaciones no tienen esperanza. Pero con la verdad hay esperanza porque los justos tienen poder.

La palabra

Josías vivió en una cultura que se había apartado de la Palabra de Dios. Por eso tuvo que aferrarse con más fuerza a ella. Josías tomó la Palabra tan en serio que cuando se dio cuenta de cuán lejos había caído su nación, puso en marcha una revolución espiritual. Sus actos más importantes nacieron de la Palabra. No intentaría cambiarla ni reinterpretarla para alinear eso con su cultura o su vida. Más bien, cambiaría su vida y su cultura para alinearse con la Palabra de Dios.

> La civilización apóstata se apartará de la Palabra. Los justos deben hacer lo contrario y *aferrarse* a la Palabra con mayor fuerza.

> La cultura apóstata distorsiona la Palabra o la verdad para adaptarla a sus maneras. Los justos deben someter sus maneras para conformarse a la Palabra.

Los gobiernos más malvados de la era moderna han librado una guerra contra la Palabra de Dios. El Tercer Reich intentó subvertirla y redefinirla. Los regímenes del comunismo intentaron suprimirla, prohibirla o abolirla.

En la moderna cultura estadounidense y occidental, la guerra contra la Palabra se libra ahora mediante su menosprecio, su marginación, su reinterpretación y la eliminación progresiva de la cultura y la vida predominantes. Cuanto más se aleja una cultura de Dios, más debe socavar o redefinir la Palabra. Al mismo tiempo, más necesitada de la Palabra se vuelve.

Cuanto mayor sea la apostasía de la Palabra de una cultura, con más fuerza deben los justos aferrarse a ella; con más fuerza deben recibirla, atesorarla, compartirla, proclamarla, actuar en consecuencia, vivir según ella y poner sus vidas en conformidad con ella. Nunca deben ablandarla, diluirla, agregarle ni quitarle de ninguna manera.

Deben tratar la Palabra como el verdadero pan de su vida y participar de ella cada día. Deben recordar que antes del mundo existía la Palabra, y así será después de que el mundo ya no exista. La Palabra es más poderosa que el mundo.

Emunah

Josías era un hombre de fe. Fue su fe en lo que estaba más allá su mundo, y que más grande, lo que le dio el poder para triunfar. De modo que fue el poder de la fe lo que permitió a los justos de los tiempos bíblicos vencer todas las cosas. De ellos, el Libro de Hebreos registra:

> Por la fe esas personas conquistaron reinos, gobernaron con justicia y recibieron lo que Dios les había prometido. Cerraron bocas de leones, apagaron llamas de fuego y escaparon de morir a filo de espada. Su debilidad se convirtió en fortaleza. Llegaron a ser poderosos en batalla e hicieron huir a ejércitos enteros.[2]

La fe ve a través del mundo y más allá.

Cuanto más oscuro es el mundo, más deben vivir los justos por fe y mayor debe ser su fe.

El poder de la fe vence al mundo.

No se puede vencer al mundo ni escapar de sus tentaciones y temores si es la única y definitiva realidad de uno. Es la fe la que da el poder de trascender las fronteras del mundo y de la vida.

No es casualidad que la palabra hebrea para *fe*, *emunah*, sea la misma para *firmeza*. Y ambas palabras están conectadas con el vocablo hebreo para *verdad*. Es la fe la que conecta a los justos con la verdad, que es firme e inmutable. Y es la fe la que da al justo el poder de volverse firme e inquebrantable.

Fue la fe la que permitió a los primeros cristianos enfrentarse al imperio más poderoso de la tierra. Fue la fe la que permitió a los justos de la era moderna enfrentarse al más opresivo de los gobiernos totalitarios. Fue la fe la que les permitió hacer lo correcto, trascender a sí mismos y salvar la vida de otros aun cuando eso significara arriesgar la propia. Una mayor oscuridad requerirá una mayor fe.

El eterno

La mayoría de los contemporáneos de Josías creían que el reino en el que vivían duraría indefinidamente. Pero Josías estaba consciente de lo contrario. Sabía que el reino era temporal y que sus días estaban contados, pero que Dios y su Palabra eran para siempre. Así, Josías no viviría según los dictados de un mundo que sabía que estaba pasando, sino a la luz de la eternidad.

> **Los justos deben ver la cultura y el mundo
> en el que viven y la oscuridad que enfrentan
> como algo temporal, efímero.**

> **Deben poner sus ojos en lo eterno y ver todas las
> cosas a su luz, para vivir en consecuencia.**

Para los que han vivido bajo el peso del mal totalitario, la oscuridad a menudo parece imparable, inquebrantable e interminable. La resistencia parece inútil y desesperada. Y, sin embargo, al final, todos esos poderes se han desmoronado o se desmoronarán y se volverán nada.

Es la naturaleza de las naciones, reinos, culturas y civilizaciones asumir el manto y el aura de que son permanentes. Pero, al final, todos se convertirán en polvo. A la luz de lo eterno, los reinos más poderosos y duraderos no son más que vapores que aparecen por un momento y son arrastrados por el viento.

Los justos nunca deben sentirse asombrados, intimidados o sacudidos por lo que pasa. Deben recordar a los profetas, a los vagabundos del desierto, a los predicadores harapientos que se encontraban a las márgenes de tales imperios, aquellos cuyas voces resonaban contra los muros de Babilonia, Nínive y Roma. En contraste con los reinos e imperios de su época, parecían pequeños, insignificantes, desesperados y en el lado equivocado de la historia. Y, sin embargo, los imperios que se alzaban sobre ellos ahora están en ruinas. Pero las palabras de los profetas perduran hasta hoy. La oscuridad solo puede existir por un tiempo y luego debe desvanecerse por la luz. Los hijos de Dios deben poner sus ojos y su esperanza en aquello que nunca se desvanece, lo que es para siempre: lo eterno. Deben ver y juzgar todas las cosas desde esa perspectiva y vivir a su luz. Aquellos que ven y viven por lo eterno vencerán lo temporal.

AGENTES DEL CIELO EN LA TIERRA

Capítulo 51

V

Agentes del cielo en la tierra

Agentes del cielo

No fue suficiente que Josías se separara de las tinieblas espirituales de su época. Si hubiera hecho solo eso, aunque no habría sido incluido entre los muchos reyes malvados de Judá, no habría estado entre los más grandes. No bastaba con separarse del mal: tenía que vencerlo.

La oscuridad de su época no era pasiva, era activa. La sangre de los niños derramada en el valle de Hinom testificó de ese hecho. Josías sabía que una justicia pasiva sería de poco efecto frente a una oscuridad tan poderosamente activa. No se vería impactado por la apostasía de su época; él la afectaría. No sería definido por su cultura; él la definiría. Y no se conformó a su edad; él la transformaría. Josías se convertiría en un agente activo de luz en medio de la oscuridad circundante.

Los hijos de Dios no deben vivir en el mundo como
habitantes pasivos sino como agentes activos.

No son de la tierra sino del cielo.
Por lo tanto, no *deben* vivir del mundo.
Deben vivir *para* el mundo, su cultura y su época.

No deben ser definidos por su época.
Ellos la definen.

El mundo no debe cambiarlos.
Ellos lo cambian.

Deben vivir como agentes del cielo en la tierra.

El Mesías les dijo a sus discípulos que ellos serían la sal de la tierra y la luz del mundo.[1] Tanto la sal como la luz operan como agentes activos en sus circunstancias. La sal actúa como conservante y la luz para transformar la oscuridad. De modo que el creyente no debe estar en el mundo —ni en ninguna circunstancia— sin, de alguna manera, impactarlo y transformarlo.

La luz que no brilla deja de ser luz. Y la que no brilla entre las tinieblas deja de ser luz. Así son los justos que no actúan contra el mal ni impactan al mundo para el bien, dejan de ser justos.

Los que no venzan el mal, serán vencidos por él. Las Escrituras encargan a los justos que no sean vencidos por el mal sino que venzan el mal con el bien.[2] Así fue para los primeros creyentes que, contra todo pronóstico, prevalecieron contra toda oposición y persecución, y vencieron al imperio.

El pueblo de Dios debe vivir como agentes del cielo en la tierra, porque eso es lo que son.

El avance

Josías no vivió a la defensiva. Tampoco buscó solo mantenerse firme contra el mal. Más bien, luchó contra ello en la arena pública. Luchó contra eso en el ámbito del gobierno. Lo combatió en toda su tierra. Vivió a la ofensiva y a avanzando. No esperó que la oscuridad llegara a su puerta. Llevó la batalla a las puertas del mal.

> Si los justos no viven a la ofensiva,
> vivirán de la defensiva.

> Deben luchar contra la oscuridad en público o terminarán
> luchando contra ella en la puerta de su casa.

> Deben vivir siempre avanzando.

Cuando un gobierno o una cultura lanza una guerra contra un pueblo, es natural que quienes la enfrenten vivan en un estado de defensa y autoprotección. Pero el pueblo de Dios no debe vivir como tal. Cuando el Mesías dio a sus discípulos la Gran Comisión, dijo: "Id".[3] Ir requiere un movimiento de avance. Por eso los justos siempre deben seguir adelante y avanzar. Incluso en medio del ataque y la oposición, nunca deben dejar de avanzar. Deben cumplir su instrucción principal, que es ir y conquistar nuevos territorios.

Cuando el Mesías habló a sus discípulos del reino del infierno, no dijo que sus ejércitos fracasarían en sus ataques, sino que sus *puertas* no prevalecerían contra ellos.[4] El pueblo de Dios no debe vivir con temor a las puertas, sino luchar contra ellas, atravesarlas y prevalecer. La palabra *ir* no permite una vida defensiva o de reacción, sino una que avanza.

Todas las cosas

Josías usó todo lo que estuvo a su alcance, cada medio y recurso, cada habilidad y talento, cada instrumento estatal y toda autoridad, todo lo que estuvo a su disposición para impactar cada parte de su tierra y su reino.

> Los justos deben aprovechar al máximo
> cada oportunidad y cada momento.
> No hay tiempo ni lugar, ni hora, situación o estado
> que no pueda utilizarse para impactar al mundo.
>
> Deben utilizar todos los medios,
> todos los recursos, todo lo que esté
> a su disposición, todo lo que está de acuerdo
> con la voluntad, los caminos y el amor de
> Dios para cumplir sus propósitos.

El pueblo de Dios debe aprovechar al máximo cada momento y circunstancia para impactar su mundo: en sus hogares, sus lugares de trabajo, sus escuelas, en sus posiciones de poder e influencia, sus habilidades y destrezas, sus experiencias y recursos, sus idas y venidas, en todo tiempo y lugar. Deben utilizar todos los medios y recursos a su disposición para cumplir los propósitos de Dios. El apóstol Pablo escribió: "A todos me he hecho todo, para que de *todos modos* salve a algunos".[5] Por lo tanto, no había limitación alguna sobre lo que podía usarse para los propósitos de Dios, excepto que fuera congruente con los caminos de Dios. Todos esos medios y acciones deben medirse por las palabras dadas por el Mesías y las Escrituras del Nuevo Pacto. Todas las cosas deben ser hechas en amor, y por la vida y la redención.

En otras palabras, no se puede vencer al mundo *por* el mundo, ni al mal por medios malignos. No se pueden utilizar medios impíos para lograr fines piadosos. No se puede expulsar al diablo con el diablo. Por otro lado, existen muchos medios y estrategias que no entran en conflicto con los caminos de Dios. Y el hecho de que hayan sido utilizados para propósitos mundanos o impíos no impide que se empleen para Dios. El apóstol Pablo utilizó la ley romana para hacer avanzar el evangelio, incluso usó palabras de los escritos paganos para compartir el evangelio a Atenas desde el Areópago. Usó todas las cosas para Dios de forma que *por todos los medios* pudiera salvar a algunos. Por tanto los justos deben hacer lo mismo.

Y siempre deben recordar que sus medios más poderosos no son de este mundo sino espirituales: la oración, la Palabra, la presencia y el poder de Dios. En tiempos de represión o persecución, puede que no haya otro poder. Así que, si sus únicos medios son espirituales, será suficiente. Porque ningún instrumento del hombre, ninguna fuerza de gobierno, ningún poder en la tierra es lo suficientemente fuerte como para detener los medios dados por el Espíritu de Dios.

Estado de la misión

Josías no vivió para sí mismo, su comodidad ni su propio beneficio. Más bien, vivió para hacer lo correcto, sin importar lo que eso requiriera o significara. Vivía más allá de sí mismo, más allá de su vida. No vivió para sobrevivir. Vivió como alguien en una misión. Y por eso la vida que llevó fue de propósito y grandeza.

> Los justos no están en la tierra para vivir en un estado
> de supervivencia sino en un estado de misión.

> Solo entonces podrán tener vidas rectas
> y cumplir su llamado.

Deben vivir más allá de sus vidas
y elevarse por encima de ellas.

Deben vivir como los que tienen una misión, como
si hubieran sido enviados al mundo por Dios.

Los dictados del interés propio y la supervivencia acabarán entrando en conflicto con los dictados de lo que es correcto y de Dios. Millones de alemanes siguieron la maldad del nazismo por razones de supervivencia y de interés propio. Pero aquellos que hicieron lo correcto lo efectuaron trascendiendo su propio interés. Fue viviendo más allá y por encima de sí mismos que pudieron llevar vidas rectas y de grandeza.

El pueblo de Dios debe liberarse de vivir según los dictados del interés propio y la supervivencia. Deben vivir para lo que es más grande. Solo entonces podrán tener una vida que valga la pena, una vida de grandeza.

Deben resolverse a pagar cualquier precio que deban pagar, ofrecer cualquier sacrificio que deba ofrecerse y dejar caer todas las fichas donde puedan para vivir con rectitud. Porque solo aquellos que abandonan sus vidas por causa de la justicia terminarán encontrándolas y encontrando el propósito por el cual sus vidas fueron dadas.

La destrucción de los altares de la época

No fue suficiente que Josías no rindiera homenaje a los dioses. No le bastó con derribar sus altares en el recinto real, su propio patio. Sabía que si quería que su nación volviera a Dios, tendría que romper, volver inoperables y eliminar los altares de los dioses que había en su tierra. Mientras permanecieran en pie, se les serviría y se sacrificaría a los niños de la nación. De modo que Josías fue contra los altares de su tierra.

No es suficiente para los justos no inclinarse ante
los dioses de su época, su cultura y su mundo.
Deben oponerse activamente a ellos.

Deben oponerse a sus altares. Y por mucho
que tengan poder, deben derribarlos.

No basta con que los justos no se postren ni rindan homenaje a los dioses. No basta con que derriben los altares de sus vidas. Deben oponerse activamente a los dioses de su época y su cultura, y buscar la destrucción de los altares de su tierra.

Cuando una cultura consagra una ideología, un movimiento, una "verdad" (un dios) en sus lugares elevados y sagrados, los justos deben oponerse a ese dios y a su altar. No deben guardar silencio ni permanecer inmóviles ante el mal y la falsedad.

¿Cómo identifican el altar de un dios? Un altar es cualquier vaso o instrumento mediante el cual se sirve y se sacrifica al mal. El altar se manifiesta como un sistema, una institución, una organización, una práctica, una costumbre, una industria, cualquier instrumento mediante el cual se sirva a los propósitos del mal y se luche contra los fines de Dios.

Cuando los creyentes entraron en tierras paganas con el propósito de llevar el evangelio, se enfrentaron a altares: el infanticidio de Roma, el canibalismo del Pacífico Sur, la quema de viudas en India, los sacrificios humanos en la Europa pagana, la mutilación involuntaria de eunucos y sacerdotes y la prostitución forzada de mujeres jóvenes y niñas, el tráfico sexual del mundo antiguo. Frente a tales altares, intentaron anularlos, hacerlos inoperables. No fue casualidad que el movimiento para poner fin a la esclavitud, la abolición, fuera inspirado por la fe, motivado por las Escrituras, iniciado e impulsado por cristianos que buscaban cumplir los propósitos de Dios.

Los justos no pueden estar en paz con ningún sistema que adoctrine, confunda, mutile o mate a millones de sus hijos, ni con aquello que esclavice, corrompa, envenene, oprima, contamine, abuse y degrade o destruya la vida humana, ya sea de inocentes en el útero o de los débiles, los enfermos y los ancianos. Tampoco pueden estar en paz con ningún sistema que luche contra los caminos y las leyes de Dios, su creación, su imagen y sus propósitos, ya sea vida, sexualidad y género, matrimonio y familia, o humanidad. Deben defender cada uno de estos y oponerse a los altares modernos de Baal, Astarté y Moloc en todas sus manifestaciones.

Y por mucho que esté en su poder hacerlo, deben buscar, como lo hizo Josías, su derrocamiento y abolición. Para ello deben utilizar todos los medios a su alcance, ya sean políticos, legislativos, judiciales o económicos, hablando y no callando, mediante campañas organizadas, protestas pacíficas, medios de comunicación y cualquier otro instrumento que sea coherente con las formas y el amor de Dios y que conmueva los corazones. Y deben hacer eso siempre mediante la oración, la Palabra y el poder de Dios. Con eso deben tratar de anular, eliminar o volver inoperables los vasos de muerte y destrucción que su cultura haya erigido; deben derribar los altares de los dioses.

EL REINO DEL CORDERO

Capítulo 52

VI

El reino del Cordero

Lo bueno

Josías selló su campaña de limpieza y reforma llamando a su pueblo a reunirse en Jerusalén para una asamblea y celebración nacional:

> Entonces mandó el rey a todo el pueblo, diciendo: Haced la pascua a Jehová vuestro Dios, conforme a lo que está escrito en el libro de este pacto. No había sido hecha tal pascua desde los tiempos en que los jueces gobernaban a Israel, ni en todos los tiempos de los reyes de Israel y de los reyes de Judá. A los dieciocho años del rey Josías fue hecha aquella pascua a Jehová en Jerusalén.[1]

Aunque la Pascua debía celebrarse todos los años, la implicación aquí es que no se había celebrado durante algún tiempo o no como se debía. La Pascua de Josías fue un acto de restauración. Aunque la destrucción de altares, ídolos y santuarios personificó su reinado, fue la Pascua la que selló su campaña y definió con mayor precisión su vida. Su existencia no tenía que ver con destrucción sino con restauración. En última instancia, no fue un destructor de la adoración sino su restaurador. Su vida no estuvo definida por los altares e ídolos contra los que luchó sino por el Dios que afirmaba. Su campaña contra el mal se libró únicamente para que su pueblo volviera al bien. Su reino se dirigía a la destrucción. Josías trató de revertirlo.

Profanar los altares de viles era un acto de santificación. Destruir los altares en los que se asesinaba a los niños era un acto de vida. Y derrocar lo que había derribado a su nación traería restauración. El impacto de su vida fue positivo.

Los justos no deben ser definidos,
en última instancia, por aquello a lo que se
oponen sino por aquello que representan.

Sus vidas deben producir sanidad,
restauración, salvación y redención.

Su impacto en el mundo debe ser positivo.

Deben amar frente al odio, bendecir frente
a la persecución, devolver bien por mal y
mostrar el cielo frente al infierno.

Sus vidas deben vivirse como regalos
para el mundo.

El peligro de vivir en una cultura especialmente oscurecida y de luchar contra el mal, como debemos hacerlo, es quedar definido por aquello contra lo que se lucha, dejar que el mal se convierta en el centro de atención, vivir reaccionando a él y convertirse en su reflejo. Los justos deben resguardarse de eso. No deben definirse por aquello a lo que se oponen sino por lo que defienden.

Deben oponerse a los caminos de la muerte porque son personas de vida. Deben oponerse al pecado tanto como se opondrían a una enfermedad que amenace la vida. Cuando se enfrenten al odio, deben responder con amor. Y como su fe se basa en la bendición y el don de Dios, sus vidas deben reflejar y manifestar eso. Cada uno debe convertirse en un vaso viviente de bendición, cada uno, un regalo dado por Dios al mundo.

Los corazones y la piedra

Josías sabía que si solo derribaba los altares del culto pagano sin trastornar los corazones, su campaña fracasaría. Tenía que cambiar sus corazones. Con ese fin, llamó a su pueblo a Jerusalén para celebrar la Pascua, adorar al Señor y estar en su presencia. Solo si la gente llegara a conocer a Dios por sí misma se produciría un cambio duradero.

Si los justos solo buscan cambiar las estructuras
externas de la cultura, las leyes, las instituciones y
los sistemas, sus esfuerzos se verán frustrados.

Si uno cambia las leyes sin modificar los corazones,
las leyes cambiadas volverán a cambiar
por los corazones inmutables.

Para revolucionar al mundo, hay que revolucionar
el corazón. Y para revolucionar el corazón
se requiere el poder de Dios.

Cambia el corazón y el mundo te seguirá.

El pueblo de Dios *está* llamado a buscar el cambio de leyes, instituciones, sistemas y marcos, establecimientos y estructuras externas para impactar al mundo para bien. Pero si transforman esas cosas sin cambiar el interior, el corazón, sus esfuerzos, al final, serán deshechos.

Aunque intenten impactar al mundo que los rodea, su objetivo final debe ser espiritual. Deben intentar cambiar los corazones de su generación. Deben hacer todo lo posible y todo lo que esté a su alcance para acercar a Dios a los de su generación, para que puedan llegar a conocerlo, recibir su salvación y que su presencia llene sus corazones y sus vidas.

La instrucción principal

La Pascua era la fiesta de la liberación y la salvación. Celebraba la salvación que Dios le dio a Israel de la esclavitud egipcia. Se centraba en el cordero pascual. De modo que, cuando Josías llamó a la nación a Jerusalén para celebrar la Pascua, los estaba instando a festejar su salvación. Así, la celebración de la salvación fue el acontecimiento que selló y coronó su campaña.

La primera prioridad y la instrucción principal
del pueblo de Dios en cuanto al mundo
es la salvación.

Cada generación de creyentes tiene el encargo de hacer
todo lo que esté a su alcance para alcanzar y salvar a
tantos de su generación para Dios como sea posible.

Deben compartir el mensaje del Cordero,
las buenas nuevas, el evangelio, por todos los
medios y a tantas personas como sea posible.

Esa responsabilidad no disminuye en tiempos
de tribulación o persecución, ni bajo poderes
impíos que luchen contra su difusión. Al contrario,
es entonces aun más vital compartirla.

La celebración de Josías se centró en el cordero pascual y específicamente en su sangre, la sustancia que salvó a Israel del juicio y la esclavitud. Yeshúa de Nazaret, Jesús, es llamado el Cordero Pascual. El Cordero es Jesús. Así, el profeta Isaías predijo al Mesías judío evocando la imagen de un cordero para el sacrificio:

Fue llevado como *cordero* al matadero.[2]

Entonces Juan el Bautista anunció su venida con estas palabras:

He aquí el *Cordero de Dios*, que quita el pecado del mundo.[3]

Así el apóstol Pablo, escribiendo en 1 Corintios, dice:

Cristo, nuestro *Cordero Pascual*, ha sido sacrificado por nosotros.[4]

Si uno tuviera que resumir el mensaje de la Pascua en una sola declaración, podría decir: "Fuimos salvados de la esclavitud, del juicio y de la muerte por la sangre del Cordero pascual". Si uno tuviera que resumir el mensaje del Evangelio, podría decir: "Fuimos salvados de la esclavitud, el juicio y la muerte por la sangre del Mesías, el Cordero pascual". La fe cristiana es una fe de Pascua, y el mensaje del evangelio es el mensaje de la Pascua.

Así como Josías convocó a su pueblo a participar del Cordero, cada creyente es llamado a llevar a todas las personas a la salvación en el Cordero. Deben intentar hacerlo por todos los medios posibles: mediante la palabra hablada, la palabra escrita, la imagen y los medios, la acción, el ejemplo y la vida.

Esta es la instrucción principal para todo creyente. Es para todos los tiempos y lugares. Pablo, incluso en su prisión, en cadenas, compartió el evangelio, aun con sus captores. Poseer la cura para una enfermedad mortal y no compartirla con quienes mueren a causa de esa enfermedad es un acto inmoral. Entonces, poseer el evangelio, la cura y el antídoto para un mundo moribundo, la respuesta, la salvación, y abstenerse de compartirlo, es un acto de inmoralidad aun mayor.

En cuanto a una civilización que busca prohibir la difusión del evangelio, los creyentes deben seguir el mandato de una autoridad superior. El hecho mismo de que el evangelio haya sido prohibido da testimonio de que la necesidad de compartirlo con esa civilización es aun mayor.

Por tanto, Josías llevó a su pueblo a la celebración de la salvación, la fiesta del Cordero. De modo que Jesús es el Cordero, y su nombre, Jesús o Yeshua, significa "salvación".

Al Cordero

Todo lo que Josías hizo para limpiar y salvar a su nación fue antes de la Pascua. La conexión con la Pascua y el cordero es tan fuerte que la palabra hebrea para la fiesta, Pésaj, en realidad significa *cordero de la Pascua*. Así que todo eso conducía al cordero.

La Palabra de Dios revela al Cordero como el misterio,
el alfa y la omega, el principio y el fin,
el centro, la meta, la razón y el propósito
de todas las cosas.

Así debe ser para el pueblo de Dios.
Deben hacer del Cordero el alfa y la omega,
el principio y el fin, la razón y el
objetivo de sus vidas.

Deben fijar sus ojos en el Cordero, pronunciar el
nombre del Cordero, glorificar al Cordero en todo
lo que hagan, y seguir las huellas del Cordero.

Deben vivir desde la perspectiva del Cordero,
para el Cordero, en el Cordero,
por el Cordero, del Cordero y al Cordero.

Los actos y la vida del creyente también deben ser para el Cordero, para el Mesías, para Yeshúa. Su amor y su sacrificio, encarnados en la cruz, deben ser el fundamento y el centro de sus vidas. No deben alejarse de él y, si lo hacen, siempre deben volver a él.

Deben, cada día, buscar su guía, sus caminos y seguir sus pasos. Deben tratar de conocerlo cada día más que el día anterior. Deben aspirar a vivir plenamente en su presencia y permitir que esta viva plenamente en ellos.

Deben vivir en su vivir, moverse en su mover, amar en su amar y vencer en su triunfo.

Y en una época en la que se luche contra su nombre, deben proclamarlo con mayor valentía. Deben hacer de él el principio y el fin, la razón y el propósito de y para todo lo que hagan y lo que son.

El amor radical

En última instancia, la vida de Josías estuvo guiada por el amor. Se dedicó a la salvación de su reino, de su pueblo, de sus hijos, de su futuro. En definitiva, su campaña fue impulsada por el amor: por Dios y por su pueblo.

Aquellos que quieran seguir al Cordero deben
vivir como él, una vida de amor radical.

Su amor no debe tener condiciones, ni límites,
ni razón terrenal, ni causa natural.

Deben amar a los que no los aman, a los que no son
amables y a los que no son dignos de ser amados.

Deben manifestar su amor difundiendo la salvación
entre los perdidos y siendo compasivos con los necesitados,
alimentando al hambriento, vistiendo al desnudo,
curando al enfermo y liberando a los cautivos.

Su amor no debe, de ninguna manera,
debilitar su postura contra el mal.
Esa posición tampoco debe debilitar de
ninguna manera su amor.

Deben llevar una vida de amor que confunda al mundo.

Los corderos pascuales de Josías personificaban el sacrificio. El Cordero de Dios, el Mesías, personifica el autosacrificio, la entrega de la vida para salvar a otros: el amor absoluto. El que sigue al Cordero debe vivir de la misma manera.

Su amor no disminuye, de ninguna forma, su llamado a oponerse al mal. Más bien lo exige. Los padres que no buscan con todas sus fuerzas luchar contra la enfermedad que asola la vida de su hijo, no aman a su hijo. Así los justos que no luchan contra el mal que destruye al mundo y los que son parte de sus vidas, no los aman. Al mismo tiempo, la lucha contra el mal nunca debe comprometer el mandato de amar. El pueblo de Dios debe amar a sus enemigos, bendecir a quienes los maldicen y orar por quienes los persiguen, y con ello, confundir y vencer al mundo.

El armamento de la alabanza

La Pascua a la que Josías llamó a su pueblo fue más que una celebración. En hebreo, la Pascua se llamaba Khag Pésaj. La palabra *Khag* significa fiesta o festival. Proviene de una raíz hebrea que puede traducirse como "bailar en círculos". La Pascua estaba llena no solo de corderos sino también de adoración y alabanza. Josías conocía el poder de la alabanza y que un pueblo que adoraba en la presencia de Dios sería menos probable que adorara en los altares de Hinom. El poder de la adoración y la alabanza vencería la oscuridad de los dioses que una vez habían vencido a su pueblo.

La adoración y la alabanza no son solo necesidades
para el pueblo de Dios, son poder y armas.

Estas dotan a los justos del poder para hacer
su voluntad, para resistir las tinieblas, para
pelear sus batallas y salir victoriosos.

Está escrito que Dios *habita en las alabanzas de su pueblo.*[5] La alabanza y la adoración son los portales de la presencia de Dios. En su presencia, su pueblo es lleno, purificado y fortalecido. Así, la alabanza y la adoración dan poder a los justos, tanto más en medio de sus guerras y pruebas, y en tiempos de adversidad y maldad.

El ejército del rey Josafat estaba dirigido por adoradores. La Biblia registra que cuando "comenzaron a cantar y a alabar", sus enemigos se volvieron unos contra otros hasta que fueron derrotados.[6] La alabanza es también un arma, un escudo y una armadura con la que los justos deben pelear y ganar sus batallas.

Alegría

Las fiestas de Israel se caracterizaban no solo por la santidad y la adoración, sino también por una gran alegría. Los israelitas debían alegrarse en sus fiestas. Así, al guiar a su nación a la fiesta, Josías llevó a su pueblo al regocijo.

La alegría es de Dios. La alegría es santa.
La justicia conduce al gozo.

Por tanto, los justos deben ser un pueblo e alegre.

El gozo de los justos no es del mundo sino del cielo.

Trasciende el mundo y no tiene condiciones.

Y así los justos podrán comprenderlo en todo
momento y en todas las circunstancias.

Es una alegría contraria, una alegría elegida,
una alegría radical.

Cuanto más se practica,
más fuerte se vuelve.

El gozo del Señor es la fuerza y la salvaguardia de
los justos, capacitándolos para resistir el mal.

Porque el gozo del Señor también es lo
que ilumina y vence al mundo.

El gozo es un fruto del Espíritu. En el Libro de Nehemías, se le dice al pueblo de Israel que "el gozo del Señor es vuestra fortaleza".[7] La alegría del Señor es una fuente de poder. Es una salvaguardia. Porque uno se sentirá atraído por aquello en lo que se alegra. Por otro lado, uno se verá alejado de aquello en lo que no se regocija. De modo que, en tiempos de maldad, tentación y oscuridad, los creyentes deben fortalecerse aun más en la práctica del gozo.

La generación más importante en la historia del evangelio es la que se registra en el Libro de los Hechos. Aunque pequeña e improbable, aunque nació bajo los fuegos de la persecución, fue la generación que más cambió el curso de la historia. ¿Cómo resistieron los creyentes en el Libro de los Hechos todo lo que se emprendía contra ellos y vencieron contra todo pronóstico?

Lo hicieron con alegría. La alegría impregna el relato de los primeros creyentes. Se regocijaban con las buenas noticias, con las malas noticias, con la persecución y con la tribulación. Se alegraban por la honra de ser perseguidos por causa del Mesías. Su alegría desafió y trascendió sus circunstancias. Y prevalecieron. También lo hará la generación de los últimos días si, de igual manera, vive en el mismo gozo incondicional, inexplicable e imparable.

VII

LA FINALIZACIÓN

Capítulo 53

VII

La finalización

Betel

Después de limpiar y erradicar de Jerusalén y la tierra de Judá aquellos altares y santuarios a otros dioses, Josías partió hacia Betel. El nombre Betel en hebreo significa "casa de Dios". Ocupó un lugar especial en la historia de la nación. Fue allí donde el patriarca Jacob recibió un sueño de Dios en el que veía una escalera que se extendía del cielo a la tierra: *la escalera de Jacob.*

Siglos más tarde, cuando Israel se apartó de Dios, Betel se convirtió en un lugar alto pagano con un enorme altar y un ídolo. Durante siglos fue un santuario pagano. Josías fue instado a ir allí para limpiarlo. Y así lo hizo:

> Derribó también el altar de Betel y el altar pagano ... quemó el altar pagano hasta convertirlo en cenizas y prendió fuego a la imagen...[1]

Luego, para inutilizar el altar, lo profanó:

> ... al ver los sepulcros que había en la colina, Josías mandó que recogieran los huesos y los quemaran en el altar para profanarlo.[2]

Y entonces sucedió algo. Un objeto llamó su atención:

> Luego el rey preguntó: "¿De quién es ese monumento que veo allá?".[3]

El monumento era la llave que desbloquearía un misterio que se estaba gestando desde hace mucho tiempo.

El altar de Jeroboam

Tres siglos antes de que Josías llegara a Betel, otro rey fue allí, Jeroboam. Este había liderado la rebelión que dividió el reino de David y formó el reino del norte, conocido alternamente como Israel y Samaria.

Temiendo que sus súbditos viajaran a Jerusalén en el reino sureño de Judá para adorar a Dios, estableció dos santuarios de adoración, cada uno con un ídolo, un becerro de oro y cada uno con un altar en el que decretó que su pueblo debía ofrecer sacrificios. Erigió uno a lo largo de la frontera norte, en la tierra de Dan, y el otro a lo largo de su frontera sur, en Betel. Eran los santuarios de la apostasía nacional.

Jeroboam estaba de pie junto al altar en Betel, a punto de ofrecer incienso sobre él, cuando apareció un hombre de Dios del reino de Judá con una profecía. Fue una palabra para el rey apóstata y su nación, pero dirigida al altar.

Una profecía para un altar

… aquel clamó contra el altar por palabra de Jehová y dijo: Altar, altar, así ha dicho Jehová: He aquí que a la casa de David nacerá un hijo llamado Josías, el cual sacrificará sobre ti a los sacerdotes de los lugares altos que queman sobre ti incienso, y sobre ti quemarán huesos de hombres.[4]

La profecía hablaba de un evento que ocurriría trescientos años en el futuro. Reveló el nombre de aquel que lo cumpliría siglos antes de que se le diera su nombre o fuera concebido en el vientre de su madre. Y vino con una señal:

> Aquel mismo día el hombre de Dios ofreció una señal: "Esta es la señal que el Señor da: ¡El altar será derribado y las cenizas se esparcirán!".[5]

El presagio de Josías

El rey ordenó el arresto del profeta. Pero mientras lo hacía, de repente su mano se marchitó y se manifestó la señal de la que habló la profecía:

> En ese momento, el altar se vino abajo y las cenizas se esparcieron, según la señal que, en obediencia a la palabra del Señor, había dado el hombre de Dios.[6]

La señal del altar roto fue la que se dio para marcar la primera mención del hombre que sería conocido como Josías. Simbolizaría su misión de limpiar la tierra de ídolos, de hacer que su nación volviera a Dios y derribara los altares de los dioses. Entonces el altar roto apareció como la señal de Josías siglos antes de que naciera.

Los que estaban vivos en el momento en que se dio la profecía ya habrían desaparecido en el instante de su cumplimiento. Y el que lo cumplió no tenía idea de su existencia. Su recuerdo fue mantenido vivo por el pueblo de Betel para ser revelado ese día:

> Entonces los hombres de la ciudad le dijeron: "Es el sepulcro del varón de Dios que vino de Judá y proclamó estas cosas que has hecho contra el altar de Betel".[7]

Y fue entonces cuando todo se concretó para Josías, el cumplimiento de su llamamiento, el propósito de su existencia y el misterio de su vida. Todo en su existencia conducía a ese lugar, ese evento y ese momento. Y ahora, por primera vez, podía verlo.

¿Qué nos revela eso?

El destino designado

Había un destino señalado para la vida de Josías. Estuvo allí siglos antes de su nacimiento. El hecho de que viviera en una época de apostasía y una civilización impía no afectó de ninguna manera su llamado ni anuló su destino. Más bien, lo hizo posible.

Para cada hijo de Dios y cada generación
del pueblo de Dios hay un llamado,
un propósito y un destino designado.

Corresponde a cada generación
buscarlo y cumplirlo.

En el Libro de los Salmos, David escribió:

> Tus ojos vieron mi cuerpo en gestación: todo estaba ya escrito en tu libro; todos mis días se estaban diseñando, aunque no existía uno solo de ellos.[8]

Antes de nacer, todos los días de la vida de David estaban escritos en el libro de Dios, y llegó a ser pastor, héroe, guerrero y rey. Así también habló Dios al profeta Jeremías y le dijo:

> Antes de formarte en el vientre, ya te había elegido; antes de que nacieras, ya te había apartado; te había nombrado profeta para las naciones.[9]

Así también el apóstol Pablo pudo escribir:

> Sin embargo, Dios me había apartado desde el vientre de mi madre y me llamó por su gracia. Y, cuando él tuvo a bien...[10]

No es solo para ellos sino para todos los hijos de Dios. Hay un llamado, un propósito y un destino: para los famosos y los desconocidos, los poderosos y los débiles, y los de todas las épocas y países.

Josías, Jeremías y Pablo vivieron cada uno en una época de maldad, apostasía y persecución. Sin embargo, ninguna de esas cosas impidió que los propósitos de Dios se cumplieran en sus vidas. Lo mismo ocurre con el creyente que vive en una cultura y una época en guerra con los propósitos de Dios. Nada impedirá que se cumpla su llamado o su destino designado, siempre y cuando no dejen de seguir la voluntad de Dios.

La estratagema de Josías

Josías solo supo de su destino cuando fue revelado en Betel. ¿Cómo entonces supo que debía ir a ese lugar exacto en ese momento preciso? Simplemente siguió la voluntad de Dios.

Comenzó con la restauración del templo y el descubrimiento del Libro de la Ley. Fue eso lo que lo impulsó a traer a su nación de regreso a Dios. En otras palabras, buscó obedecer la voluntad de Dios revelada en las Escrituras. Eso incluía alejarse de los dioses, arrepentirse de la idolatría y derribar los altares. Simplemente obedecer la voluntad de Dios que conocía, lo llevaría a la voluntad de Dios que no conocía y, específicamente, a Betel. Solo por eso sería dirigido al cumplimiento de la profecía dada tres siglos antes de su nacimiento.

> En Dios, lo revelado
> lleva a lo no revelado.

> A medida que los justos
> sigan la voluntad revelada de Dios,
> esta los conducirá
> a la voluntad no revelada de Dios
> y al revelador de su destino designado.

¿Cómo sabe un hijo de Dios o una generación de creyentes el destino al que son llamados? Josías tiene la respuesta. Simplemente deben seguir la voluntad de Dios que ya les ha sido revelada, tal como se encuentra en las Escrituras. Siguiendo la voluntad revelada, serán conducidos a lo no revelado.

La voluntad de Dios revelada en las Escrituras llevaría a una generación de creyentes a poner fin a la práctica del infanticidio. Llevaría a otra a abolir la esclavitud. Llevaría a otra más a oponerse al asesinato de los no nacidos. Llevaría a todas las generaciones de creyentes a compartir el evangelio y llevar a la salvación al mayor número posible de personas. La voluntad de Dios, tal como se revela en las Escrituras, guiará a cada hijo de Dios y a cada generación de creyentes hacia su destino exacto y designado.

El principio de la cima de la montaña

Betel estaba situada en las montañas de Samaria. Para llegar allá, Josías tuvo que ascender. Una vez allí, en la cima, llegaría a su destino. En el viaje de Josías a Betel yace un principio crucial y una clave para entrar en el destino de uno.

> La dirección más importante en la vida y el llamado del pueblo de Dios es hacia arriba.

> Es el camino hacia arriba el que lleva cada ruta, sendero y paso a un perfecto punto de convergencia en el lugar y momento exactos.

Si uno está parado al pie de una montaña para comenzar un viaje hacia su cima, y tiene que elegir entre una multitud de senderos montañosos para llegar, ¿cuál debe tomar? La respuesta es que, al final, no importa. Todo lo que uno tiene que hacer es elegir continuamente el escalón y el terreno más elevados: el camino ascendente. Y no importa desde dónde se empiece, terminará en la cima.

Lo mismo ocurre con el llamado. No es necesario saber exactamente qué es ni cuál de entre una multitud de caminos y pasos, hay que seguir para llegar. Todo lo que uno tiene que hacer es seguir ascendiendo y decidir dar el paso más alto, de acuerdo a la voluntad de Dios, hacia arriba. Y al final llegará a la cima de la montaña. Los pasos de uno convergerán en el centro mismo de la voluntad y el destino perfectos de Dios. Eso es cierto para cada hijo de Dios y para cada generación de su pueblo.

La mano invisible

Aunque las decisiones y los actos de Josías fueron fundamentales para el cumplimiento de la profecía respecto a su vida, no había manera de que pudiera haberlo logrado solo con sus propios esfuerzos. El cumplimiento requirió la orquestación y fusión de innumerables hechos. Muchos de esos acontecimientos estaban fuera de su control. Muchos de ellos ni siquiera lo involucraron directamente. Y ninguno de ellos ocurrió con la conciencia de lo que había sido predicho. Fue la mano de Dios la que movió todas las cosas hacia el fin ideado.

> Dios es soberano con todos los acontecimientos
> y todas las cosas. Su mano invisible guiará cada
> acción, reacción e interacción, cada evento y cada
> momento, en pro de alcanzar sus propósitos.

> Y hará todas las cosas,
> tanto las buenas como las malas,
> juntas para el bien de aquellos que lo siguen.

> Los justos deben confiar en su soberanía
> y descansar en el mover de su mano para
> cumplir sus propósitos en sus vidas.

Los propósitos de Dios se logran a través de las acciones de los justos. Pero también surgen aparte de ellos. En la medida de sus posibilidades, los justos deben procurar cumplir los propósitos divinos. En la medida en que no puedan, deben confiar en el poder divino para hacerlo. En los días malos, cuando parece que todo está fuera de su control y va en contra de los propósitos de Dios, deben confiar aún más en su poder para hacer que se cumplan.

Cada uno a su edad

La vida de Josías fue diseñada para su edad. Y su edad para su vida. En otras palabras, la era apóstata en la que nació requirió de su vida. Y su vida justa se le otorgó como respuesta a su era.

> Los hijos de Dios son designados
> para la era en la que nacieron.

> Y la era en la que nacieron les ha sido designada.

> Cada uno debe llevar su vida como
> respuesta a esa época.

Moisés nació en un Egipto que adoraba ídolos, oprimía al pueblo de Dios y trató de poner fin a su vida en la infancia. Elías nació en una época en la que los profetas de Dios eran perseguidos y en la que él sería tildado de enemigo del estado. Jeremías nació en un reino apóstata que lo encarcelaría. Ester nació en un imperio que ordenaría la destrucción de su pueblo. Pablo nació en un imperio pagano que lo perseguiría y lo encarcelaría.

Pero todos ellos —Moisés, Elías, Jeremías, Ester y Pablo— fueron designados para las edades en que nacieron. Sus épocas requerían de ellos.

Así que los hijos de Dios no solo nacen sino que son designados para la época en que nacen. El momento de sus nacimientos no es una cuestión de azar ni de accidente sino de destino. Y si nacen en una época descaradamente impía, apóstata o anticristiana, no están fuera de lugar. No deben temer a su época ni dejarse intimidar por ella. Nacieron para ello. Su era los requiere. Como se dijo de Ester, así también de ellos, llegaron a su posición "para un momento como este".[11]

Los hijos de Dios deben vivir como respuesta a las épocas en las que nacieron. Y sus vidas deben manifestar a sus tiempos a Aquel que es la respuesta a todas las edades.

Uno

¿Por qué Dios usó tanto la vida de Josías? La respuesta está en el relato. Está escrito que Josías "se volvió al Señor con todo su corazón, con toda su alma y con todas sus fuerzas".[12] Fue el compromiso decidido, enfocado y absoluto de Josías con Dios y su voluntad lo que le permitió tener una vida de grandeza, para lograr lo que otros no pudieron, para alterar la historia de su nación.

Una persona, enteramente consagrada a Dios,
puede cambiar el rumbo de una nación.

Un pueblo, enteramente consagrado a Dios,
puede cambiar el rumbo del mundo.

Los hijos de Dios deben buscar llegar a ser esa generación.

El hijo de Dios debe buscar llegar a serlo.

Las Escrituras están llenas de relatos de personas que cambiaron el curso de las naciones e incluso de las civilizaciones. Tenían esto en común: se volvieron a Dios con todo su corazón y tuvieron vidas enteramente consagradas a la voluntad y los propósitos divinos.

Una de esas personas es más poderosa que muchas. Una de esas personas es más poderosa que el mundo. Un profeta Elías fue más poderoso que todo el reino de Acab y Jezabel. Un apóstol Pablo era más poderoso que todo el imperio romano. Y doce discípulos improbables eran más poderosos que el mundo.

El mismo libro que habla de la consagración de Josías a Dios dice esto:

> Porque los ojos de Jehová contemplan toda la tierra, para mostrar su poder a favor de los que tienen corazón perfecto para con él.[13]

Aquellos que estén totalmente entregados a la voluntad de Dios manifestarán el poder de él. Ellos son los que moverán montañas, dividirán mares, derribarán reinos y cambiarán la historia.

Somos la generación del altar roto, la señal de Josías.

Si cada uno se compromete a vivir como él lo hizo, buscando a Dios como él lo buscó y convirtiéndose en lo que él llegó a ser, un vaso totalmente consagrado para los propósitos y la gloria de Dios, entonces Dios manifestará grandemente su poder.

Porque no hay límite ni fin para lo que Dios hará a través de aquel cuyo corazón es completamente suyo.

Debemos convertirnos en esa generación.

Cada uno de nosotros debemos convertirnos en ese individuo.

EL ÚLTIMO MISTERIO

Capítulo 54

El último misterio

El regreso a la isla

Comenzamos en una isla de misterios. Lo que allí encontramos, el primero de todos los misterios —el jubileo— abrió la puerta a todos los demás. Estos, a su vez, nos llevaron al manifiesto, una guía para este tiempo, los días venideros y el fin de los tiempos. El manifiesto y la guía nos llevarán ahora de regreso a la isla para una última revelación. Es, asimismo, para los últimos tiempos y una que servirá como última palabra y finalización de la guía.

Volvemos ahora a la isla donde empezó todo y al primer día en que se anunció el jubileo. Fue ese mismo día cuando sucedió algo más. Por la mañana se inauguró el jubileo. Pero esa noche empezó algo más. La noticia se extendería por toda la isla y se contaría una vez tras otra.

Si alguien me hubiera dicho lo que voy a contar ahora, no sé si le habría creído a menos que lo conociera lo suficientemente bien como para no dudar de su veracidad. Pero yo estaba allí para verlo con mis propios ojos, como muchos otros.

La noche de Joel

Era la tarde del primer día del jubileo cubano que duraba un mes. Más temprano, en horas de la mañana, se realizó en la ciudad de Moa el acto inaugural, la primera concentración multitudinaria. Lo había anunciado con el sonido del shofar en un pasaje de las Escrituras proclamado desde el escenario.

La Escritura era del Libro de Joel, el mismo que fue designado para que se leyera en Shabat Shuvá y que yo recitaría en el National Mall años más tarde, el día del regreso. Eso convocó a una asamblea sagrada de oración y arrepentimiento, y prometió bendiciones y el fin de una maldición. Entonces "El regreso" comenzaba con su recitación y conduciría a la bendición, a la ruptura de una maldición.

Pero había más en las Escrituras. Y esa noche lo revelaría. Otra reunión, vinculada a la primera, se convocaría en Moa esa noche. También se desarrollaría al aire libre pero bajo el cielo nocturno. Me pidieron que fuera allí y les diera un mensaje. Cuando oré sobre qué hablar, fui dirigido al Libro de Joel. Expondría un mensaje basado en Joel y después llamaría a la oración e intercesión por Cuba. Luego, como en el Libro de Joel y el jubileo, hacía sonar el shofar y oraba para que se liberara el poder de Dios.

La plaga del enjambre

Llegué con mi equipo al lugar del evento cuando el cielo comenzaba a oscurecerse y se convertía en noche. En mi mano tenía una Biblia, una carpeta con mis notas, un shofar y el manto de oración hebreo. Poco después de mi llegada, uno de nuestros traductores me dijo que la gente se decía entre sí: "¡Mira, aquí está Moisés!". Al parecer nunca antes habían visto a un judío barbudo con un chal de oración.

El Libro de Joel comienza con una plaga de insectos, langostas que pululan y devoran. Era la señal de la maldición que oscurecía una tierra que se había apartado de Dios. Tenía previsto empezar el mensaje hablando de la plaga de insectos y la maldición que oscureció la tierra de Cuba. Pero antes de que pudiera hacerlo, algo sucedió.

"¿Ha sucedido algo así?".

De repente, un enjambre masivo descendió sobre los presentes en la actividad, una plaga de insectos. Nunca había visto algo así, ni tampoco nadie en mi equipo. Al parecer, tampoco lo habían visto las personas reunidas, ya que todos estaban aterrados. Pero entonces el Libro de Joel empieza con el mismo efecto:

> ¿Ha sucedido algo parecido en vuestros días, o incluso en los días de vuestros padres? Díselo a tus hijos ... y a sus hijos, a otra generación.[1]

Había insectos por todas partes, llenando el cielo, lloviendo sobre la gente, creando como una neblina en el aire. La actividad se detuvo repentinamente. Muchos entre la multitud intentaban protegerse del enjambre; otros clamaban en oración; aun otros estaban de rodillas ocultándose la cara.

Una de las plagas que Moisés invocó sobre Egipto fue la de las langostas. Los que habían dicho: "¡Moisés está aquí!" ya no seguían bromeando. Por supuesto, yo estaba tan asombrado como cualquiera. Pero había ido allí para hablar sobre el Libro de Joel, y sabía que tanto el libro como mi mensaje empezaban con un enjambre de insectos. Lo mismo sucedió ahora en el evento. Agarré mi Biblia y la abrí en Joel y en el capítulo que habla de las langostas que vendrán a la tierra:

> Lo que quedó de la oruga comió el saltón, y lo que quedó del saltón comió el revoltón; y la langosta comió lo que del revoltón había quedado.[2]

Cuando abrí la Biblia en ese pasaje, los insectos comenzaron a descender del cielo y aterrizar en esa página y encima de los versos que hablaban de los enjambres de insectos.

"Día de oscuridad"

Todavía no había expresado una palabra de mi mensaje, pero Dios lo estaba manifestando ante nuestros ojos. Después de la plaga, el Libro de Joel continúa hablando de "un día de oscuridad".

> Un día de oscuridad y de tinieblas, un día de nubes y de espesa oscuridad.[3]

Después mencionar la peste, tenía planeado hablar de la oscuridad del libro y de la tierra de Cuba. La plaga se había manifestado en tiempo y espacio reales. Ahora era el momento de la oscuridad.

De repente todo se oscureció. La electricidad que alimentaba las luces que iluminaban el evento se cortó repentinamente. Todos seguían intercediendo y clamando por la plaga. Ahora lo hacían en la oscuridad.

Luz en la oscuridad

Luego, el Libro de Joel pasa a hablar de la respuesta, la esperanza, el camino a la redención, el llamado a la nación a volverse a Dios en oración y arrepentimiento, junto con la promesa de restauración. Fue entonces cuando apareció una señal de esperanza.

Era una luz que brillaba en la oscuridad. Pero no era una luz normal. Era una bola resplandeciente que se movía de un lado a otro sobre la multitud. Los ojos de todos estaban fijos en eso. Pasó algún tiempo antes de que nos diésemos cuenta de lo que era: era una especie de insecto luminoso, pero con una luz que parecía tener al menos cinco centímetros de diámetro y era aún más dramática con la oscuridad de la noche. No se parecía a ningún insecto que hubiéramos visto jamás y aparentemente estaba mucho más bendecido.

Una mano incandescente

En ese momento, no pude evitar reírme. Pero entre risas extendí mis manos en oración y adoración, buscando algún discernimiento sobre lo que estaba sucediendo. Mientras oraba, sentí que algo caía en mis manos.

Era la luz, la brillante bola de luz que se cernía sobre la gente. Aunque pudo caer en cualquier lugar esa noche, cayó en mi mano. Más allá de eso, aparentemente quedó aturdida en medio de su vuelo y aterrizó en mis manos boca abajo. El resultado fue que mi mano ahora irradiaba luz y todos los ojos estaban fijos en ella.

En el Libro de Joel está escrito que los hijos de Aarón, los sacerdotes, debían ministrar el arrepentimiento de la nación, en oración e intercesión. Yo era hijo de Aarón y había planeado ministrar en oración e intercesión a favor de la nación esa noche. Las personas que se habían reunido no tenían idea de lo que estaba haciendo allí y ciertamente no tenían idea de que el mensaje que había planeado exponer se refería a un enjambre de insectos, un tiempo de oscuridad y una esperanza. Pero después que esa luz aterrizó en mi mano, todos pusieron atención.

La intercesión

Y entonces volvió la energía eléctrica y con ella las luces. El enjambre de insectos desapareció. Entonces me llamaron al escenario para que hablara. En ese momento, si les hubiera dado una conferencia sobre los placeres de cultivar tomates, se habrían arrepentido. Comencé a hablarles del Libro de Joel, de la tierra maldita, de la plaga de insectos, de las tinieblas y de la luz de la esperanza. Todo lo que expresé lo acababan de presenciar con sus ojos.

Luego pedí oración e intercesión en nombre de su nación. Y así oraron e intercedieron por Cuba. Los estaba guiando en oración por el sistema de sonido, pero no necesitaron mucha instrucción. Sus oraciones e intercesiones estuvieron acompañadas de lágrimas de arrepentimiento mientras clamaban a Dios por su tierra, tal como en el Libro de Joel.

"Toca la trompeta"

Luego, como suena en el Libro de Joel y en el jubileo, me dispuse a tocar el shofar. Les pedí que oraran para que las bendiciones de Dios se derramaran desde el cielo sobre la tierra. Declaré la llegada de esas bendiciones y luego hice el primer toque del shofar.

Estaba a punto de pasar al segundo toque cuando mi traductor me detuvo, me tocó el hombro para llamar mi atención y me preguntó: "¿Lo sentiste?". A lo que respondí: "¿Qué?". Había hecho sonar el shofar con el manto de oración sobre mi cabeza. Eso me impidió saberlo. Me lo quité. Fue entonces cuando lo sentí.

"Él hará que caiga la lluvia"

Fue el siguiente acontecimiento en el Libro de Joel. La promesa de Joel es que después de que la nación se vuelva a Dios en oración y arrepentimiento, Dios convertirá su maldición en bendición y los restaurará.

Él abrirá los cielos y hará descender lluvia sobre ustedes.[4]

La lluvia era crucial para Israel. Sin ella, las bendiciones de Dios desaparecerían. La lluvia era vida y avivamiento. Cuando oré por las bendiciones de Dios sobre la tierra y toqué el shofar, los cielos se abrieron. Y la bendición prometida en el Libro de Joel descendió sobre la tierra en forma de lluvia.

Ellos sintieron las gotas de lluvia rociar sus cabezas y sus hombros, y una ola de avivamiento los invadió. Comenzaron a clamar aun más a Dios por las bendiciones sobre su tierra.

Luego fui inducido a hablar del poder de Dios, des derramamiento y de su avivamiento, lo que les llegaría de la misma manera: primero como una aspersión, luego como una lluvia, después como un aguacero y luego como un diluvio.

Terminé de ministrar y bajé del escenario. El pueblo reanudó su adoración. Pero el Libro de Joel no estaba terminado.

La lluvia tardía

No habla solo de una lluvia, sino de otra.

> Y él hará descender sobre vosotros lluvia temprana *y lluvia tardía*...[5]

Una lluvia llegó en primavera y la otra en otoño. Una se llamaba *moreh* y la otra *malkosh*. Entonces, en la noche de Joel, llegó la primera lluvia. Ahora llegó el momento de la lluvia tardía, y entonces llegó.

Llegó, como la primera, suavemente. En medio de su adoración, una suave lluvia cayó sobre el pueblo. Pero esta no se quedó ni un poquito. Lo que acababa de decirles sobre el poder y las bendiciones de Dios ahora se manifestaba en la lluvia. Aproximadamente un minuto después de que comenzó, se había convertido en un ligero diluvio. Casi un minuto después, se había convertido en una lluvia intensa. Casi otro minuto después, cayó un aguacero. Y aproximadamente un minuto después, otro diluvio.

Uno hubiera esperado que la gente hubiera corrido a refugiarse y que el evento hubiera terminado, pero no lo hicieron, no pasó nada. Debido a todo lo que habían presenciado esa noche, no corrieron a refugiarse y no dejaron de adorar. Sin embargo, sucedió algo más.

"Derramaré mi Espíritu"

En el Libro de Joel, después que Dios promete el derramamiento de lluvia, promete derramar algo más.

Y sucederá después que derramaré mi Espíritu sobre toda carne; vuestros hijos y vuestras hijas profetizarán.[6]

Y eso es lo que pasó. Mientras el diluvio caía sobre la gente, hubo una explosión: una explosión de adoración, de alabanza, del Espíritu de Dios. Cualquiera fuera la forma en que adoraran antes, no era nada comparado con lo que ahora sucedió en medio del aguacero.

Estaban cantando, alabando, adorando, bailando, gritando, celebrando, empapados y arrastrados por el gozo de la presencia de Dios. El derramamiento de lluvia se presenta en las Escrituras como símbolo del derramamiento del Espíritu de Dios. Esa noche no se podía decir dónde terminaba un derramamiento y comenzaba el otro. Los dos aguaceros se convirtieron en uno.

Está escrito en Joel que cuando el Espíritu sea derramado, lo será sobre viejos y jóvenes juntos. Esa noche, hombres y mujeres mayores, niños y niñas fueron arrastrados todos por el gozo de ese derramamiento de la lluvia y del Espíritu.

La noche inolvidable

Era alrededor de medianoche cuando nos fuimos. Pero la gente todavía estaba allí adorando en medio del aguacero. Ni la lluvia ni el Espíritu mostraron signos de acabarse.

La noticia de lo ocurrido esa noche se extendería por toda la región y la isla. Sería conocida como "la noche inolvidable". Fue la noche que marcó el comienzo del mes de jubileo y el avivamiento para los creyentes de Cuba. Las lluvias del Espíritu de Dios continuarían mucho después de que la celebración hubiera terminado oficialmente.

Y todo comenzó con las langostas, la oscuridad, una luz, una palabra, una oración, un shofar, una lluvia, una segunda lluvia y el derramamiento del Espíritu de Dios. Todo empezó con una visión de Joel en los cielos y la tierra. E incluso eso tenía un paralelo en el libro mismo.

Después de la frase "Derramaré mi Espíritu", está escrito "y haré maravillas en los cielos y en la tierra".[7]

Por mucho tiempo he reflexionado en los acontecimientos de la "noche inolvidable". Fue una manifestación del Libro de Joel en tiempo real, el mismo libro que citó el apóstol Pedro el día de Pentecostés, cuando el Espíritu fue derramado sobre los primeros creyentes.

Así como Joel habla de dos lluvias, las dos lluvias del año hebreo, y como la lluvia es un símbolo bíblico del derramamiento del Espíritu, la Biblia habla de dos derramamientos del Espíritu. La primera fue el día de Pentecostés, como se resumió con la cita de Joel por parte del discípulo. Pero la segunda aún está por llegar. La primera fue designada para el comienzo del siglo, la segunda para su fin.

Este último derramamiento —tal como se profetizó en el Libro de Joel— es el que producirá las últimas palabras de este libro, palabras para los justos, palabras para los hijos de Dios, palabras para los tiempos finales y para todos los tiempos y edades de oscuridad. Estas palabras son para animar, fortalecer, vencer y hacer prevalecer a todos los que quieran andar en los caminos de Dios.

Nunca

El hecho de que la profecía bíblica del fin de los tiempos hable del mal por un lado y del derramamiento del Espíritu de Dios, por el otro, es un mensaje en sí mismo: Dios no termina nunca. Y el pueblo de Dios tampoco. Por eso siempre deben tener esperanza. En Dios siempre hay esperanza. Josías vivió en medio de una civilización bajo juicio. Sin embargo, aun así hizo todo lo que estuvo a su alcance para salvar a su pueblo. Josías fue movido por la esperanza, perseveró por la esperanza y, por ella, nunca se dio por vencido.

De modo que los justos de este tiempo y de los últimos tiempos viven en una civilización bajo juicio. Pero Dios nunca termina. Sus propósitos nunca quedan anulados ni siquiera en los días del juicio. Su poder redentor aún ha de manifestarse.

Los primeros creyentes vivieron en medio de persecución y contra todo pronóstico. Pero eran personas con esperanza. Nunca se rindieron. Y así también, aquellos que prevalecerán en el tiempo actual y en el fin de los tiempos, incluso en la hora más oscura, deben estar comprometidos con la esperanza. Nunca deben darse por vencidos. Porque en Dios las horas más oscuras siempre conducen a la luz.

> Dios nunca termina. Nunca se queda sin
> planes. Él no es incapaz nunca.

> Incluso en tiempos de juicio, aun en los tiempos más
> desesperados y en la más oscura de las edades,
> él todavía tiene un propósito y un camino.

> Por lo tanto, pase lo que pase en el mundo,
> su pueblo siempre debe tener esperanza,
> debe seguir adelante, sin rendirse.

Lo grande

Según la profecía bíblica, el fin de los tiempos estará marcado por el aumento del mal pero también por el derramamiento del Espíritu de Dios. Por lo tanto, estará marcado tanto por un gran bien como por un gran mal. Por lo tanto, los creyentes de los últimos tiempos deben aspirar no solo a la bondad, sino también a la grandeza. Deben buscar ser grandes en fe, grandes en amor, grandes en justicia, grandes en oración, grandes en pureza, grandes en adoración, grandes en celo, grandes en esperanza, grandes en gozo, grandes en bondad, grandes en Dios.

> El fin de los tiempos no solo estará marcado por
> un gran mal sino también por un gran bien.

> A medida que el mal va de mal en peor, los
> justos deben pasar del bien a la grandeza.

El Espíritu y el derramamiento

Cuando el Espíritu cayó el día de Pentecostés, fue con un propósito. Era vital; era esencial. El Espíritu le daría poder a esa primera generación de creyentes. Por el poder de ese derramamiento, superarían toda oposición, todos los obstáculos y toda persecución para cumplir la Gran Comisión de proclamar el evangelio a todas las naciones.

Entonces, si va a haber un segundo derramamiento del Espíritu designado para los últimos tiempos, también debe ser con un propósito, igualmente esencial y vital. Los desafíos que enfrentará el creyente al final de esta era serán aun mayores que los que enfrentaron los del principio. Por eso necesitarán aun más el poder del Espíritu.

El pueblo de Dios debe orar por ese derramamiento. Y deben recordar que el derramamiento del que habla Joel se inicia mediante la oración y el arrepentimiento. El pueblo de Dios debe buscar más ese poder para sus propias vidas. Deben vivir y moverse por el Espíritu. Por el poder de su Espíritu, se mantendrán firmes como nunca, superarán lo que de otro modo nunca podrían superar, y vivirán y harán la vida y las obras que de otra forma no.

Si el Espíritu y el poder de Dios serán
han de derramar en los últimos tiempos,
es porque el fin de los tiempos así lo requerirá.

No hay fuerza más poderosa que el Espíritu de Dios.

Por el Espíritu los justos pueden vencer a
todos los poderes y al mundo.

Así que deben orar por su derramamiento sobre
el mundo y sobre sus propias vidas.

Deben vivir por el Espíritu, moverse por el Espíritu,
rendirse al Espíritu y hacer todas las cosas por el Espíritu.

Sin el Espíritu no pueden tener éxito. Pero
con el Espíritu, no pueden fallar.

Va a comenzar

Así como el altar roto está vinculado al avivamiento, también lo está el derramamiento del Espíritu de Dios. Por lo tanto, si ha de haber un derramamiento en los últimos tiempos, también debe haber un avivamiento en los últimos tiempos. El pueblo de Dios debe orar, creer, trabajar y difundir con más fervor el evangelio de salvación para que llegue el avivamiento. Y también debe hacer algo más. Aunque están vivos en el Espíritu, deben buscar estarlo más aún. Primero deben buscar su propio avivamiento. No solo deben orar por el avivamiento, sino que deben elegir el avivamiento. Deben decidir vivir en avivamiento.

Donde está el Espíritu, hay avivamiento.

Si el Espíritu viene en los últimos tiempos,
entonces también debe venir el avivamiento.

El pueblo de Dios nunca debe perder la esperanza en esto.
Nunca deben dejar de orar por un avivamiento. Y no solo deben
orar por avivamiento; deben comenzar a vivir en avivamiento.

Si lo hacen, el avivamiento habrá comenzado.

Como en el Libro de los Hechos

El Espíritu de Dios marca el comienzo del Libro de los Hechos. Y aunque comúnmente se le llama los Hechos de los Apóstoles, también se le ha conocido como los Hechos del Espíritu Santo. En cualquier caso, es el derramamiento del Espíritu lo que produce los hechos de los apóstoles: el Libro de los Hechos.

No se trata solo de que la iglesia y cada creyente deben regresar ahora a su primera condición, es decir, al Libro de los Hechos. Pero el derramamiento del tiempo final es aún más que eso. Es la voluntad y el poder de Dios hacer que eso suceda. El primer derramamiento dio origen al Libro de los Hechos. ¿A qué dará a luz el segundo? Si va a haber otro derramamiento, entonces debe haber un regreso a Hechos, a su poder, a su gente y a sus milagros.

El creyente de los últimos tiempos debe esforzarse por alcanzar el nivel de aquellos del Libro de los Hechos.

El primer derramamiento del Espíritu
produjo el Libro de los Hechos.

Si va a haber un segundo derramamiento,
entonces será con el propósito de producir un
efecto comparable al de los Hechos.

Entonces debe ser con el propósito de impartir
el poder del comienzo al final de la era.

Y así, al creyente de los últimos tiempos se le dará el
poder para vivir como lo hicieron los primeros discípulos
y mensajeros del evangelio en el Libro de los Hechos.

Por lo tanto, el creyente de los últimos tiempos debe
elevarse al manto de los primeros creyentes, vivir
como ellos, estar como ellos estaban, creer como ellos
creyeron, y vencer como ellos vencieron al mundo.

Lo imposible

Es imposible que un universo surja de la nada, que un mar se parta en dos, que un hombre cierre los cielos, que una virgen conciba un niño, que un muerto resucite a la vida, que un débil y roto grupo de discípulos cambien el mundo y que una nación que ha estado muerta durante dos mil años vuelva a la vida. Pero Dios es el Dios de lo imposible. Y quienes lo siguen, especialmente en tiempos de adversidad e imposibilidades, deben vivir contra viento y marea, por encima de las leyes de lo natural y por el poder de lo imposible.

Con Dios todo es posible y nada va a ser imposible.

El derramamiento del Espíritu
es una señal de ello.

El Espíritu imparte el poder para hacer
lo que es imposible de hacer.

El fin de los tiempos presentará imposibilidades
al pueblo de Dios. Pero el Espíritu de Dios les
dará el poder para hacer lo imposible.

Por lo tanto, deben comprometerse a creer lo imposible,
orar por lo imposible, vivir en lo imposible, moverse en
lo imposible, hacer lo imposible y vencer lo imposible.

El que prevalece

A Dios se le llama el Omnipotente, el todopoderoso. No hay mayor poder. Dios también es bueno. Por tanto, la buena voluntad, al final, prevalece.

El mal, además, no puede perdurar ni prevalecer al final, solo lo hace por un momento. Es en ese instante cuando el mal parece prosperar, reinar y prevalecer. Y cuando los propósitos de Dios parecen no hacer nada, es entonces cuando los justos deben mantenerse firmes y aferrarse al hecho de que seguramente lo hará.

Es en el momento en que parecen estar del lado perdedor que se mantienen firmes y con la confianza de que en realidad están del lado ganador y del lado correcto de la eternidad. No viven para el momento, sino para lo eterno. Cuando Moisés se presentó ante Faraón, no parecía estar del lado ganador, pero lo estaba. Cuando Elías se presentó ante el rey Acab, no parecía estar del lado ganador, pero lo estaba. Cuando Jeremías estaba en su celda de la prisión, no parecía estar del lado ganador, pero lo estaba.

Y cuando Pablo estuvo encadenado y juzgado por su vida, no parecía que estar del lado ganador, pero lo estaba.

Así ha sido para los justos de Dios en todas las épocas. Y así será aun más para los justos en los últimos tiempos. Y por eso deben mantenerse más fuertes, confiados, audaces y seguros conscientes de que el bien prevalecerá y que, con Dios, están —sin lugar a dudas— del lado ganador.

En una época en guerra contra los propósitos de Dios, su pueblo parecerá débil, como pocos y desesperados.

Pero eso es una ilusión.

La voluntad de Dios, al final, prevalecerá.

Los propósitos de Dios se cumplirán.

La Palabra de Dios se cumplirá.

La luz de Dios vencerá la oscuridad.

El amor de Dios vencerá todas las cosas.
Y el que vive en estas cosas prevalecerá.

El pueblo de Dios debe aferrarse a esa verdad y vivir con la confianza de que está en el lado ganador, porque así es.

Al final

Cuando Dios creó el mundo, primero vino la noche y luego el día.

Así también los propósitos de Dios, siempre llevan de las tinieblas a la luz, del dolor al gozo, de la muerte a la vida.

Así, la noche del fin de los tiempos
conducirá al amanecer celestial.

Y el camino de los justos llevará a la gloria.

Los hijos de Dios van de gloria en gloria y luego
a una gloria en la que todos sus sacrificios serán
redimidos y todas sus lágrimas enjugadas y todas sus
dificultades y penas transformadas en alegría.

Y todo el bien que defendieron, la oscuridad que resistieron,
el amor que manifestaron, las bendiciones que produjeron, la
guerra que libraron, las arras a las que se aferraban, la verdad
a la que se mantuvieron fieles y los precios que pagaron serán
iluminados por el resplandor del cielo, y luego aparecerán
como lo que, en realidad, siempre fueron: los buenos, los
bellos y los gloriosos, cuando la noche da paso a la mañana
y la oscuridad al amanecer, cuando los justos depongan
sus armas y el hijo de Dios finalmente regrese a casa.

Notas

Capítulo 3
1. Levítico 25:8-10.
2. Levítico 25:10.
3. Levítico 25:10.
4. Levítico 25:11.
5. Levítico 25:28.
6. "The Liberty Bell", National Park Service, accessed July 2, 2023, www.nps.gov.
7. Levítico 25:39, 54.

Capítulo 4
1. Joel 2:1.

Capítulo 5
1. Levítico 25:10.
2. Levítico 25:10, traducción del autor.
3. Levítico 25:10, traducción del autor.

Capítulo 7
1. Levítico 25:8.
2. Levítico 25:8.

Capítulo 9
1. 1 Reyes 11:5 RVR1960.
2. Jeremías 32:35 RVR1960.
3. Jeremías 19:1-2 RVR1960.
4. Jeremías 19:4.
5. Jeremías 7:32 RVR1960, traducción del autor.
6. Jeremías 21:6, énfasis añadido.

Capítulo 10
1. Abraham Lincoln, "Second Inaugural Address of Abraham Lincoln" (speech, Washington, DC, March 4, 1865), https://avalon.law.yale.edu.
2. "Data Center: Number of Abortions, Average Annual No. of Abortions Among Women Aged 15-49, 2015-2019", Guttmacher Institute, accessed June 2, 2023, https://data.guttmacher.org "Abortion Worldwide Report: 100 Countries, 1 Century, 1 Billion Babies", Family Research Council, January 25, 2017, https://www.frc.org/events/abortion-worldwide-report-100-countries-1-century-1-billionbabies.
3. Marie Gallagher, "As 45th Anniversary Approaches, Roe contra Wade Is Losing Steam and Support", National Right to Life News, January 2018, https://www.nrlc.org/uploads/NRLNews/Jan2018NRLNews.pdf.
4. "WHO Coronavirus (COVID-19) Dashboard: Global Situation", WHO, accessed June 2, 2023, https://covid19.who.int/; " WHO Coronavirus (COVID-19) Dashboard: United States of America Situation", WHO, accessed June 2, 2023, https://covid19.who.int/region/amro/country/us.

Capítulo 11

1. Alan F. Guttmacher, "The Genesis of Liberalized Abortion in New York: A Personal Insight", Case Western Law Review 23, no. 4 (1972): 764, https://scholarlycommons.law.case.edu/cgi/viewcontent.cgi?article=2899&context=caselrev.
2. Peter Robison, Dina Bass, and Robert Langreth, "Seattle's Patient Zero Spread Coronavirus Despite Ebola-Style Lockdown", Bloomberg, updated March 9, 2020, https://www.bloomberg.com/news/features/2020-03-09/how-coronavirus-spread-from-patient-zero-inseattle.

Capítulo 12

1. Éxodo 13:12.

Capítulo 13

1. "WHO Coronavirus (COVID-19) Dashboard: United States of America Situation", WHO.
2. "WHO Director-General's Opening Remarks at the Media Briefing on COVID-19, 11 March 2020", WHO, March 11, 2020, www.who.int.
3. John Burns, quoted in A. A. Smyser, "Hawaii's Abortion Law 30 Years Old", Honolulu Star-Bulletin, March 21, 2000, https://archives.starbulletin.com.
4. Laurel Wamsley, "March 11, 2020: The Day Everything Changed", NPR, March 11, 2021, www.npr.org.
5. Joey Schneider, "TIMELINE: March 11, 2020 — What Happened When COVID-19 Was Declared a Pandemic Two Years Ago", KY3, updated March 11, 2022, www.ky3.com.
6. Danielle Abreu, "The Day Everything Changed: A Timeline of March 11, 2020", NBC San Diego, updated March 11, 2021, https://www.nbcsandiego.com/news/coronavirus/the-day-everything-changed-atimeline-of-march-11-2020/2545558/.
7. "Tom Hanks, The NBA, and COVID's Day of Reckoning in the US: An Oral History", BuzzFeed News, March 11, 2021, https://www.buzzfeednews.com/article/buzzfeednews/march-11-covid-tom-hanksnba-who.
8. Amanda Aguilar, "World Health Organization to Vote on Ending COVID-19 Pandemic Declaration", ABC30, January 27, 2023, https://abc30.com/coronavirus-covid-19-pandemic-declaration-world-healthorganization/12742403/.
9. "WATCH: 'Things Will Get Worse' in COVID-19 Outbreak, Fauci Testifies", PBS, updated March 11, 2020, https://www.pbs.org/newshour/health/watch-live-nih-cdc-officials-testify-on-u-s-coronavirus-response.
10. Catherine Thorbecke, "Dow Plunges Into Bear Market After Selloff From Coronavirus Fears", ABC News, March 11, 2020, https://abcnews.go.com/Business/dow-plunges-bear-market-selloff-coronavirus-fears/story?id=69529962.
11. Tim Reynolds, "March 11, 2020: The Night Sports, as We Knew Them, Ended", AP News, March 11, 2021, https://apnews.com/article/march-11-2020-sports-coronavirus-1-year-1294b56341d5605c9ce3f9cc68fcc4fe.

Capítulo 14

1. Jeremías 19:4-6.
2. Bobby Allyn and Joe Neel, "U.S. Surpasses China in Cases of Coronavirus", NPR, March 26, 2020, www.npr.org/sections/coronavirus-live-updates; PIX11 Web Team, "Latest Coronavirus Updates in New York: Thursday March 26, 2020", PIX 11, updated March 26, 2020, https://pix11.com/news/coronavirus/latest-coronavirus-updates-in-newyork-thursday-march-26-2020/.
3. Yelena Dzhanova, "New York State Now Has More Coronavirus Cases Than Any Country Outside the US", CNBC, updated April 10, 2020, www.cnbc.com.

Capítulo 15

1. Wm. Robert Johnston, "Historical Abortion Statistics, United States", Johnston's Archive, updated April 26, 2023, https://www.johnstonsarchive.net/policy/abortion/ab-unitedstates.html; Wm. Robert Johnston, "Historical Abortion Statistics, New York (USA)", Johnston's Archive, updated January 15, 2023, https://www.johnstonsarchive.net/policy/abortion/usa/ab-usa-NY.html.
2. Benedict Carey and James Glanz, "Travel From New York City Seeded Wave of U.S. Outbreaks", New York Times, updated May 7, 2021, https://www.nytimes.com/2020/05/07/us/new-york-city-coronavirus-outbreak.html.
3. Carey and Glanz, "Travel From New York City Seeded Wave of U.S. Outbreaks."
4. Carey and Glanz, "Travel From New York City Seeded Wave of U.S. Outbreaks."
5. Carey and Glanz, "Travel From New York City Seeded Wave of U.S. Outbreaks."
6. Carey and Glanz, "Travel From New York City Seeded Wave of U.S. Outbreaks."
7. Benedict Carey and James Glanz, "Travel From New York City Seeded Wave of U.S. Outbreaks", New York Times, updated May 7, 2021, https://www.nytimes.com/2020/05/07/us/new-york-city-coronavirus-outbreak.html#:~:text=The%20research%20indicates%20that%20a,away%20as%20the%20West%20Coast.

Capítulo 16

1. Johnston, "Historical Abortion Statistics, United States."
2. "Excess Deaths Associated With COVID-19: National and State Estimates of Excess Deaths", CDC, accessed February 15, 2023, https://www.cdc.gov/nchs/nvss/vsrr/covid19/excess_deaths.htm#data-tables.
3. "Excess Deaths Associated With COVID-19", CDC.
4. "Tracking Covid-19 Excess Deaths Across Countries", The Economist, accessed June 4, 2023, https://www.economist.com/graphic-detail/coronavirus-excess-deaths-tracker.

Capítulo 17

1. 1 Corintios 10:11.

Capítulo 18

1. 2 Reyes 10:31.
2. 2 Reyes 9:20.

Capítulo 19

1. 2 Reyes 10:27-28.

Capítulo 20

1. "Quotations", Architect of the Capitol, accessed June 5, 2023, https://www.aoc.gov/explore-capitol-campus/art/quotations.
2. "House of Representatives", Congressional Record 167, no. 1 (January 3, 2021), H1, https://www.congress.gov/117/crec/2021/01/03/CREC-2021-01-03-pt1-PgH1.pdf.
3. 2 Reyes 10:25, traducción del autor.
4. "READ: Chuck Schumer's Statement to the Senate on the Storming of the Capitol", U.S. News and World Report, January 6, 2021, https://www.usnews.com/news/elections/articles/2021-01-06/read-chuck-schumersstatement-to-the-senate-on-the-storming-of-the-capitol, emphasis added.
5. "Durbin Speaks on Senate Floor About Violence at the U.S. Capitol & 2020 Election Certification", US Senate Committee on the Judiciary, January 8, 2021, https://www.judiciary.senate.gov/press/dem/releases/durbin-speaks-on-senate-floor-about-violence-at-the-us-capitol-and-2020-election-certification.

6. Elena Moore, "Pelosi Reconvenes the U.S. House: 'Our Purpose Will Be Accomplished,'" NPR, January 6, 2021, https://www.npr.org/sections/congress-electoral-college-tally-live-updates/2021/01/06/954244836/pelosi-reconvenes-the-u-s-house-our-purpose-will-be-accomplished.
7. Michael O'Connell, "80 Arrested for Civil Unrest at US Capitol and Around DC", Patch, January 8, 2021, https://patch.com/districtcolumbia/washingtondc/80-arrested-civil-unrest-us-capitol-around-dc.
8. 2 Reyes 10:24, traducción del autor.

Capítulo 21
1. 2 Reyes 17:16-17.
2. 2 Reyes 10:28, énfasis añadido.

Capítulo 22
1. "Affidavit of Norma McCorvey", Civil Action No. 3-3690-B and 3-3691-C, June 11, 2003, https://thejusticefoundation.org/wp-content/uploads/2020/05/Norma_McCorvey_Affidavit.pdf.

Capítulo 24
1. Ester 8:5.
2. Ester 8:8.
3. Ester 8:9.
4. "Special Prayer for the 23rd of Sivan", Atzmut, accessed June 6, 2023, https://www.atzmut.org/sivan23/.
5. "Special Prayer for the 23rd of Sivan", Atzmut.
6. Ester 3:13.
7. Ester 3:12.
8. Ester 8:9.
9. Ester 3:12.
10. Ester 8:9.
11. Ester 3:12.
12. Ester 8:9.
13. Ester 3:12.
14. Ester 8:10.
15. Ester 3:15.
16. Ester 8:10.

Capítulo 25
1. "Sarah Weddington and Jay Floyd: Roe contra Wade Oral Arguments Before the USSC", American Rhetoric, December 13, 1971, https://www.americanrhetoric.com/speeches/roevwadeoralarguments.htm.
2. "Thomas E. Dobbs, State Health Officer of the Mississippi Department of Health, Et Al., Petitioners, V. Jackson Women's Health Organization, Et Al., Respondents", Supreme Court of the United States, December 1, 2021, https://www.supremecourt.gov/oral_arguments/argument_transcripts/2021/19-1392_4425.pdf.

Capítulo 26
1. "WOMEN'S MARCH CALLS FOR A SUMMER OF RAGE AFTER SCOTUS DECISION TO OVERTURN ROE CONTRA WADE", Women's March, accessed June 6, 2023, https://www.womensmarch.com/newsroom/womens-march-calls-for-a-summer-of-rage-after-scotusdecision-to-overturn.

Capítulo 27

1. Levítico 25:8, 10.

Capítulo 29

1. Éxodo 12:13, énfasis añadido.

Capítulo 30

1. Levítico 23:15-16.
2. Juan 20:22.
3. Hechos 1:1, 3-4, énfasis añadido.
4. Mateo 3:11, énfasis añadido.
5. Éxodo 19:18, énfasis añadido.

Capítulo 31

1. Levítico 23:24.
2. Rabbi Yitzchak Schwartz, "Part 3: Chapter 1, Verse 6 Commentary", Torah.org, accessed July 4, 2023, https://torah.org.
3. Salmos 82:1.
4. Rosh Hashanah 17a:15, https://www.sefaria.org/Rosh_Hashanah.17a.15?lang=bi&with=Sheets&lang2=en.
5. Schwartz, "Part 3: Chapter 1, Verse 6 Commentary."
6. Schwartz, "Part 3: Chapter 1, Verse 6 Commentary."

Capítulo 32

1. Éxodo 1:22.
2. Éxodo 2:3.

Capítulo 35

1. Joel 2:12-13.
2. Joel 2:25.
3. Joel 2:15-16.
4. Jonathan Cahn, El presagio (Casa Creación, Miami, Fl).
5. Cahn, The Harbinger, 215, énfasis añadido.
6. Cahn, The Harbinger, 215, énfasis añadido.
7. 2 Crónicas 7:13-14, énfasis añadido.

Capítulo 36

1. in:ciite, "The Return Live Stream", Vimeo, July 6, 2022, https://vimeo.com/727437096.
2. in:ciite, "The Return Live Stream."
3. in:ciite, "The Return Live Stream."
4. in:ciite, "The Return Live Stream."
5. Salmos 18:13, traducción del autor.
6. in:ciite, "The Return Live Stream."
7. Oseas 14:1-2, traducción del autor, énfasis añadido.
8. Joel 2:15-16.

Capítulo 38

1. in:ciite, "The Return Live Stream."
2. in:ciite, "The Return Live Stream."
3. in:ciite, "The Return Live Stream."
4. in:ciite, "The Return Live Stream."

5. Salmos 47:5, traducción del autor.
6. Adam Shaw, "Trump Announces Amy Coney Barrett as Nominee for Supreme Court Seat", Fox News, September 26, 2020, https://www.foxnews.com/politics/trump-amy-coney-barrett-supreme-court-pick.

Capítulo 39

1. 1 Corintios 15:52.
2. Números 10:1-10.

Capítulo 40

1. See, for example, Remy Tumin, "Special Edition: Roe contra Wade Is Overturned", New York Times, updated June 26, 2022, https://www.nytimes.com/2022/06/24/briefing/roe-v-wade-abortion-supreme-courtguns.html.
2. Adam Liptak, "In 6-to-3 Ruling, Supreme Court Ends Nearly 50 Years of Abortion Rights", New York Times, updated November 2, 2022, https://www.nytimes.com/2022/06/24/us/roe-wade-overturnedsupreme-court.html.
3. Liptak, "In 6-to-3 Ruling, Supreme Court Ends Nearly 50 Years of Abortion Rights."
4. Talia Lakritz, "The Supreme Court Overturned Roe contra Wade. Here's What That Means for Abortion Access in Your State", Insider, June 24, 2022, https://www.insider.com/roe-v-wade-overturned-states-banabortion-2022-6, emphasis added.
5. "Roe v. Wade", Center for Reproductive Rights, accessed June 7, 2023, https://reproductiverights.org/roe-v-wade/, emphasis added.
6. Devin Dwyer, "Supreme Court Overturns Roe v. Wade in Landmark Case on Abortion Rights", ABC News, June 24, 2022, https://abcnews.go.com/Politics/supreme-court-overturns-roe-wade-landmark-caseabortion/story?id=85160781, emphasis added.
7. Josh Gerstein et al., "Supreme Court Gives States Green Light to Ban Abortion, Overturning Roe", Politico, June 24, 2022, https://www.politico.com/news/2022/06/24/supreme-court-overturns-roe-vwade-00042244, emphasis added.
8. Callie Patterson and Samuel Chamberlain, "Supreme Court Overturns Roe v. Wade, Leaves Issue up to States", New York Post, June 24, 2022, https://nypost.com/2022/06/24/supreme-court-overturns-roe-v-wade/, emphasis added.
9. "Roe v Wade: US Supreme Court Ends Constitutional Right to Abortion", BBC, June 24, 2022, https://www.bbc.com/news/world-uscanada-61928898, emphasis added.
10. Julie Rovner, "Supreme Court Overturns Roe in Landmark Abortion Ruling", Hoptown Chronicle, June 24, 2022, https://hoptownchronicle.org/supreme-court-overturns-roe-in-landmark-abortion-ruling/, emphasis added.
11. "Roe's 50th Year Undid Its Promise", At Liberty (podcast), January 19, 2023, https://www.aclu.org/podcast/the-50th-anniversary-of-roe-thatwell-never-see, emphasis added.
12. Levítico 25:8, 10.
13. "#WeCount Report", Society of Family Planning, October 28, 2022, https://doi.org/10.46621/UKAI6324.

Capítulo 41

1. Hageo 1:4-6, 10.
2. Hageo 1:15, énfasis añadido.

Capítulo 43

1. Salmos 106:35-38.
2. Salmos 106:28-30, énfasis añadido.
3. "Daily Updates of Totals by Week and State: Provisional Death Counts for Coronavirus Disease 2019 (COVID-19)", CDC, accessed June 7, 2023, www.cdc.gov.

4. "United·States of America Situation", WHO.
5. "United States of America Situation", WHO.

Capítulo 44
1. "Daily Updates of Totals by Week and State", CDC.
2. "Daily Updates of Totals by Week and State", CDC.

Capítulo 45
1. Éxodo 34:13.

Capítulo 46
1. 2 Crónicas 34:3.
2. 2 Reyes 23:2.
3. 2 Reyes 23:3.
4. 2 Reyes 23:4.
5. 2 Reyes 23:8.
6. 2 Crónicas 34:4.
7. 2 Reyes 23:19.
8. 2 Reyes 23:12.
9. 2 Reyes 23:13.
10. 2 Reyes 23:10.

Capítulo 47
1. 2 Reyes 23:13.
2. "A Hymn to Inana for Išme-Dagan (Išme-Dagan K), 19-31", Electronic Text Corpus of Sumerian Literature, accessed June 8, 2023, https://etcsl.orinst.ox.ac.uk/cgi-bin/etcsl. cgi?text=t.2.5.4.11#.
3. 2 Reyes 21:7; 23:4, 7.
4. 2 Crónicas 21:16, traducción del autor.

Capítulo 48
1. Mateo 5:11-12.
2. Salmos 23:4.
3. Proverbios 28:1.

Capítulo 49
1. Daniel 3:18.
2. Hechos 4:18.
3. Hechos 4:19-20.

Capítulo 50
1. 1 Reyes 18:17.
2. Hebreos 11:33-34.

Capítulo 51
1. Mateo 5:13-14.
2. Romanos 12:21.
3. Mateo 28:19.
4. Mateo 16:18.
5. 1 Corintios 9:22, énfasis añadido.

Capítulo 52

1. 2 Reyes 23:21-23.
2. Isaías 53:7, énfasis añadido.
3. Juan 1:29, énfasis añadido.
4. 1 Corintios 5:7, tlv, énfasis añadido.
5. Salmos 22:3.
6. 2 Crónicas20:22.
7. Nehemías 8:10.

Capítulo 53

1. 2 Reyes 23:15.
2. 2 Reyes 23:16.
3. 2 Reyes 23:17.
4. 1 Reyes 13:2.
5. 1 Reyes 13:3.
6. 1 Reyes 13:5.
7. 2 Reyes 23:17.
8. Salmos 139:16.
9. Jeremías 1:5.
10. Gálatas 1:15.
11. Ester 4:14.
12. 2 Reyes 23:25.
13. 2 Crónicas 16:9.

Capítulo 54

1. Joel 1:2-3.
2. Joel 1:4.
3. Joel 2:2.
4. Joel 2:23.
5. Joel 2:23, énfasis añadido.
6. Joel 2:28.
7. Joel 2:28; Joel 2:30.

Acerca de Jonathan Cahn

JONATHAN CAHN CAUSÓ revuelo mundial con el lanzamiento del *best seller El presagio,* que se posicionó en la lista del *New York Times,* así como también sus posteriores obras. Cahn se ha dirigido a miembros del Congreso y ha hablado en las Naciones Unidas. Fue nombrado, junto con Billy Graham y Keith Green, uno de los cuarenta principales líderes espirituales de los últimos cuarenta años "que cambiaron radicalmente nuestro mundo". Es conocido como voz profética para nuestros tiempos y para la apertura de los misterios profundos de Dios. Jonathan dirige Hope of the World, un ministerio que lleva la Palabra al orbe y patrocina proyectos de compasión para los más necesitados; y Beth Israel/The Jerusalem Center, su base ministerial y centro de adoración en Wayne, Nueva Jersey, en las afueras de la ciudad de Nueva York. Es un orador muy solicitado y aparece en todo Estados Unidos y el mundo.

Para contactarlo, recibir actualizaciones proféticas, recibir obsequios de su ministerio (mensajes especiales y mucho más), conocer sus más de dos mil mensajes y misterios, para conseguir más información o participar en la Gran Comisión, utilice los siguientes contactos.

HopeoftheWorld.org
Hope of the World
Box 1111
Lodi, NJ 07644 USA

Facebook: Jonathan Cahn (official site)
YouTube: Jonathan Cahn Official
X: @Jonathan_Cahn
Instagram: jonathan.cahn
Email: contact@hopeoftheworld.org

CASA CREACIÓN

Te invitamos a que visites nuestra página
web, donde podrás apreciar la pasión por
la publicación de libros y Biblias:

www.casacreacion.com

f @CASACREACION

t @CASACREACION

@ @CASACREACION

Para vivir la Palabra